图 1　调研组成员在塘坊村与莽山乡干部、村干部以及村民合影

图 2　采访建筑奇才赵良保

图 3　形调研小组成员体验瑶族服装

图 4　调研负责人李书锋教授与村民交谈

图 5　塘坊村陡峭的山路

图 6　调研人员对村支书赵光友进行访谈

图 7　俯瞰塘坊村小学

图 8　塘坊村田园风光

图 9　塘坊村的水稻

图 10　村民的水泥房

图 11　塘坊村村民的牛棚

图 12　塘坊村运木材的卡车

图 13　大学生赵进军的父亲
赵观保

图 14　塘坊村瑶族文化传承人瑶王——邓万寿

图 15　塘坊村过山瑶刺绣文化传承人赵刘妹（右一）

图 16　塘坊村过山瑶的刺绣文化

图 17　过山瑶“盘王还愿”的历史久远的珍贵手记

图 18　盘王还愿中用于算卦的工具

图 19　养殖户赵逢溪的养猪棚

图 20　竹鼠养殖户领头羊邓开凤家的竹鼠

图 21　塘坊村养殖户土里巴吉农庄

图 22　塘坊村村民用于打猎的老鼠夹

图 23 塘坊村何勇的面包虫养殖室

图 24 塘坊村村民谭兴洪的养鸡场

图 25　塘坊村村民的过山瑶特色菜肴

图 26　塘坊村村民厨房一角

图 27　塘坊村村民自制的特色腊肉

图 28　塘坊村的植被

图 29　塘坊村三组的小卖部

图 30　塘坊村村民家中

图 31　塘坊村新修建的水泥马路

图 32　莽山乡塘坊村“一事一议道路硬化”项目启动碑

中国民族经济村庄调查丛书

塘坊村调查

（瑶族）

李书锋　主编

北京

图书在版编目（CIP）数据

塘坊村调查：瑶族／李书锋主编．
北京：中国经济出版社，2014.9
（中央民族大学“985”工程中国民族经济村庄调查丛书）
ISBN 978－7－5136－3415－1

Ⅰ.①塘…　Ⅱ.①李…　Ⅲ.①瑶族—乡村—民族经济—调查报告—宜章县　Ⅳ.①F327.343

中国版本图书馆 CIP 数据核字（2014）第 181354 号

责任编辑　余静宜
责任审读　贺　静
责任印制　马小宾
封面设计　华子图文设计

出版发行　中国经济出版社
印 刷 者　北京市媛明印刷厂
经 销 者　各地新华书店
开　　本　710mm×1000mm　1/16
印　　张　15.75　彩插 1
字　　数　238 千字
版　　次　2014 年 9 月第 1 版
印　　次　2014 年 9 月第 1 次
定　　价　42.00 元
广告经营许可证　京西工商广字第 8179 号

中国经济出版社　**网址** www.economyph.com　**社址** 北京市西城区百万庄北街 3 号　**邮编** 100037
本版图书如存在印装质量问题，请与本社发行中心联系调换（联系电话：010－68330607）

中央民族大学
“211 工程”中国少数民族经济发展研究项目
“985 工程”中国民族地区经济社会发展哲学社会科学创新基地

中国民族经济村庄调查丛书
编委会

本书写作分工

李书锋　全书设计、统稿、前言、后记

王　瑜　七、十（四）、十三（一）、十四（三）、十六（三）

陆碧瑜　四、十一（三）、十一（四）、十四（二）、十六（二）

梁迎娜　一、十（一）、（七）、十二（一）、十五（二）

谭盛辉　五、十（二）、十二（二）、十三（二）、十四（一）、十六（七）

皮诗萌　八、十五（一）、十六（五）、（八）、（九）

欧龙懿　三、十（五）、（六）、十一（五）、十二（三）、十六（一）、（四）、十七（二）、十八（四）

吴咏玲　十（三）、十一（六）、（七）、（八）

李慧萍　十一（一）、十八（一）、（二）、（三）

李慧琴　十一（二）、十五（三）、十七（二）、十八（六）

总 序

村庄，是农民的聚居地，也是农民生产和生活的社会形式。村庄形成于农业文明时代，在中国最为典型和普遍，迄今依然是中国基本的社会单位。所有中国人，或是生于长于村庄，或是父祖辈来自村庄。村庄是中华民族的根基，是我们走向现代化的立脚点和必须改变其内容和形式的地方。认知中国的现实和历史，一个重要环节，就是了解村庄。

中国的民族经济，包括以下层次：一是以中华民族为主体的经济，二是中华民族五十六个支民族的经济，三是少数民族地区的经济。不论从哪个层次研究，都必须涉及村庄这个基本单位。以往的民族经济研究和行政管理研究，对于村庄的关注，主要是在总体性的统计及对策方面，鲜有对某一村庄的专注的系统调查。这种情况使我们所从事的理论探讨总显得有些飘浮，言不及意，大而不当。反思许久，不能不下决心从小处做起，将村庄调查作为根基，扎实做去。恰“985”项目实施，经费有所保障，故组织本创新基地近百名教师带二百余博士、硕士研究生和高年级本科生，结十五个调查组，计划用六七年的暑、寒假，从五十六个支民族中各选一二典型村庄，深入调查，总百余村，每村一书，为中国民族经济三个层次研究，为政府行政决策，提供基础资料。

百村，不及中国村庄万分之一。我们的村庄调查虽只是抽样性质，但却是探根摸底，力求深入、真实、详细。二〇〇八年夏各组分赴河北、内蒙古、宁夏、云南、广西调查点，历经一月左右，获初步资料。因为首次，困难颇多，思路和方法也要不断调整，秋、冬写作时又各自补充调查。时间虽短，但师生与村官、村民情谊颇深，既为调查提供条件，又为后续补充予以协助。各地党、政机构，对调查全力配合。无此，则调查难以进行。这套丛书，实为共同努力之成果，并赖中国经济出版社黄允成社长、孙岩主任鼎力支持，得以出版。本调查还要持续数年，望读者批评，我们再努力。

刘永佶

二〇〇九年三月十八日

前言

瑶族的祖先为盘古，是我国一个古老的民族，居住地区多为亚热带，海拔一般多在1000至2000米之间，村寨坐落周围，竹木叠翠，风景秀丽。因其生产方式、居住、服饰和经济生活、风俗习惯等方面的差异，又有“盘瑶”、“山子瑶”、“顶板瑶”、“花篮瑶”、“过山瑶”、“白裤瑶”、“红瑶”、“蓝靛瑶”、“八排瑶”、“平地瑶”、“坳瑶”等称谓之别。中华人民共和国成立后，统称为瑶族，主要分布在广西壮族自治区和湖南、云南、广东、贵州等省，是中国南方一个比较典型的山地民族。

从20世纪50年代初期到60年代，我国政府在瑶族人民聚居或其他民族杂居的地区，共建立了以瑶族为主或有瑶族参加的自治县13个，即广西都安瑶族自治县、金秀瑶族自治县、巴马瑶族自治县、富川瑶族自治县、广东连南瑶族自治县、乳源瑶族自治县、湖南江华瑶族自治县、云南河口瑶族自治县、以及广西龙胜、防城、隆林各族自治县、广西桂林恭城瑶族自治县、广东连山壮族瑶族自治县。此外，在瑶族人民的小片聚居区还分别建立了200多个民族乡。1957年12月，湖南省成立了宜章县莽山瑶族乡。而本自然村调研的对象——塘坊村正是莽山瑶族乡所辖的一个行政村，该村位于莽山瑶族乡西北面，是一个典型的高寒过山瑶族村寨。

2009年5月，中央民族大学启动“985”二期工程项目建设：“中国少数民族村庄经济调查”。于是萌生了对非民族地区民族乡民族村的调查念头。经过多次会议讨论，确定了以湖南省宜章县莽山瑶族乡作为我们调研对象。

2009年7月，由李书锋博士带队，组成了由王澄老师，包括汪建钦、刘颖、魏莹、罗婷等同学为课题成员深入湖南省宜章县莽山瑶族乡进行第一次田野调查。2010年7月，又派出由罗婷、傅茜、杨莹黠和黄江虹等同学对第一次调查进行了补调。这二次田野调研的对象主要是定位于莽山瑶族乡经济调查，并未体现对行政村庄的调查。根据中央民族大学“985”课题研究中心定位，这两次调查内容难以符合民族村村庄调研的要求。2012 年 5 月根据“985”中心的要求，特别是总结其他相关调查组的调查报告的经验，本调查小组重新编写调查提纲，并于 2012 年 7 月第三次深入宜章县莽山瑶族乡，主要以塘坊村为对象再次进行调查。第三次调研由李书锋教授带队，队员包括梁迎娜、谭盛辉、皮诗萌、欧龙懿、李慧萍、李慧琴、王瑜、陆碧瑜、吴咏玲等同学。本次调研主要以塘坊村为对象分别从村庄、农户和农民三个维度进行。

本调查报告的撰写分工，前言由中央民族大学管理学院李书锋教授撰写，第一部分由梁迎娜、谭盛辉、皮诗萌、欧龙懿撰写，第二部分由李慧萍、李慧琴、王瑜撰写，第三部分由陆碧瑜、吴咏玲撰写，最后报告由李书锋教授统稿。

目 录

前 言 / (1)

第一部分 村庄

一、塘坊村概况 …………………………………………………… (1)

(一) 村庄概况 ………………………………………………… (1)

(二) 自然条件 ………………………………………………… (6)

(三) 塘坊村过山瑶族的来源 ………………………………… (8)

(四) 塘坊村村庄的变迁 ……………………………………… (16)

(五) 塘坊村的未来 …………………………………………… (20)

二、塘坊村传统农业 ……………………………………………… (23)

(一) 塘坊村的农业生产环境 ………………………………… (23)

(二) 农作物 …………………………………………………… (26)

(三) 畜牧业 …………………………………………………… (27)

(四) 农业技术推广 …………………………………………… (28)

三、塘坊村的特色产业 …………………………………………… (31)

(一) 塘坊村特色产业的历史发展 …………………………… (31)

(二) 瑶族刺绣 ………………………………………………… (32)

(三) 楠竹产业 ………………………………………………… (34)

(四) 特种养殖业 ……………………………………………… (36)

(五) 养猪业 …………………………………………………… (39)

(六) 药材业 …………………………………………………… (40)

(七) 金银花种植业 …………………………………………… (41)

(八) 其他产业 ………………………………………………… (43)

四、塘坊村的商业 …………………………………………………………… (50)
（一）天塘闹子 ……………………………………………………………… (50)
（二）莽山乡茅庵街 ………………………………………………………… (54)
（三）村民自营小商店 ……………………………………………………… (62)
（四）塘坊村商业未来的发展 ……………………………………………… (65)
五、经济政策与塘坊村的经济发展 ………………………………………… (67)
（一）塘坊村的经济发展状况 ……………………………………………… (67)
（二）塘坊村的就业 ………………………………………………………… (67)
（三）国家的经济政策与村民的脱贫致富 ………………………………… (68)
（四）国家经济政策在塘坊村实施过程中遇到的问题 …………………… (74)
六、塘坊村教育情况 ………………………………………………………… (76)
（一）塘坊村学校教育概况 ………………………………………………… (77)
（二）村民子女受教育情况 ………………………………………………… (81)
（三）村民素质 ……………………………………………………………… (82)
（四）计划生育状况 ………………………………………………………… (84)
七、塘坊村的社会保障事业 ………………………………………………… (86)
（一）我国农村主要的社会保障制度 ……………………………………… (86)
（二）养老 …………………………………………………………………… (88)
（三）医疗 …………………………………………………………………… (100)
（四）社会救助 ……………………………………………………………… (106)
八、塘坊村的风俗习惯和瑶族文化艺术 …………………………………… (110)
（一）瑶族文化艺术概况 …………………………………………………… (110)
（二）塘坊村风俗习惯 ……………………………………………………… (111)
（三）塘坊村土家婚嫁丧葬文化 …………………………………………… (117)
（四）塘坊村瑶族节日文化艺术 …………………………………………… (119)
（五）塘坊村瑶族的舞蹈文化 ……………………………………………… (123)
（六）塘坊村瑶族文化艺术的保护与传承 ………………………………… (124)

第二部分　农户

九、主要从事农业种植和养殖的农户 ……………………………………… (127)
（一）养殖竹鼠的领头羊——邓开凤家 …………………………………… (127)

（二）茶叶种植户——盘云生家 …………（130）
（三）莽山茶叶种植户——刘金明家 …………（132）
（四）大学生生态养猪致富户——赵逢溪家 …………（133）
（五）竹萍的养蜂户——盘金生家 …………（135）
（六）综合养殖户——湖南莽山土里八吉农庄 …………（138）
（七）药材种植加工能手——赵志勇 …………（143）
十、工商户 …………（148）
（一）超市个体户陈望松家 …………（148）
（二）摩托车修理赵瑞锋家 …………（151）
（三）开小商店的赵友兰家 …………（155）
（四）运输户赵李宗家 …………（157）
（五）个体经营户范林勇家 …………（159）
（六）服装店老板刘松兰家 …………（163）
（七）建筑奇才赵良保家 …………（165）
（八）莽山大药房经营者林晶家 …………（168）
十一、贫困户 …………（169）
（一）贫困户赵柏生家 …………（169）
（二）贫困户赵礼凤家 …………（172）
（三）贫困户赵天云家 …………（174）
十二、其他农户 …………（179）
（一）新农合为赵光贵家撑起了“阳光之伞” …………（179）
（二）生男生女都一样的赵美娇 …………（181）

第三部分　农民

十三、村干部 …………（183）
（一）无私奉献的村支书 …………（183）
（二）村主任赵志明 …………（185）
（三）村会计赵仁保 …………（189）
十四、瑶族文化传承人 …………（191）
（一）瑶家传统文化薪火传承人——瑶王 …………（191）

（二）瑶族传统服饰和挑花刺绣艺人——赵刘妹 …………（195）
（三）瑶志发起人——李坤秀 ……………………………（200）
十五、经商能手 …………………………………………（203）
（一）企业家谭书茂和妻子谭慧莲 ……………………（203）
（二）跑运输的谭小明 …………………………………（206）
（三）“瑶王”邓万寿的金银花致富梦 ………………（208）
十六、文艺爱好者 ………………………………………（210）
（一）莽山休闲娱乐的发起者盘金花 …………………（210）
（二）广场舞者邓运红 …………………………………（213）
十七、其他人员 …………………………………………（215）
（一）从深山走出来的女大学生盘春花 ………………（215）
（二）大学生之家赵进军 ………………………………（217）
（三）退伍军人赵福宝 …………………………………（219）
（四）老支书邓礼才 ……………………………………（222）
（五）单身中年赵礼仁 …………………………………（225）
（六）孤寡老人陈旺日 …………………………………（227）
（七）长寿老人赵吉旺 …………………………………（229）
（八）高寿老人邓秀荣 …………………………………（230）
（九）塘坊小学校长赵德秀 ……………………………（233）

后记 ………………………………………………………（239）

第一部分　村庄

一、塘坊村概况

塘坊村是湖南省宜章县莽山瑶族乡所辖的一个行政村。该村位于莽山瑶族乡西北面，是一个典型的高寒过山瑶瑶族村寨，也是该乡最偏远的两个少数民族聚居村之一。塘坊村民族风情浓厚，人民聪明勤奋，村民的住地比较分散，农舍大都依山傍水而建，有古老的土砖瓦房，也有新建的现代化楼房。当置身村中放眼望去时，看到的是一垄围山而筑的梯田和一座座连绵不断的竹海翠峰。农舍、梯田和翠峰构成了一幅美丽和谐的田园风光画卷。2009 年，塘坊村被省民委评为全省“少数民族特色村寨”。

（一）村庄概况

1. 行政区划

塘坊村所在的莽山瑶族乡成立于 1957 年 12 月，是湖南省第一批成立的瑶族乡之一，也是宜章县唯一的少数民族乡，并且是全县最偏远、经济最落后的乡镇之一，属于“老、少、边、穷”山区乡镇。莽山瑶族乡位于宜章县最南部，驻地为永安村茅庵街，距县人民政府驻地城关镇 85 公里，东与广东省乳源瑶族自治县、乐昌市交界，南与广东省阳山县毗邻，西与广东省连州市和东风乡相邻，北与天塘乡、白沙圩乡接壤。全乡总面积为 89.57 平方公里，下辖黄家塝村、永安村、西岭村、钟家村、刘家村、塘坊村、道洞村 7 个行政村，54 个村民小组，126 个自然村，总人口 9212 人，农业人口 6837 人，其中瑶族 4296 人，人口出生率 12‰，自然增长率 6‰（2011 年统计），耕地面积 4645 亩，地域海拔高度为 653 米，呈现典型的中亚热带湿润季风气候特征。该乡与莽山林管局连成一片。

塘坊村位于乡政府驻地东北方向，西接刘家村，西北部与白沙圩乡交界，东与道洞村毗邻，南抵永安村，村委会距乡政府12公里。全村总面积有28000余亩，地处海拔800多米的高寒地带，下辖13个村民小组，有塘坊、柏木坑、上柏木坑、下柏木坑、斋公坑、田寮、火烧浪、老虎浪、干田浪、杨梅埂、矮岗岭、老屋场、酸枣坪、竹坪、东山、滴水寨等44个自然村，农户247户，人口1090人，其中劳动力738人。全村林地面积2.2万亩，耕地面积581亩，其中水田面积444.51亩，基本以山地农业为主。

2. 民族人口

莽山瑶族乡是一个以瑶族为主体民族的乡镇，全乡有瑶、汉等民族，2012年年初总人口12000人，其中农业人口8860，瑶族人口占到总农业人口的63%。塘坊村村民的住地比较分散，按照散居地名划分为塘坊、柏木坑、上柏木坑、下柏木坑、斋公坑、田寮、火烧浪、老虎浪、干田浪、杨梅埂、矮岗岭、老屋场、酸枣坪、竹坪、东山、滴水寨等44个自然村。截至2012年7月，塘坊村的瑶族人口占到全村总人口的92%，全村60岁以上的老人有89人（其中，80岁以上的占11人）。在瑶族人口中，人数最多的姓氏为赵姓，其次是盘姓和邓姓。该村还有周姓、李姓和白姓各一户，其中周姓是从白沙圩乡迁移而来，李姓和白姓则是从一六镇外嫁至此。

3. 基础设施

莽山瑶族乡的基础设施建设近年来发展较慢，交通不便，通信不畅，教育落后，科技水平低。交通方面，全乡仅有栏莽公路与宜章县相连，每日有大巴车直通县城和郴州市区，所辖的7个行政村中除道洞村尚有7公里通村公路未实现水泥硬化外，其余各村已全部实现通村公路硬化，但尚有未通组公路210公里；水利方面，全乡人畜饮水困难人口达3960人，待修农田灌溉水渠31000米，黄家塝村至刘家村乐水河防洪堤修建和加固工程约5公里；通信不畅，全乡电信、移动信号不强，道洞村没有信号，塘坊村、刘家村、西岭村、钟家村、黄家塝村的部分自然村没有信号。全乡没有圩场，仅有一条茅庵街道，街道狭长弯曲，旅游旺季易造成交通阻塞。

塘坊村是莽山瑶族乡最偏远的瑶族聚居村之一，交通闭塞，多年来仅靠一条坑洼不平的砂石路与外界相连，严重制约了塘坊村的经济社会发展。2011年12月27日，塘坊村通村公路硬化工程全面竣工，道路全长12.6公里，宽4.5米，厚0.2米，总投资300多万元，其中自筹资金将近50万元。

截至 2012 年 7 月，还有未通组公路 11 公里，分别为通 2 组（干田浪）2.15 公里，通 4 组（村委会）0.3 公里，通 5 组（火烧浪）0.38 公里，通 6 组（酸枣坪）2.2 公里，通 7 组（田寮）1 公里，通 10 组（老屋场）0.42 公里，通 12 组（竹坪）4.55 公里。1999 年，茅庵至塘坊村的高压电线架通，2007 年塘坊村才开始通电。

4. 医疗卫生

莽山瑶族乡是一个大的偏远山区，海拔在 1600 米以上的山峰就有 150 余座。20 世纪 80 年代初的时候，这里人口很稀少且居住分散，山区群众不但交通条件极差，而且生活还特别贫困，他们小病不愿上医院瞧，大病也实在是瞧不起。根据莽山瑶族乡卫生院现任院长何雪亮的回忆，他刚从天塘公社卫生院调至莽山瑶族公社卫生院时（1982 年），卫生院没有一张好桌子，两根树桩中间钉几块木板就成了医院唯一的一把梯子，全院的房屋、医疗设备等所有固定资产仅有 2.8 万元，药品、设备也不如天塘一个好一点的村医疗室；医院留不住人，也调不进人，6 名医务人员起床还得让病人叫，原院长天天赖在宜章闹调动，业务做得最差的时候是一个月的门诊收入还不够发一个职工半个月的工资。那时，生活最贫困的塘坊村和道洞村村民们小病根本没有到医院就诊的习惯，一旦要求何雪亮出诊就肯定是有重病号。1997 年，莽山乡卫生院公卫楼建成，极大地改善了瑶族群众的看病就医条件。截至 2007 年，卫生院陈旧的设施已经满足不了瑶乡群众看病就医的需要，亟待全面改造。经宜章县县委、县政府积极争取，莽山乡卫生院被列为 2007 年湖南省投资建设计划，且于当年年底通过验收并投入使用。2008 年莽山瑶族乡卫生院医疗业务收入达到 56.1 万元，而且添置了 B 超机、尿液分析仪、心电图、X 光机等现代化医疗设备。

随着近年来乡卫生院改造的全面完成，乡卫生院脱胎换骨，楼内楼外焕然一新，进一步增强了县、乡两级防病治病功能及服务能力。由于就医环境和条件得到了极大改善，瑶乡群众来乡卫生院看病就医变得更加便利和放心，再加上优良的服务和优惠的价格，使得当地的村民小病不出村，大病不出乡。

除了全面改造乡卫生院之外，县、乡政府还大力建设村级卫生室，但由于塘坊村是莽山瑶族乡最偏远的两个瑶族聚居村之一，目前尚没有建成村级卫生室。塘坊村的村级卫生条件很差，虽然大部分村民都参加了新型农村合作医疗，解决了群众看病贵的问题，但由于没有村级卫生室，村民们就医极为不便。村子附近的白沙圩乡有两个刚从卫校毕业的乡村医生，村民们遇有感冒、发烧等小病痛时，一般打电话请他们过来医治。但是，如果遇上重大疾病则需要到乡卫生院或县城医院就医，群众的身体健康得不到保障。

5. 教育文化

新中国成立以前，莽山瑶族乡没有一所像样的学校，广大瑶民长期处于文盲状态。人民公社时期，莽山公社于1978年筹集经费，统一为每个行政村（村大队）盖了小学校舍。邓礼才老人告诉调研组成员说，当时正是他就任塘坊村村支书，在他的带领下，村民们克服各种困难很快就热火朝天地建成了一个三排的小学校舍，也就是现在的塘坊小学的前身。

改革开放后至今，塘坊村的教育水平仍旧比较落后，有1所小学——塘坊小学，村里大多数的孩子就读于这所小学。2001年香港警察汽车协会，向塘坊小学捐赠了21万元建设“康耀楼”。据2012年7月统计，塘坊小学共有学前班、一年级和二年级3个班级，在校学生77名，教师4名（1名公办，3名聘请）。由于居住地比较分散，家住距离学校路途遥远的1组、12组、13组等组的孩子，每天早上都要6点钟起床，至少步行10多里山路去上学，遇到雨雪天气经常几天甚至一个星期都无法正常上学。由于师资和教学条件有限，三年级以上的孩子只能到乡里的莽山中心小学住宿就读。自改革开放以来，塘坊村只有4名大学生（在读1人），在读的高中生为零。95%的学生因无力支付高昂的学费，初中未毕业就辍学在家或外出打工。由于教育基础薄弱，生活条件艰苦，少数民族的人才培养十分艰难。

塘坊村的瑶族传统文化底蕴十分丰厚，宜章县莽山瑶族盘王节（还盘王愿）传承人邓万寿便世居塘坊村。邓万寿，男，瑶族，生于1966年10月，其自幼聪慧，八岁始随祖父黄书荣学习瑶族还盘王愿祭祀程序及相关祭祀套路，同时还学习长鼓舞、花棍舞、唱瑶歌等。邓万寿师承其祖父黄书荣，又拜大师公越进楠、盘公兴等为师，深得莽山瑶族盘王节（还盘王愿）祭祀程序和瑶族诸歌舞真传。

邓万寿对盘王祭祀的每一个环节，包括设坛、行礼、奏乐、跳师公舞、演唱《盘王大歌》、跳长鼓舞等，都非常熟悉并能主持仪式，其师公舞跳法深得先辈指点，祭祀乐谱较全。邓万寿执法杖、铜铃起舞，风格独特，蹲步、旋转、对转，凝重沉雄，整体套路流畅，而且他对莽山瑶歌、情歌、茶歌、酒歌、烟歌等无不烂熟于心，可随时随地信手拈来，是莽山瑶族极有名气的歌师。莽山瑶族长鼓舞几近失传，在邓万寿等人的倾力抢救下，仅存少量舞法套路。主要由数男数女执鼓对舞，舞步简洁明快，遒劲有力。除此之外，邓万寿还熟练掌握了还盘王愿坐歌堂的所有程序，对吹乐管、唱瑶歌、击锣鼓可以说是样样通晓，他跳的花棍舞、狮猴舞、舞牛舞也都非常生动形象，同时他还掌握了瑶族“上刀山、下火海”的绝技表演。邓万寿师承正统，其祖父黄书荣是莽山瑶族雪山祖师盘运保的徒弟，故邓万寿系雪山祖师嫡系弟子。因得祖上真传，加上他个人后天勤奋努力，使其对莽山瑶族盘王节（还盘王愿）的各种技艺熟练掌握，深得族人拥戴和赞誉。

另外，塘坊村过山瑶的传统手工艺和技艺历史悠久，其十字双面挑花刺绣图案精致美观，造型新颖大方，颜色绚丽多彩。

由于过山瑶族文化传承大都采用带徒授艺的形式，而如今村里许多年轻人都外出打工了，村里的许多传统的过山瑶族民间文化艺术面临着失传的危险。

6. 村民生活

近年来，随着农村家庭联产承包责任制和社会主义经济体制的不断完善，以及国家对少数民族帮扶和优惠政策的落实，塘坊村村民的生活有了大幅度的提高。

2007 年塘坊村全面通电，但由于地处海拔 800 多米的高寒地带，每年冬季严寒多雪，厚重的积雪时常会压断高压输电线，造成地势海拔最高的 12 组（竹坪）等几个村民小组连续多月断电，严重影响到村民们的日常生活。2011 年 1 月底，在国家“金太阳”工程项目的资助下，塘坊村 13 个村民小组中有 202 户农户安装了价值 3 万多元的太阳能风光互补独立供电设备，该设备具有“就地建设、独立供电”的特点，适合分散供电，所储存的电能可以带动甩干机、电取暖器、电视、电灯和电饭锅，在阳光充足的情况下，一般看看电视和开开灯的话，储满电能可供使用七八天。如今，手机、电话、电视、洗衣机、电冰箱、摩托车已成为村民家中的日常必需品，90% 的家庭拥有 1 ~ 2 部手机，不足 10 户家庭还用上了太阳能热水器。由于农户居住比较分散，一般是几户甚至几十户聚居成自然村落，且各自然村之间的距离比较远，加之尚未实现硬化的通组路全部是崎岖不平的砂石路，在广州等大城市逐步取缔的摩托车却成为了村民们的主要交通工具。村民的日常生活用水为山上流下来的山泉水或者井水，没有自来水。现在的村民房屋有一部分仍为年代久远的传统泥砖房，另一部分基本上都是新修建的砖混结构的平房，有少数经济条件好的家庭甚至还盖起了二层楼。多数村民的房屋建筑面积都在100平方米以上，一般一楼一进大门就是客厅，客厅摆放有电视、冰箱、桌椅板凳等家具，有的家庭客厅正后方的墙上立有神龛，神龛上摆有香炉并贴有历代祖先的姓名。客厅的一侧一般有一两间卧室，另一侧则建有厨房或杂物间（多堆放粮食和生产农具）。每户农户的房前或屋后都种有蔬菜、水稻、红薯和茶叶，并且还围有鱼塘。

村里还有几户从事运输业和建筑业的农户，他们的家庭经济条件更好些，年收入一般都在5万~10万元，但也有11户生活非常困难的农户，基本靠农村低保金维持生活。塘坊村由于地处偏远山区，自然条件恶劣，尚无种植、养殖等龙头企业，村民主要靠外出打工维持生计，家里只剩老人和留守儿童。2万多亩的山林资源没有合理开发利用，宜章县10万亩生态营林建设工程的相关政策尚未惠及到塘坊村。

（二）自然条件

塘坊村位于湖南省宜章县南端，地处东经113°96′601″，北纬26°04′865″，西接刘家村，西北部与白沙圩乡交界，东与道洞村毗邻，南抵永安村，瑶民生活区主要在海拔700~1400米，塘坊村地形地貌特征独特，气候特征明显，自然生态环境良好。

1. 自然特征

塘坊村位于海拔700~1400米，44个自然村中地势最高的是竹坪，海拔达到1385米。该村年平均气温17.2℃，最冷月出现在1月，月平均气温为5.2℃；最热月出现在7月，月平均气温22.7℃，夏季气温高但无酷暑。年均降雨量在2200毫米以上，其中夏季降雨量占全年降雨量的37%，属于亚热带湿润季风性气候区，主要从广东省连州市白水河谷沿莽山西北部边缘进入，形成西南东北向的春夏两季西南风带。每年三四月后，自南海吹来的夏季风刮至7月以后，东南风、南风越过南岭，进入山区带有火风性质，显得干燥。全年无霜期为290~300天，年平均降雪日3.9天，一般12月至翌年2月降雪，偶有3月甚至4月底降雪，积雪深度一般为1~3厘米。12月至翌年2月也常常有冰冻，一般冰冻期5~6天，最长达半月。塘坊村一年四季均有雾出现，从雾的聚散时间看，其多形成于夜间8时至凌晨5时，次日遇晴天消散于早晨8~9时，遇阴雨天则全天迷雾笼罩；从地形分布看，雾多分布在海拔900~1300米范围内，相对湿度为85%~95%。春冬季节还会偶有“三重天”气象，即海拔900米以下范围内大雾迷漫，900~1200米范围内阳光普照，1300米以上又是烟雾紧锁。塘坊村的灾害性天气以洪涝灾害居多，偶有雪灾、旱灾。1958—2003年共发生洪灾10次，为4.6年一遇；旱灾5次，为9.2年一遇；雪灾2次，为23年一遇。

2. 地质地貌

塘坊村紧邻莽山国家森林公园的北麓，属南岭山地的中山地貌，系骑田岭支脉，有古生界寒武系地层出露，产生于侏罗纪晚期和白垩纪。地质构造为纬向构造体系，系大东山岩体中的纬向压碎蚀变构造带，呈一系列平行展布的冲断裂形式出现。岩石为大东山花岗岩体，系燕山期侵入体，分早期中深成岩和晚期补充侵入岩，后者规模小，分布零星。岩体内接触蚀变带不发育，外接触带蚀变比较发育。岩体边部常残留沉积岩层捕掳体。接触带有矽化、矽卡岩化、大理岩化和角岩化等蚀变，尤以大理岩化和矽卡岩化较为发育。矽卡岩体中常见有磁铁矿、磁黄铁矿、毒砂、黄铜矿、闪锌矿、方铅矿、白钨矿、锡矿、氟硼镁石等，燕山期补充侵入体在境内比较发育，呈岩株、岩脉状产出，主要有细粒斑状花岗岩株、花岗斑岩脉、石英岩脉、辉绿岩脉等。

由于受燕山造山运动的影响，地面切割作用强烈，塘坊村村内山峰陡峭，溪河纵横，峡谷幽深。在深山幽谷之间偶有盆地或台地形成，称之为“坑”或“坪”，成为村民的居住地，如柏木坑、上柏木坑、下柏木坑、斋公坑、酸枣坪、竹坪等。塘坊村平均海拔高，山陡坡险，山地面积的坡度基本都在15度以上。村内海拔最高的自然村为竹坪（第12组），其海拔达到1385米。

3. 水文

塘坊村境内地表水资源丰富，溪河纵横，水质清澈。村民们的日常生活用水便是山间溪水。该村内的溪河为对江水，源出狮子岭，流经塘坊村至黄花村注入玉水，在莽山乡境内的流域面积达12平方公里。玉水源出七星落地峰，流经东瓜坪至桥头邱家流入武水，莽山乡境流域面积为15平方公里。

塘坊村的地下水类型为基岩裂隙水和第四系孔隙水，均为降水补给，径流类型为气候型水流，流量以雨季最大，地下水化学类型为重碳酸钾钠型，规模小。

4. 自然灾害

塘坊村常见的自然灾害有水灾、旱灾、春秋低温冷害以及寒灾。1989—2000年，塘坊村日降水量大于100毫米的大暴雨出现7次，严重洪涝灾害年平均0.6次，约2年一遇。日降水量大于150毫米的特大暴雨出现4次，特大洪涝灾害年平均0.3次，约3年一遇。1989—2000年，塘坊村出现特大旱年1年，大旱年1年。每年的3月21日—4月9日，塘坊村常出现日平均气温小于11℃，连续5天以上的低温阴雨天气，造成早稻播种后出现烂芽烂秧，为春季低温冷害。秋季低温冷害，是指遇到日平均气温低于22℃（或20℃）连续3天以上的低温天气，俗称“寒露风”，对晚稻抽穗扬花不利，平均出现日期为10月中旬。1989—2000年，有2年出现寒灾，较为严重。1991年12月26日至1992年1月2日，降雪36小时，降雪量30~74毫米，雪深12~20厘米，积雪7天，冰冻4天。1996年2月17~23日，出现寒潮、冰冻、积雪，最低气温达-9℃，往往冻死、冻伤越冬作物和牲畜，压断竹木、电线、电杆、阻碍交通。2008年雪灾时，地面冰雪厚度达到了50cm，是塘坊村50年以来降雪量最大、冰冻时间最长的一次特大暴雪，同时造成了“路、水、电、讯”基础设施的严重损坏。

（三）塘坊村过山瑶族的来源

1. 瑶族名称的历史演变

瑶族是我国55个少数民族之一，同时也是一个有着悠久历史的古老民族，其居住地区多为亚热带，海拔一般多在1000~2000米，村寨坐落周围，竹木叠翠，风景秀丽，主要分布于广西、湖南、云南、广东、贵州、福建等省区，另外，还有50多万瑶族移居越南、老挝、泰国、缅甸、加拿大、美国、澳大利亚等国。瑶族分布的特点是大分散、小聚居，而且主要居住在山区，以从事山地农业为主，自称“勉”、“优路”、“金门”、“布努”、“炳多优”、“黑尤蒙”、“拉珈”等。

历史上瑶族的他称曾经有过蛮、荆蛮、蛮夷、獠、猺、莫徭、徭等多种称谓。尽管时代不同谓称也不尽一样，但他们都在一定程度上代表了当时统治阶级的民族政策和对瑶族这一古老民族的态度。关于瑶族名称的来源，有很多种说法。其中以历史学家何光岳先生所著《南蛮源流史》中所梳理的线索较为可信：瑶族先民在新石器时代擅长制作瓦器、陶罐，故最早的瑶族先民称为“窑民”；后来陶罐坯料制作由手工发展为旋转摇动制坯，窑民改称“摇民”；瑶族先民中四大姓之一雷氏，来源于发明养蚕缫丝的黄帝之妃方雷氏（嫘祖），故瑶民善养蚕，又衍生出“繇民”一称；后蚩尤率领三苗和摇民与炎黄大战失败，摇人历经夏、商、周征伐，一部分被当成劳役奴隶，称之为“徭役”或“傜役”，即“傜人”（周去非《岭外代答》曰：徭人者，言其持徭役与中国也）；此后历代傜人不断反抗封建统治压迫，啸聚山林、不缴赋税，至宋代又有“莫徭”之称，意即不缴赋税、不赋劳役之人；到了元代，统治者认为这种不赋徭役、刀耕火种的人群是野人，故将徭人的徭字改为具有侮辱性的犬旁的猺字，谓之“猺民”；王字傍的“瑶”这一他称，最早出现在民国时期的1934年，当时的广西国民党政府为更好地体现对瑶族这一民族的招抚政策，在省政府民政厅发布的布告上首次使用了“王”字傍的“瑶”字称呼瑶族。20世纪30年代末，广州中山大学的一些学者建议把瑶族的称谓用“亻”字傍的“傜”字来代替。新中国成立后，为更好地体现党和中央人民政府对各少数民族的平等爱护和尊重，在采纳了民主人士的提议，并广泛征得本民族同意后，经国务院批准，决定将美玉旁的“瑶”字作为该民族统一的名称：瑶族，喻为光洁、美好之意。从此，这个古老的民族，终于有了自己漂亮和美好的名字——“瑶族”。

2. 过山瑶的族源和迁徙

过山瑶，是中国瑶族四大支系之一，自称为“勉”或“优路”、“依路”，以信奉盘瓠为显著特点，其语言属汉藏语系苗瑶语瑶语支，是耕山类北方游牧民族，居无定所，携家入山，以口尝土，察其肥瘠，编茅为屋，食惟菽麦包谷，耕山或二三年，或四五年，地瘠则焚其巢他徙，故称过山瑶。瑶族是一个历史悠久、文化灿烂的古老民族，但学术界对瑶族族源却一直争论不休，先后提出了“山越说”、“长沙蛮、武陵蛮、五溪蛮说”、“古摇民说”、“古尤人说”、“多源说”等多种学术观点。在民族战线工作了27年的瑶族研究者赵砚球（瑶民）认为，从瑶族传统的祭祀活动——还盘王愿的仪式与内容、瑶族文物和民间文献资料、语言对比分析以及民族习性与经济生活四个角度来看，过山瑶源于山越，其原始居住地在江浙一带的会稽山，理由如下：

首先，从还盘王愿活动的仪式和内容来看。还愿的祭祀者师公在“奏档”还愿的“马头意者”、“园箕愿”、“大排良愿”和“歌堂宝书良愿”等四个不同场合的仪式中，都以《横连大席打令口诀》讲历史、道根源，说“当初以来，洪水发过……十二姓瑶人子孙原住南京、七宝洞会稽山”。赵砚球在茶坪和莽山的“还愿香坛”里遍翻了50多册还愿经文以及桂阳、郴县（今郴州市苏仙区、北湖区，下同）、临武、宜章、资兴等县瑶山中的30多册经书后，看到凡是道根源内容的，都毫无例外地提到了先祖“原居会稽山南京七宝洞（或七贤洞、十宝洞）”这个地名。过山瑶师公在请四庙王（有的请三庙王）的同时，也总少不了要请“本祖家先扬州庙”，唱道“香烟奏到扬州大殿本祖家先坟墓里头”。在还愿的“开坛请圣”仪式中念《三清香》经文时，有“弟子茅山去学法，步入太上老君门”的句子。茅山，在江苏省西南部，是道教茅山派的发源地，过山瑶先民生活在南京一带，他们去学法，必然在本土学。莽山瑶族乡95岁的赵堂保师公就自称“我们瑶人信的是茅山教”。会稽山、南京、扬州、茅山等地区曾经是山越人一度活跃过的地方。

其次，从瑶族文物和民间文献资料来看。湖南郴县东波瑶村盘经忠家一座老式砖房的大门横匾上书写着“会稽世第”四个斗大墨字，虽经百余年风雨剥蚀，至今仍清晰可见。该村约20来户盘姓人家的厅屋神龛上仍安放着书有“本音会稽郡地一脉宗亲”字祥的木制彩绘神像祖神牌，那些用红纸书写的“本音会稽郡地一脉宗亲”的供文，也在郴州各县过山瑶家中的祖先坛里举目可见。当问及他们先祖的来处时，都必答“南京”“会稽山”，他们对自己的早期故乡有一种“不思量，自难忘”的亲切感和神圣感。在还愿的“跳罡哪勉”的仪式中，有一首把扬州当作祖居地的《家先歌》唱道：“昆仑山安灶鬼，扬州大殿请家先，当初共锅吃过饭，死入扬州受佛香，当初吃过父母胸前奶，咬破几多衣领衫，父母不亲何人亲，不敬父母敬何人。”湖南蓝山县荆竹乡瑶人的神龛上也书写着“三界掌东岳殿上康王臣孟吕雷狄留扬州铁林府什士太保度灾保患位”。这“扬州铁林府”同样不外乎是一种对远祖和原始居住地的祭祀与追思。郴县《盘氏宗谱》记载他们的远祖盘庚“原籍松江（浙江绍兴）人”（括号中地名系谱中原注）。资兴、酃县的《赵氏族谱》载“赵氏者乃盘王之女也。……后子孙即为赵氏之后而籍南京七宝洞立业数百世。”蓝山县《赵氏族谱》也言“当时善祖盘明月公，在会稽山游猎”。珍藏在瑶山中众多的《评王券牒》、《过山榜》等类文献也都有盘瓠夫妇成婚后“鼓乐迎送会稽山安居乐业”的记载。在对149份《券》作过精细严谨的分析研究后，容观琼先生曾得出结论：“龙犬盘瓠是瑶族的图腾祖先，它发迹于浙江中部的会稽山，通勉语的瑶族早期故乡在江淮闽浙一带更符合历史实际。”赵砚球认为，容观琼先生的这一结论是符合过山瑶历史情况的，并提供了一些新的材料依据。容先生在《瑶族历史三题》中提到的149份《券》中，仅有一例两份内容相同。“始祖太公赵朝三，自后开辟年间”，原住“武昌府，下湖南海岸，出会稽白云山之地安居”这例在迁徙流向上似与其他券不同，但经多方查阅该券牒的收藏者们（蓝山县荆竹乡赵姓人）的《赵氏族谱》后，见到谱中记载为：“当时吾祖盘明公在会稽山游猎，被山羊撞落石岩之下。明月公去世。十二子移居小南渡，八子赵瑞至正二年住林子山，至正八年又来到广西上五堡金子村居住，二十年，赵瑞之子朝三，东注西徙，踪迹靡定，又到湖广武昌府下湖南海岸居住……”赵砚球认为，赵朝三的先世及后代迁徙，同样如其他券所记载的一样，原始居住地在会稽山，而不是在武昌府或下湖南海岸，荆竹乡的这两份《券》在传抄中略去了赵朝三的先辈迁徙史。因此，这一材料可以补证容观琼先生的结论。

再次，从语言对比分析来看。“勉”语带有很多东南沿海区的语言词汇，关于它们之间的密切关系，不少学者已对此进行了较深入的研究。陈志良先生在《广西特种部族歌谣集》中曾将古代越歌与瑶歌加以比较，认为瑶语与越语有密切关系。日本学者桥本万太郎认为，“跟吴语区人民最有密切关系的是古代百越人民……苗瑶应该是其中之一，从吴语音调系统看来，很多地方类似苗瑶语。”徐松石也说“吴语、闽语和粤语，乃中国东南沿海的三大汉语方言系，这三大方言系与古代土著部族的分布密切相关”（出自《瑶族的历史和文化》）。根据以上学者研究的线索，赵砚球曾将“勉语”与上海、江苏、闽南、梅县、潮州、高州、广州、韶关等地方言进行比较，发现“勉语”中确实有很多词汇和语言与上述地的词汇相同或相近。例如与上海话比较：上海话11至21的数目中11、15、16、17、18、20、21的读法与过山瑶“勉”语完全一样，过山瑶师公在还愿“围坛”时，与歌娘的对唱中有不少“不使问”的歌词，就是上海话“不要问”之意，二者音同、义同，而且苏州人自称“我”为“宜”，与“勉”话的自称“我”为“衣”也非常相似。与广东潮州话比较，鸡、鸭、猪、窗户、鞋袜、招禾魂的发音也与“勉”话完全相同。潮州话的“没饭吃、没衣着”的发音与过山瑶的歌唱语言一样（过山瑶的部分歌唱语言与生活口语有义同音不同的特点）；与广东话比较，“说话”二字，“勉”语与其发一样的音。“没无”之意，广东话发“某”音，而过山瑶的还愿经文中，就是借用“某”来记述伏羲兄妹成婚事的，如：“天下某人，伏羲兄妹成双，某人为媒，乌龟为媒，生下血盆，某人分表，玉女分表”，而对“越人”二字的发音“于演”（“雨撵”）简直就是过山瑶对“瑶人”二字的发音，即发“雨勉”（优勉）音。瑶族研究者赵砚球据此认为，极有可能过山瑶“优勉”二字的自称原本就是“越人”二字，古代文人只是按“勉”语或粤语的发音，用汉字模拟写成了“瑶人”而后又演变成了族名，“勉”语与吴语、闽语、粤语有着很深的渊源关系，或者说是语言上的亲属关系，这从还愿使用的语言上也可以得到有趣的证实。茶坪和莽山的师公在还愿时，使用了至少四种语言，师公说是用了粤语（抑或越语）、客家话、一半汉一半瑶的“阳出声气”及现今的当地“勉”话。这些不同语言都是在还愿的特定环境下不同“愿”的不同程序中使用，不能颠倒，前面几种语言当地人是听不懂的，只有师公掌握。可以设想，这其中有一种历史的循序渐进因素，这就是过山瑶的族源与原始居住地及迁徙地在语言中的投影。正如德国语言学家雅各布、格里姆说的“我们的语言也就是我们的历史”。郴县的《盘氏宗谱》明确记载其先祖曾经落居在“扬子江润州坝尾”、“松江”、“洪州”、“荆州”、“江西庐陵县”、“潮州”、“惠州”、“韶州”等地。这些地名与语言可互为验证，今天操“勉”语的过山瑶先世，是生长在这块东南沿海区古扬越之地的古越人。

最后，从民族习性与经济生活看。山越人与过山瑶有着一脉相承的源流关系。日本民族学家竹村卓二说：“正如过山瑶的名字一样，他们具有渡过高山的习性”（出自《瑶族的历史和文化》）。同样，山越也具有这种越过大岭的特征。史载：“山越深险，皆不宾附”，“山谷万重，山越顽抗，不出其间”，“依阻山险，不纳王租，故曰山越”（转引自《南方民族史论文集》），又“不事赋役迁徙糜定，过山耕种，谓之过山瑶”（出自《南方民族史论文集》）。《评王券》也记载有“王瑶子孙，不属国家，不属百姓，免粮无税，见官不下跪，过渡不付钱，天下青山任其耕种”。历史对这不同时期两种不同称呼的人进行了极为相似的记述。因此，赵砚球认为，过山瑶曾一度继承了山越不受约束，追求自由的特性，都是不纳王租，不事赋役的过山越岭之人，二者的关系是先祖与后裔的同族源关系。

赵砚球认为，过山瑶举族迁徙之路是江浙会稽山→闽南→广东南海→韶州府。韶州府是唐朝初年形成完满的还愿时期的圣地。还愿师公在“园箕愿”、“园猪愿”及“歌堂宝书愿”等几层仪式中，通过打令道根源和歌唱盘王大歌书等内容，有助于我们明白先辈的迁徙原因和迁徙路线：十二姓瑶民在会稽山地带经历了“雷落地”、“天柱倒”、“洪水发”、“天大旱”、捕鱼失火遭辑拿追赶和被迫下海的苦难。他们漂流在东南海面上，历尽风浪之险，终于在盘王圣灵的佑护下得救还生，在南海登陆又徙往粤北分散各地的历程。茶坪、莽山的师公们在“还愿香坛”里，按照他们的经文“宝书”记载，念唱了郴州瑶族的几条来路：(1) 会稽山南京七宝洞→广东南海岸→潮州→雷化高州→韶州府乐昌县→唐太宗贞观二年（公元628年）来郴“镇守郴州城池”→分散到宁远、道州、资兴、汝城、宜章、桂东、江西茶陵。(2) 会稽山南京七宝洞→江西吉安府→蓝山、江西→广东连州桃源洞→宋朝来到湖南汝城九龙江→桂东→酃县龙渣洞→资兴、郴县、临武、宜章、桂阳。(3) 松江（浙江绍兴）→扬子江润州坝尾→潮州→惠州→连州→桃源洞→仁化青竹江→明泰昌（1620年）徙湖南郴州→道州、酃县。(4) 会稽山七宝洞→广东南海岸→乐昌→湖南永州宝寨山→郴州→桂阳→莽山。(5) 南京十保山→福建→广东乳源、阳山→郴州莽山、桂阳。(6) 会稽山七贤洞→广东乐昌→广西平乐→湖南常宁→郴县桥口椿树垅。过山瑶师公们记述的这几条来路与过山瑶族谱、《评王券牒》、《郴州先皇安瑶碑记》中的记载完全一致。又根据江华、蓝山保存的《十二姓下山来路祖途》记载，他们的迁移之路是：(7) 南京十保山→紫京山→南海浮桥头→小南渡→林子村→广西桂林→平乐→广东连州扬古山→下湖南海岸→广西→江华、蓝山。再根据竹村卓二、白鸟芳郎、姚舜安三位先生的著作提到，移向外国的路线有：(8) 泰国北部“优勉”：南京→广东→广西→云南→老挝、泰国（竹林）。(9) 华南的南京→两广→越南、老挝→泰国（白鸟芳郎）（出自《东南亚山地民族志》）。(10) 云南富宁邓、李、赵三姓：湖南千家洞→广东乐昌→广西田林→云南富宁→越南、老挝（姚舜安）（出自《瑶族迁徙之路的调查》）。

上例十条迁徙路线，除姚先生收集的那条路线外，其他的迁徙之路都是以“会稽山南京七保洞”作为原始住地和始发站徙往他乡的。这与容先生根据众多的《评王券牒》所列举的五类迁徙流向大体一致，与广东、广西、湖南三省区的地方志中对瑶族活动的有关记载也可互为印证。姚舜安先生说“《评皇券牒》是他们（盘瑶）迁徙路线的‘证明书’”（出自《瑶族迁徙之路的调查》）。赵砚球认为这一说法是非常正确的，可是姚舜安先生在《瑶族迁徙之路的调查》一文中给我们勾画的盘瑶北路、南路两条迁徙路线的起点都是“湖南千家洞”并说“今日世界上的盘瑶大都是从这里迁去”（出自《瑶族迁徙之路的调查》），就与盘瑶（过山瑶）的历史实际不尽相符了，因为就连《千家洞古本记》也记载：“我们的祖先在南京，江西省太和县人氏”，《世代流传祖居来历书》也写着“十二姓板瑶出世南京道、十保店千家洞”。千家洞排在后，从有关千家洞文献记载中的盘、奉、邓、翟、赵、蒋、黄、李等姓氏看，住在洞里的不过是元明清之际，平地瑶、汉族、过山瑶杂居的一个地方罢了，当然江华、江永和广西的部分过山瑶中有千家洞的传说，那也不过是过山瑶悠久历史的中古史和近代史罢了，何况“南岭无山不有瑶”。即令是江华《邓姓始祖来历》中提到千家洞居住着瑶人，也是到了元朝大德年间，而早在隋末或唐初，十二姓过山瑶的绝大部分经漂洋过海后，又重聚粤北韶州府，在那里建连州庙，还盘王愿了（上列迁徙之路的第一路可证，连州庙颂唐王亦可证），而在湖南省道县，江永之间的都庞岭山区抑或是江永县的大远乡，任何时候都不曾称呼“南海”、“南京”或“会稽山”。赵砚球据此认为，作为迁徙主干的过山瑶（盘瑶）不会是从“湖南千家洞”迁去的，“今日世界上的盘瑶大都是从这里迁去”的结论更是证据不足。竹村先生深入研究过的越南、老挝、泰国的过山瑶集团，没有千家洞的传说。过山瑶学者黄方平考察美国瑶人时，发现那里的瑶人也“自认是从南京十保殿繁衍而来的王瑶子孙”（出自《美国西海岸瑶民社会考察》），黄钰先生在《千家洞初考》中写道“目前也未出现瑶族源于湖南江永之说”，说它“是瑶族原始居地，目前还没有发现史料改变瑶族迁徙流向的理由”。

赵砚球认为，瑶族都是由长沙武陵蛮发展而来的说法也不尽符合过山瑶的历史。理由是：①语言不同。过山瑶“勉”语与武陵山区的民族语言没有共同之处，甚至与毗邻而居的平地瑶和花瑶也不能通话。②信仰不同。武陵山区的民族不信奉盘瓠，辰溪、怀化的瑶族信奉高坡大王，江华、江永的平地瑶信奉闰王。③姓氏不同。过山瑶传统的十二姓是盘、沈、包、黄、李、邓、周、赵、胡、唐、雷、冯。今夭辰溪、溆浦、怀化的陈、石、卜、丁、沈、刘等姓以及花瑶、平地瑶的奉、杨姓不同于过山瑶的十二姓。④地域不同。过山瑶一如既往地说盘瓠始祖住“会稽山南京七宝洞”，而在武陵山区的任何地方，任何时候，都未曾称呼过这一地名。⑤风俗习惯不同。赵砚球认为，据此多方面来看，过山瑶并非源于“长沙武陵蛮”，同“莫瑶”的关系可能也不大，与今天湖南省的花瑶、平地瑶也不同源。

那么，湖南历史上的“长沙武陵蛮”、“零陵蛮”、“莫瑶”、“蛮瑶”又何指呢？不少学者对此已有很深入的研究。宫哲兵先生在《湖南瑶族的族源、迁徙和主体的变化》一文中写道：“过山瑶是山越的后裔”，莫瑶“主要生活在零陵郡、长沙郡，应是汉代‘零陵蛮’、‘长沙蛮的后裔’，今天平地瑶的先人。当然，莫瑶并非只是平地瑶的先人，他们可能也是部分瑶族支系和苗族支系的先人”。尤中亦认为“莫瑶”实为苗，急读为“苗”。王慧琴也言，“有人还认为苗族的一部分，出于‘夜郎’或出于‘莫瑶’”。马少侨也同样认为“苗族自称为‘蒙’为‘模’与‘苗’‘莫’声母相同，可能‘苗’就是莫瑶的反切”（出自《苗族研究论文集》）。赵砚球认为，以上这些观点也比较合符湖南瑶族社会历史实际，可聊备一说。

在过山瑶的迁徙过程中，特别值得提出的是广东韶州府，此地对过山瑶的历史和文化影响甚大。从前面所列各路的迁徙看，都经过了韶州。茶坪和莽山在还愿中，也反复提到这个地方。如在还大排良愿的“青云堂”，有连州后生唱，《连州歌》卖“丰飞”树的表演，在“宝书良愿”的歌坛里，又大唱了《连州桃源洞歌》。这说明韶州府地带是过山瑶长途迁徙中一个重要的聚落点和里程碑。

我们可以遥想一下，当年瑶族先祖在南海岸登陆，各姓简单地还愿谢祖后，北迁到了粤北山地，这里的高山密林成了他们抵御异己力量的屏障和避难的所在，在那里，他们又得以重新聚居，在乐昌或连州建起连州大庙，将自己固有的原始宗教（如还愿中的招五鼓魂）和在江浙地带吸收的茅山教糅合在一起，又加上漂船过海的经历和集各姓登陆后简单还愿仪式之大成，在连州大庙里，进行整个部族性的“奏档”还愿。集体创作和规定了统一的经典宝书，统一的还愿仪式，统一的祭献牺牲，并有了代代还愿的祭祀规约。从仪式到内容，从语言到文字（借用汉文记音记意），形成了过山瑶的一整套科仪制度。可以肯定，过山瑶在那里聚居了一段不短的时间。又时逢唐初贞观盛世，唐太宗鼓励开发岭南，免徭役赋税，颁券牒，批官山给瑶人，使瑶人获得赖以生存的山岭土地及其他一些特权，至此走上新的生活之路。他们带着先祖许下的神圣“愿约”，也带着他们在这里共同创作的“良愿宝书”随山耕种，漂泊天下，而形成了还愿活动，还愿经书，它们记载了在今天通“勉”语的瑶族社会“天下大同”的情景。因此，在过山瑶的心目中，韶州府简直就是一块圣地，一片乐土，故还愿时总有不少有关连州的内容。正是这种仪式与内容，使过山瑶对韶州府非常难以忘怀。竹村对老挝过山瑶集团的漂海传说分析说：它记载了广东省韶州府落（乐）昌县这个实有地名。……证明老挝、泰国的瑶族在很久以前，确实曾以此地为故乡。即令那些远渡重洋，徙往欧美大陆的过山瑶游子，也在亡故之前，谆谆告示后代，要将亡灵归送中国的韶州府，这种深切的缅怀，无限的眷恋，正是通过这不朽不灭的神圣的还盘王愿得以产生和建立的。这也是竹村先生所指出的："超时间和空间的文化要素的一致性是属于所谓过山瑶范畴集团的一个特点"（出自《瑶族的历史和文化》）。今天瑶族社会的还盘王愿，便是这文化要素的一次体现。

（四）塘坊村村庄的变迁

费孝通先生在《江村经济》一书中曾提出："村庄是一个社区，其特征是农户聚集在一个紧凑的居住区内，与其他相似的单位隔开相当一段距离（在中国有些地区，农户散居，情况并非如此），它是一个由各种形式的社会活动组成的群体，具有其特定的名称，而且是一个为人们所公认的事实上的社会单位。塘坊村也是如此，也是许多"农户聚集在一个紧凑的居住区内"，塘坊村的村民也是"一个由各种形式的社会活动组成的群体，具有其特定的名称"，但是塘坊村又有其鲜明的特点，因为这是一个典型的过山瑶聚居的村庄，村庄里居住的村民有90%以上是过山瑶。刘永佶先生在《民族经济学》一书中指出了"民族是人们在统一政治组织和相应制度框架内，在共同地域内由统一文化形态主导从事经济活动的具有共同语言的长期稳定的社会存在方式"。因此，塘坊村变迁的历史也可以说就是湖南过山瑶村庄形成和变迁的缩影。

1. 塘坊村建制沿革

塘坊村是湖南省宜章县莽山瑶族乡所辖的一个行政村。塘坊村所隶属的宜章县有着悠久的历史，其雄踞湘南边陲，地处楚尾粤头，居七泽之末，联五岭百粤之徽，进可制韶关，退可蔽衡湘，固南北之咽喉，势险要之当防，素为兵家必争之地，是湖南的"南大门"，史称"楚粤之孔道"。据县志记载，隋大业十三年（公元617年），后梁萧铣在荆州称帝，据有郴州，称桂阳郡，析郴县南境始置义章县，县治设永福下村（今麻田镇新村）。唐武德七年

（公元624年），义章县并入郴县；八年（公元625年），复置义章县，属潭州桂阳郡。武后长寿元年（公元692年），义章县分置义章、高平两县，同属江南道桂阳郡。义章县治仍设在永福下村，高平县治则设在今宜章县城。开元二十二年（公元734年），废高平，徙义章于高平县治，属郴州。宋太平兴国元年（公元976年），为避太宗赵光义讳，将义章县改名为宜章县，属湖南道郴州郡。元至元十三年（公元1276年），宜章县属岭北湖南路郴州；至元十四年（公元1277年），属湖广行中书省湖南道郴州路。明洪武元年（公元1368年），宜章县属湖广行中书省郴州府；洪武九年（公元1376年），属湖广行中书省郴州直隶州。清顺治四年（公元1647年），宜章县属湖广行省郴州直隶州。清雍正二年（公元1724年），宜章县属湖南省衡永郴道郴州直隶州。中华民国元年（公元1912年），宜章县属湖南省衡永郴桂道；民国三年（公元1914年），属湖南省衡阳道。民国十一年（公元1922年），湖南道制撤销，宜章县直属湖南省政府。民国二十七年（公元1938年），属湖南省第八行政督察区专员公署。民国二十九年（公元1940年），属湖南省第三行政督察区。新中国成立后，1949年11月，宜章县属湖南省郴县专区，下辖6个区，莽山现黄家塝村、永安村、钟家村、西岭村、刘家村属笆篱区，塘坊村、道洞村属白沙区。1950年4月，全县设6区，由102保改为56乡和1个镇，莽山现黄家塝村、永安村、钟家村、西岭村、刘家村属笆篱区莽山乡，塘坊村、道洞村属白沙区皂角乡。1952年5月，全县6个区增划为8个区75个乡、1个镇。1953年元月，全县8个区的75个乡、1个镇划为144个乡1个镇，莽山划为两个乡：罗家以上为黄家塝乡；东山桥以下为西岭乡。1955年6月，黄家塝乡、西岭乡划归一六区。1956年6月，全县将8区、144乡、1镇合并为25乡、1镇，黄家塝乡、西岭乡并为莽山乡。1957年12月，塘坊村、道洞村划归莽山，瑶族人口达到61%比率，成立莽山瑶族乡，也是全省第一批成立瑶族乡的两乡之一。1958年10月，莽山公社并入莽山林场。1961年9月，莽山公社和莽山林场分离，成立莽山公社。1982年2月，莽山公社改名为莽山瑶族人民公社，并于1983年12月搬至现址。1984年3月，人民公社实行政社分开，建立莽山瑶族乡人民政府。不管区域如何划分，体制如何变化，塘坊村定名一直沿袭未变。

2. 塘坊村村庄变迁史

塘坊村位于莽山北麓，而莽山历为瑶族聚居地。宋代初，莽山即有瑶民迁来居住。明初，莽山境内主要居住着瑶族，少有汉族。明永乐年间（公元1403—1424年），始设瑶总。洪武正德年间（公元1506—1521年），瑶总下设千长4人。另外，正德年间苗族首领谭应贞、杜回子，瑶族首领龚福全，先后以莽山为据点，在湘粤边境举行起义，被官府反复围剿，境内少数民族均遭到残酷镇压与杀害，瑶族逐渐衰败，人数大减。清乾隆十年（公元1745年），知县曾宗发奉令沿袭明制仍在莽山设瑶总。清乾隆二十一年（公元1756年），瑶人改称新民，瑶峒改称新民峒。嘉庆年间（公元1796—1820年），莽山有瑶民367户，设瑶总1人，千长4人。瑶峒内自行按期公举，瑶官由瑶人担任。道光十一年（公元1831年），江华瑶族首领赵金龙发动锦田起义，莽山瑶人多前往参加，瑶族人口又一次削减。起义失败后赵金龙部下，从江化、新田、常宁、桂阳等地疏散至莽山，隐居道洞、塘坊、西岭等村。咸丰年间（公元1851—1861年），莽山划为特别区，督办团练，名为永安团，莽山瑶族仅有二百余户。民国初年，莽山汉族士绅复办永安团。

过山瑶自古就是一个“耕作一山，则移一山”的迁徙不定的游耕民族，长期的农耕狩猎生活使得他们所居必择高岭，往往数十户集聚并依山傍水而居。鉴于过山瑶迁徙不定的民族特性，再加之尚无明确的关于塘坊村建制的记载，我们认为塘坊村村庄的变迁史也可以说是湖南莽山过山瑶的形成和发展史。

莽山塘坊村的瑶家老人说“我们过去像松籽随风飘、落地生”。在湖南省资兴瑶山长大的瑶族研究者赵砚球先生认为，湘南各县的瑶人大体因四种情形于不同的历史时期来到。第一种是征战平匪到之。郴州《过山根图》记载“唐太宗二年（公元628年），流兵作乱，危害郴州，州主急报四山瑶总”。到广东韶州府请来骁勇善射的瑶人弩手，射退流贼，镇守郴州城池，地方安宁后，瑶人要回粤，郴州州主殷殷相留，“留箭赏示安瑶。邓太爷与瑶立业顶碑，郴州一州五邑，界界邻江广，山山通万阳山，四十八面官山，任瑶斧种刀耕，免粮无税”，于是湘南的宜章、桂东、资兴、鄢县、汝城、临武、蓝山等县边界山区便有了过山瑶为当局拓土守边地的历史。因此在郴州瑶族老人中有“我们老辈是广东的瑶兵瑶将来郴州平匪留下的”口传，这或许与广东历史上的“听征瑶”、“听调瑶”相关，而这次一共来了六姓瑶人上湖南。第二种是躲避瘟疫和土匪到之。塘坊村上田寮的赵天州说，这个村庄挨着广东阳山，过去遭广东兵匪抢劫厉害。我母亲盘礼妹今年76岁，她1946年与另3

个姑娘被广东土匪抢去过几年，解放时被解放军解救回3个，还有一个就留在广东了。塘坊村边上的道洞村赵二妹母子俩被广东土匪抢去卖到西山，儿子仅一岁多，长大后到莽山找到了亲人，现从乳源县人民医院退休。酸枣坪86岁的邓礼贵老人述：他们到莽山十二代人了，祖宗从乐昌的“海缘”来，到大岭背住了七八代人，因土匪多而上到湖南莽山，在一个山洞里住了两代人后，他的父亲又到广东阳山县“王分陀螺寨”，在那过了一代人，又返回莽山塘坊村老屋场，还有的瑶人是从连州大路边、广东西山梅花来。道洞村冬瓜坪72岁的赵王生回忆说：我的祖父一家住在广东阳山称架“掂铺埂”。我父亲还很小的时候，“掂铺埂”发瘟疫，村里10多户人家都死了，伯伯也死去了。爷爷奶奶就带着我父亲赵老二躲瘟疫上湖南莽山来住了。第三种是赵金龙起义失败后的余部逃往之。清朝道光十一年，江华瑶人赵金龙领导湘南瑶民起义。《宜章县志》（1940年修）记载“道观十一年十二月江华瑶赵金龙反于锦田，本县瑶人多赴之。瑶人因以削弱。”莽山和粤北许多瑶人都奔赴常宁战场声援赵金龙。赵金龙战死沙场。瑶人义军幸存者逃到阳明山的深山老林里，一部分隐匿着留在了当地（今常宁、祁阳、新田、桂阳等县瑶山）；一部分从战场长途跋涉辗转来到和回到了莽山，隐居道洞、塘坊、西岭等村；另一部分则继续南迁，到了粤北乳源、连州一带。塘坊村86岁的盘堂保老师公曾在1988年回忆说“我们的前辈是从新田县千里源来的。那次逃难，一共来了盘、赵、李、邓、黄五姓瑶人。在这里留下一些人，去到乳源西山和阳山一些。有的在莽山住了一阵再去广东，有的又从广东回来了”。盘堂保老人的口述与1951年中央民族访问团《宜章县瑶民情况》的调查记载一致：“赵邓李等姓并非本地土著，而系外地迁来，其中李邓及小板赵姓据说都是从广东乳源县迁来，已有十代左右；盘姓及大板赵姓从衡州迁来也有四五代了，据说与赵金龙起义事有关，大概是赵在常宁事败后散兵逃来此地。他们到了这里后即租汉人山地开垦。”这部分人就是《宜章县志》记载的：“所谓顶板瑶者，原居永桂，徙入四峒（莽山峒、牛头峒、西山峒、溶家峒）耕山，类北方游牧，居无定处。”第四种是游耕游猎。这是最常见的一种。“南岭无山不有瑶”，瑶人先辈们在岭南岭北刀耕火种，跟山走，随岭游，在他们的观念中，根本无所谓省界县地之分。他们是苦难的自由民，吃一山走一山，“地力尽，火其巢，又它徙”。《郴州总志·苗瑶志》（嘉庆二十三年）记载了莽山过山瑶的生活与迁徙情景：“莽山洞在县南120里，东界广东乳源县乌坑，南界太平五洞瑶、广东阳山县牛仔营，西通广东连州八排瑶，北界笆篱堡。……四洞诸瑶无顶板之饰，唯来自永桂诸处入洞耕山者则有之。居无定所，携子女器械入山，以口尝土，辄知肥瘠则搭寮而居，地力尽则他徙，土人呼为过山瑶。”现在莽山的大部分瑶人说自己来自广东，而广东的瑶人又说他们是从湖南去的。事实上都说得对。粤北、湘南过山瑶迁徙的足迹如一幅八卦，不知始终与头绪。斋公坑邓开芳的父亲是广东乳源东坪瑶，从乳源青竹坑到莽山住寮，刀耕火种为生。另一路邓姓瑶人从衡阳常宁来，那是赵金龙的起义部下逃难于此；还有一路邓姓从广东英德来，开基公叫邓开贵。他们从英德进山到溶家洞，再到莽山洞，祖坟在广东“清明田”。塘坊村的盘姓从广东乳源县东坪瑶山打猎到此留居，赵姓则从郴县瑶山来，由于他们的到来，这座山上留下了一个“郴州岩”的地名。东山村大赵来自广东连山，小赵来自衡州常宁；竹坪的盘赵两姓人从广东乳源上湖南莽山种地留下；家住柏木坑的盘王生的爷爷赵老高是从乳源县东坪瑶山来；家住奉天坪的盘礼凤的父亲来自广东连南县三江。

（五）塘坊村的未来

作为经济社会发展相对滞后的少数民族村庄，如何跟上日益加快的城市化、城乡一体化进程的步伐，实现城镇化的村庄转型，是一个非常值得深入探讨和研究的问题。塘坊村作为少数民族区域的一个最基层社区，在面对滚滚而来的现代化大潮时，除了要适应传统农业生产方式和生活方式向现代农业生产方式和生活方式的转变外，还必须要融入到城镇化的发展趋势之中。改革开放30余年来，在国家政策的帮扶下，塘坊村村民的经济生活水平虽然有所提高，但却仍存在着相当多的困难。在对村干部以及众多村民进行访谈之后，调研组的所有成员对塘坊村的现状都深有感触。我们认为只有解决好塘坊村当前经济社会发展中存在的各种困难，塘坊村才能实现致富奔“小康”，才能建设成为“生产发展、生活宽裕、乡风文明、村容整洁、管理民主”的社会主义新农村。

目前，塘坊村经济社会发展存在的主要困难有：①基础设施建设薄弱。主要表现为交通不便，生活条件差，教育落后，卫生条件差，通信不畅，科技水平低。交通不便不仅严重地影响了村民们正常的生产生活，而且也严重制约了当地经济的发展。一心为村民谋求致富之路的村支书赵观友无奈地感叹道："山里的很多资源比如中药材、竹林、养殖的竹鼠等，以前也有很多厂商来村里考察过但就是因为路没有修通，人家最终都不愿意投资"。由于塘坊村地处偏远山区，交通不便，条件又十分艰苦，外地教师也都不愿到塘坊村小学任教，学校的师资水平令支书赵观友和校长赵德全都非常忧心。塘坊村的村级卫生条件差，村里没有村级卫生室，村民看病要到距村 12 公里的乡医院，村民们就医看病极为不便，群众的身体健康得不到保障。塘坊村有包括竹坪在内的几个自然村没有手机信号，全部靠电信的无线座机电话跟外面联络，且信号非常差，全村没有宽带网等现代通信设施，了解外面的信息仅靠电视和广播。②老百姓发展意识不强，群众生活水平低。长期以来，塘坊村农民种粮种菜自给自足，经济来源则主要依赖砍伐出售竹木、为林场打工、外出务工。村民们"靠山吃山"的观念根深蒂固，大部分村民不思发展，少数人想发展却怕困难、不敢投入怕风险，因而大都不愿改变传统的生存方式，年年走老路，岁岁守清贫。③产业规模化程度不高。塘坊村由于地处偏远山区，自然条件恶劣，现有各项稍有特色的产业，专业生产农户不多，大户更少，尚无种植、养殖等龙头企业。如传统的茶叶产业基本上是一家一户分散生产，缺乏大中型生产基地，更没有形成品牌，难以产生规模效应和品牌效益。另外，村民养殖竹鼠也尚处很小规模的摸索和起步阶段，缺乏专业的技术指导和资金支持，销售渠道也比较狭窄。④民族文化保护和传承的难度大。随着社会的变革，人们的思维发生了很大转变，瑶族传统文化已面临着很大的危机，有些文化艺术临近失传。如今，塘坊村穿瑶服的大都是 60 岁以上的老人，穿瑶服的习惯也正在慢慢消失，年轻一代更不愿唱瑶歌、行瑶礼、跳瑶舞、学瑶技，对瑶族的传统节日也逐步淡化。一些颇有造诣的民间艺人（师公、歌手）因年岁已高逐步地退出了舞台，有的相继辞世，而年轻人多数都到广东、广西等省外出打工，家里只剩老人和留守儿童，外出打工的年轻人很少回来参加瑶族传统文化活动，致使很难培养接班人，造成传承人队伍后继乏人。另外，塘坊村从事瑶族非物质文化遗产研究的人才非常少，政府对瑶族文化保护投入的资金也比较少，群众自发组织的艺术团体也很少，不利于瑶族文化的传承和保护。⑤民族优惠政策享受不够。莽山瑶族乡是宜章县唯一的少数民族乡镇，属于少数民族散居地区，中央、省、市有关的民族政策，该乡因是散居而难以享受，而且县级又没有明确的民族优惠政策，造成该乡虽然是少数民族乡但所享受到的民族政策却并不多，这也直接影响到塘坊村的经济社会发展。

针对上述困难，我们认为政府应该着重从以下几个方面来解决塘坊村当前发展中所亟待解决的问题：①加快通组公路建设。目前，未通组的公路建设只是基本完成道路拓宽平整工程，建设进度慢，急需资金投入到路面水泥硬化工程，现村级已无力筹够这笔资金，上级部门应予以大力支持，帮助解决资金不足难题。②加快培养少数民族教师，完善教育设施。有关部门可以定向委培几名师范生到塘坊村任教，以保证教师力量后继有人。同时，应完善教育设施，建好学校围墙、篮球场、厕所等，给学生一个优越的学习环境。其次，还应从娃娃抓起来做好瑶族非物质文化保护和传承，保护好瑶族的风俗习惯，婚庆礼仪、山歌、舞蹈、乐器、盘王还愿礼仪、民族服装等，促进大莽山生态旅游与瑶族文化相结合。③狠抓药用植物种植和竹鼠养殖。塘坊村的气候和2.2万亩的山林环境，极其适合种植药用植物，山上有野生茯苓、金银花、当归等中草药生长，还有野生竹鼠出没，这些更加印证了塘坊村的资源优势。2012年3月塘坊村与湖南济草堂金银花种植开发有限公司签订了千亩金银花种植合同，在支村两委的带动下，2012年种植金银花300亩。村民盘新华一家在摸索竹鼠养殖，已小有心得并带来了不错的收益，但因资金不足和技术匮乏，还未能形成规模效应。这让我们无比欣慰地看到了塘坊村未来发展和致富的曙光，政府应对这些“朝阳项目”给予政策扶持，促使其成规模有效益。④加强民族文化保护。政府应该进行立法保护，科学管理，建立非物质文化遗产传承人保护制度，组建非物质文化遗产保护研究人才队伍，全力做好非物质文化遗产传承、保护，应下拨一部分民族文化保护专项资金，用于保护、开发、挖掘文化艺术和组建艺术团，并结合莽山旅游，倡导“着瑶服、讲瑶话、司瑶仪、行瑶礼、唱瑶歌、跳瑶舞、学瑶技”，打造“瑶”字生辉的崭新形象，做强“瑶”字经济。⑤加快资源开发，做活乡村旅游。政府应充分利用塘坊村2.2万亩山林，响应国家生态林业政策，荒山造林、封山育林。积极引进外资到塘坊村开发种植、养殖等特色产业，结合大莽山旅游与白沙圩乡圣公坛村红色旅游，创办有瑶族特色文化的农家乐，做活旅游产业，促进农民增收。如果实施了上述一系列惠民富民措施后，我们相信塘坊村村民们的生活一定会越来越幸福和美好。

二、塘坊村传统农业

塘坊村和其他瑶族村庄一样，长期以来都是一个以传统农业为主的民族村庄。历史上，塘坊村百姓基本是过着“日出而作，日落而息”的小农经济生活。塘坊村的农业生产方式基本上是以水田和旱地耕作为主。但由于塘坊村本身地处山区，人多地少，尤其是水田面积，根本无法满足村民温饱问题。因此，近年来，当地政府积极采取各种措施，引入外地的企业家到塘坊村进行投资和宣传，企图调整农业结构，大力发展茶叶种植，以及其他农业规模种植养殖项目。但是，由于塘坊村本身属于少数民族聚居区，当地村民致富意识不强，观念落后，外加支撑塘坊村经济发展的特色种植、养殖以及第二、第三产业规模有限，投入资金不够，目前很多项目正在试验或者是起步阶段，导致了村民收入增长幅度不太明显。因此，如何解决现有的问题，加快塘坊村经济的迅速发展，实现脱贫致富的目标，是值得认真思考的问题。

（一）塘坊村的农业生产环境

塘坊村的农业生产基本还是以水稻种植和玉米、红薯等旱地种植的传统农业生产方式为主。同时，由于当地地理环境特点以及瑶族本省的生活特点，茶叶种植等也属于其传统的农业生产方式。

1. 生产资料

（1）土地。莽山乡是宜章县一个以旅游以及林场为主的特色乡镇，全乡土地面积 12. 5266 万亩，耕地面积 0. 4656 万亩。塘坊村全村面积 1. 2542 万亩，耕地面积 444 亩，其中旱地 220 亩，占全村总耕地面积的 49. 5%，水田面积 224 亩，占总耕地面积的 50. 5%。可见，塘坊村是整个的旱地与水田面积比较平均，以塘坊村的农业人口（1057 人）计算，该村人均耕地面积只有 0. 41 亩左右，属于典型的人多地少的村庄。

全村耕地面积比较多的组数为 4 组、9 组以及 13 组，原因主要是这些村民小组坐落于山脚下，山与山之间比较容易开垦田地，此外，这些小组的村民人数本来也比较多，必需开垦一定量的田地，才能满足村民的需要。

表 2－1　　**塘坊村耕地情况一览表（2011 年）**　　单位：亩

小组	户数	人数	耕地面积
1	19	84	38
2	12	55	29
3	19	78	25
4	29	107	49
5	16	79	39
6	14	56	31
7	21	99	32
8	22	85	26
9	22	95	43
10	16	73	20
11	28	137	39
12	11	48	27
13	18	75	46
合计	247	1071	444

（2）生产工具。塘坊村村民使用的生产工具基本上是以传统的水田稻作农业和旱地农业相关的手工生产工具为主。这些工具主要包括，犁田用的手工制作的铁铧犁，木柄铁耙，收割稻谷用的木质脱粒打斗，人工脚踏半自动打谷机等。村里虽然以水田为主，但多分布在山上，且每块水田的面积狭小，因而不适合新式的自动插秧机以及收割机等生产工具。当然，虽说旱地面积比较少，但基本的旱地耕作工具还是不能缺乏，如挖土用的挖锄，背玉米棒子、红薯等用的背篓、匝笼，喷洒农药用的喷雾器等。全村大概有 30 台农用车，均为各家购买跑运输之用。由于塘坊村传统的农耕方式，因此所使用的生产工具也基本还是传统的手工制作的生产工具，大型的农业机械基本没有购买。

2. 劳动力

表 2－2　**塘坊村人口情况**

<table>
<tr><td>汇总农户数</td><td>1. 纯农户</td><td>2. 农业兼农户</td><td>3. 非农业兼农户</td><td colspan="2">4. 非农户</td><td colspan="2">汇总人口数</td></tr>
<tr><td>247</td><td>35</td><td>80</td><td>114</td><td colspan="2">18</td><td colspan="2">1071</td></tr>
<tr><td rowspan="2">汇总劳动力数</td><td rowspan="2">（一）从事家庭经营</td><td rowspan="2">其中：从事第一产业</td><td rowspan="2">（二）外出务工劳动力</td><td colspan="4">其中</td></tr>
<tr><td>常年外出劳动力</td><td>乡外县内</td><td>县外省内</td><td>省外</td></tr>
<tr><td>738</td><td>613</td><td>472</td><td>125</td><td>57</td><td>23</td><td>4</td><td>41</td></tr>
</table>

长期以来，塘坊村有劳动能力的人口基本上都是从事农业生产，很少脱离村庄去外地谋生，就近年来的情况而言，此种现状依旧没有根本性的改变。究其原因：第一，主要是塘坊村大部分村民文化程度低，据实地调查发现，全村50%以上的村民均为小学文化程度，甚至至今还有很多文盲。第二，塘坊村村民思想比较保守，不愿意踏出家门出外务工。近年来，随着劳动力人口的增加和耕地面积的不断减少，人多地少的问题日渐突出（该村人均耕地面积只有0.41亩左右）。该村很多村民已经意识到要外出务工来改变现状，但目前也正处于萌芽阶段，村民除了日常的农业活动之后，大多数还是靠在家附近打临工来补贴家用。据统计资料显示，塘坊村劳动力人口为738人，从事家庭经营人口数达613人，而外出务工的劳动力仅为125人，占到劳动力人口的16.9%。而从事家庭经营的613人中，有472人从事传统的第一产业活动，剩余的141人则是在家从事其他的生产活动。据调查研究，这141人主要是在塘坊村附近以从事建筑业、交通运输业、批发零售业以及旅游业等居多。这些现象说明，虽说塘坊村仍旧是一个以从事传统农业为主的村落，但村民的觉悟正在慢慢提高，开始拓展自己除了农业生产以外的其他技能，农民传统生产方式和从业观念也在发生变化。

在外出务工的这125人中，有57人为常年外出劳动力，这批人，可谓是塘坊村的精英，他们通过自己的努力，大都有比较高的学历，在外靠自己的知识技能，已经能够立足，因而常年在外。剩余的69人，则是纯粹的外出务工，一般只有在过年的时候才回家一次，这其中，在外省务工的人员达到41人，他们主要分布于珠三角的各大城市，从事的是工厂中最基层的工作，虽说在外工资不算高，但终究还是要胜过在家务农。他们是塘坊村的先行者，能够率先抛开传统观念，勇敢地闯出去。

(二) 农作物

千百年来，塘坊村也和其他瑶族地区村寨一样，就是一个以传统农作物种植为主的少数民族村庄。2012 年，村里的耕地面积 444 亩，其中水田 224 亩，旱地 220 亩。水田主要以种植南方杂交水稻为主，旱地则主要种植红薯，玉米、茶叶、蔬菜、金银花等。现将其分为粮食作物和经济作物两类进行论述。

1. 粮食作物

塘坊村种植的粮食作物主要有水稻、土豆、玉米、红薯等，所种植的面积不是很多，产量也不高。作为主粮的水稻种植面积为 224 亩，按每亩 400 公斤的产量计算，共产 89600 公斤，全村人口共 1071 人，平均每人只有 84 公斤稻谷，但由于全村有一半左右的村民外出务工，因此这些粮食基本能够满足村民的基本需要，当然，有的时候也外购粮食。稻谷按 2 元/公斤计算，全村一年的粮食收入为 179200 元，人均粮食作物的收入只有 167. 32 元，再除去种子、化肥、农药等生产资料的成本开支，村民种植粮食作物根本没有盈利，甚至还要亏本。国家又是按田地亩数来给予农民种粮补贴，而像塘坊村这样的人多地少的少数民族村落根本拿不到多少种粮补贴。因此，如何提高农民种植粮食的积极性也是摆在各级政府面前的一道难题。

2. 经济作物

塘坊村的经济作物主要有蔬菜、水果等种类。

(1) 蔬菜作物。瑶族历来有种植蔬菜的良好习惯，塘坊村也不例外。该村种植的蔬菜作物品种不多，主要有大白菜、圆白菜、辣椒、黄瓜、萝卜、茄子、葱、大蒜、四季豆等。所种植的面积很少，每家每户基本上就种植了几分田地，主要是自给自足。通过调研分析我们发现，塘坊村的蔬菜种植品种虽然不丰富，但瑶族人民历来都有种植瓜果蔬菜的传统，而且在长期的蔬菜种植时间也摸索和总结了一套传统的种植和培育方法。但是，我们在调查中也发现，塘坊村村民种植蔬菜还是基本上以一家一户的园圃式种植为主，种植规模都很小，没有形成像临近的一六乡那样的大规模的无公害蔬菜种植基地，甚至连大棚蔬菜的种植都没有，而且生产出来的蔬菜也基本上还是为了保证自己家庭的蔬菜食用，只有少部分蔬菜拿到莽山乡直供旅游区。其实，塘坊村得天独厚的土壤条件和气候是十分适宜种植绿色无公害蔬菜的，但由于土木面积严重受限，乡里和村里的干部没有带领大家一起开垦荒地种植，导致了村里的蔬菜种植业没有形成气候，如果政府积极引导农民扩大绿色无公害蔬菜种植规模，建立无公害蔬菜种植基地，对于祖先传统所遗留下来的蔬菜种植技术和经验加以文字记录并发展，最终形成蔬菜种植产业，实现蔬菜种植的产业化发展，对于增加塘坊村村民的经济收入，以产业带动区域发展，加快村民脱贫致富奔小康的步伐是大有好处的。

（2）水果作物。全村的水果作物比较少，基本上以野生的果树为主，主要有桃子、枇杷等。塘坊村的水果种植业一直没有得到发展，主要是由于水果种植的科技含量比较高，在幼苗品种的选择，栽培技术管理，病虫害防治等方面都需要科技指导，同时水果产品的季节性很强，加上水果市场的竞争性也很强，此外，由于塘坊村地处大山深处，对于水果这种时效性很强的作物而言，运输成本不经济，因而才导致了这样的结果。

（三）畜牧业

塘坊村村民和其他瑶族人民一样，历来就有饲养家禽牲畜的良好习惯。我们在调查中发现，塘坊村几乎家家户户都有饲养家禽牲畜，饲养的家禽牲畜基本上还是以传统的品种为主，主要有水牛、生猪、鸡等。

通过对塘坊村传统畜牧业的调研，我们发现，虽然塘坊村有饲养畜牧家禽的良好传统和习惯，但饲养的家禽品种很少，基本就是局限于传统的猪、牛、鸡几种，饲养的数量也不多，基本是用来从事农业生产耕作之用，很少饲养作为肉食的牛。村里所饲养的生猪大约在100头左右，并没有形成产业规模，其中仅有一户在尝试着进行规模养殖，但受限于资金问题，规模依然很小。因此，如何充分利用塘坊村的自然优势，提高村民的家禽养殖积极性，加大塘坊村村民家禽饲养的政策和资金扶持力度，扩大养殖规模，建立家禽养殖基地，是摆在塘坊村村委会和莽山乡人民政府面前的重要任务。此外，还值得一提的是，由于塘坊村的自然生态环境相对较好，环境污染少，因此十分适合养蜂，村里仅有一户人家在养蜂，地处塘坊村的大山深处，产量一年仅有几十公斤左右。近年来市场上原汁原味的蜂蜜销路十分走俏，因此，如果积极鼓励村民养殖蜜蜂，也不失为村民致富的一条有效途径。

（四）农业技术推广

近年来，党中央、国务院十分重视农村农业科学技术的创新和推广。2009年中共中央、国务院出台的《关于2009年促进农业稳定发展农民持续增收的若干意见》（简称2009年中央一号文件）中就提出："加快农业科技创新步伐，加大农业科技投入，多渠道筹集资金，建立农业科技创新基金，重点支持关键领域，重要产品，核心技术的科学研究。加快推进转基因生物新品种培育科技重大专项，整合科研资源，加大研发力度，尽快培育一批抗病虫、抗逆、高产、优质、高效的转基因新品种，并促进产业化。实施主要农作物杂交优势技术研发重大项目。强化农业知识产权保护。支持龙头企业承担国家科技计划项目。加强和完善现代农业产业技术体系。深入推进粮棉油高产创建活动，支持科技人员和大学毕业生到农技推广一线工作。开展农业科技培训，培养新型农民。采取委托、招标等形式，引导农民专业技术协会等社会组织承担公益性农技推广服务项目。"此意见对于我国农业技术的推广意义非常重大，尤其是针对塘坊村而言，由于塘坊村本身地理位置的原因，地处大山深处，离乡镇府的距离将近三十公里，是莽山乡比较偏远的村庄。正因为地理位置偏远，所以很多信息无法及时传递到这里，特别是此类对农民有很大好处的农业技术推广方面的消息。意见要求地方政府要促成农业产业化，这也正和莽山乡政府的思路不谋而合，我们希望有更多的人来关心塘坊村的发展。2010年中共中央、国务院又出台了《关于加大统筹城乡发展力度，进一步夯实农业农村发展基础的若干意见》（简称2010年中央一号文件）进一步提出："提高农业科技创新和推广能力。切实把农业科技的重点放在两种培育上，加快农业生物育种创新和推广应用体系建设。继续实施转基因生物新品种培育科技重大专项，抓紧开发具有重要应用价值和自主知识产权的功能基因和生物新品种，在科学评估、依法管理基础上，推进转基因新品种产业化。推动国内种子业加快企业和产业整合，引导种子企业科技领军人才，发展产学研联盟，加强农业重点实验室、工程技术中心、科技基础条件平台建设。实施农村科技创业行动计划、科技富民强县专项行动计划、科普惠农兴村计划，推进现代农业产业技术体系建设。抓紧建设乡镇或区域性农技推广等公共服务机构，扩大基层农技推广体系改革与建设示范县范围。积极发展多元化、社会农技推广服务组织。启动基层农技推广机构特设岗位计划，鼓励高校涉农专业毕业生到基层农技推广机构工作。推进农用工业技术改造。加快发展农业机械化，大力推广机械深松整地，支持秸秆还田、水稻育插秧等农机作业。创建国家现代农业示范区。”2011 年中共中央、国务院颁布了《关于加快水利改革发展的决定》（简称 2011 年中央一号文件），提出力争通过 5 年到 10 年努力，从根本上扭转水利建设明显滞后的局面。决定的主要内容有：大兴农田水利建设。到 2020 年，基本完成大型灌区、重点中型灌区续建配套和节水改造任务。结合全国新增千亿斤粮食生产能力规划实施，在水土资源条件具备的地区，新建一批灌区，增加农田有效灌溉面积。实施大中型灌溉排水泵站更新改造，加强重点涝区治理，完善灌排体系。健全农田水利建设新机制，中央和省级财政要大幅增加专项补助资金，市、县两级政府也要切实增加农田水利建设投入，引导农民自愿投工投劳。加快推进小型农田水利重点县建设，优先安排产粮大县，加强灌区末级渠系建设和田间工程配套，促进旱涝保收高标准农田建设。因地制宜兴建中小型水利设施，支持山丘区小水窖、小水池、小塘坝、小泵站、小水渠等“五小水利”工程建设，重点向革命老区、民族地区、边疆地区、贫困地区倾斜。大力发展节水灌溉，推广渠道防渗、管道输水、喷灌滴灌等技术，扩大节水、抗旱设备补贴范围。积极发展旱作农业，采用地膜覆盖、深松深耕、保护性耕作等技术。稳步发展牧区水利，建设节水高效灌溉饲草料地；继续推进农村饮水安全建设。到 2013 年解决规划内农村饮水安全问题，“十二五”期间基本解决新增农村饮水不安全人口的饮水问题。积极推进集中供水工程建设，提高农村自来水普及率。有条件的地方延伸集中供水管网，发展城乡一体化供水。加强农村饮水安全工程运行管理，落实管护主体，加强水源保护和水质监测，确保工程长期发挥效益。制定支持农村饮水安全工程建设的用地政策，确保土地供应，对建设、运行给予税收优惠，供水用电执行居民生活或农业排灌用电价格。2012 年中共中央、国务院又印发了《关于加快推进农业科技创新持续增强农产品供给保障能力的若干意见》（简称 2011 年中央一号文件），这是中央一号文件连续第九年聚焦“三农”，也是新中国成立以来中央文件首次对农业科技进行全面部署。文件指出，实现农业持续稳定发展、长期确保农产品有效供给，根本出路在科技。“把农业科技摆上更加突出的位置，下决心突破体制机制障碍，大幅度增加农业科技投入，推动农业科技跨越发展，为农业增产、农民增收、农村繁荣注入强劲动力。要明确农业科技创新方向、突出创新重点、完善创新机制、改善创新条件，力争在世界农业科技前沿领域占有重要位置。面向产业需求，着力突破农业重大关键技术和共性技术，切实解决科技与经济脱节问题。加大国家各类科技计划向农业领域倾斜支持力度，着力抓好种业科技创新。继续改善设施装备条件，不断夯实农业发展物质基础；提高市场流通效率，切实保障农产品稳定均衡供给。要加强农田水利建设，加快农业机械化，统筹规划全国农产品流通设施布局，探索建立生产与消费有效衔接、灵活多样的农产品产销模式。采取有针对性的调控措施，确保主要农产品有效供给和市场稳定，保持价格合理水平。持续加大财政用于“三农”的支出，持续加大国家固定资产投资对农业农村的投入，持续加大农业科技投入，确保增量和比例均有提高。发挥政府在农业科技投入中的主导作用，保证财政农业科技投入增幅明显高于财政经常性收入增幅，逐步提高农业研发投入占农业增加值的比重，建立投入稳定增长的长效机制。由以上党中央、国务院连续多年的中央一号文件可以看出，国家对农业科技的创新和推广，以及对农村的发展越来越重视。

宜章县人民政府及下属莽山乡政府认真贯彻落实党中央、国务院的一号文件精神，对农业科技的推广和普及也相当重视。充分认识到要改变少数民族地区农村传统的耕作方式，就必须加大农业科技的普及与推广力度，农业要发展，科技需先行。只有推广和普及农业科技知识，才能使老百姓从科学种植中得到真正的实惠，感受到农业科技给农民带来的好处。今年来，宜章县农业局在莽山乡成立了农技服务中心，主要负责莽山乡的农业科技普及和推广工作。乡农机服务中心也委派了专人负责塘坊村的农业生产种植技术的推广和指导工作。主要对村民进行水稻、小麦、玉米、红薯等粮食作物、蔬菜作物以及水果作物的优良种子的选用；各种农作物的病虫害防治及各种不同农药的使用方法、各种农作物以及根据不同土壤如何施肥等方面的农业科技知识进行推广和现场指导。

此外，塘坊村不仅在农业技术推广方面需要加强，在对本地资源利用方面更是大有可为。塘坊村地处山区，但水利资源丰富，山上有自然的山泉流下来，不仅能够供村民直接饮用，也承担了水利灌溉的职能。2011 年的中央一号文件就强调了水利在我国发展战略中的重要作用，目前地处塘坊村的私人水电站已经有一定数量，但大多数都是私人进行开发，村民没有得到切实的利益，如果村委会以及乡政府能够充分利用当地的水利资源，对水资源进行合理利用开发，同时给予村民一些切实好处，是一条非常好的路径。此外，随着湖南宜章莽山水库的动工，为当地的水利事业也做出了重要贡献，同时也推动了塘坊村的发展。总之，目前塘坊村的农业技术推广虽然让村民得到了一些实惠，但还没有发挥其应有的效果，这也应该成为当地政府下一步阶段工作的重点。

三、塘坊村的特色产业

塘坊村地处大山深处，由于山大人稀，交通闭塞，加上信息不灵、教育滞后、长期闭塞落后的环境，长期以来，人们均是以传统农业为主，直到近年来，随着人们生活水平的提高，家家户户都购置了电视机等部分家电，才开始慢慢接触到外面的社会，村民也才陆续觉醒，开始意识到村里的自然资源是如此的丰富，需要加以利用。但终究还是由于资金实力不足，目前很多项目正处于创办初期，均未产生任何的经济效益。目前塘坊村的特色农业主要有瑶族传统刺绣，楠竹种植，茶叶种植，金银花和沙树种植，药材采摘，石蛙、中华竹鼠、藏香猪等特种养殖，以及蜜蜂、猪、鸡、鸭规模养殖等特色产业。

（一）塘坊村特色产业的历史发展

由于塘坊村的瑶族村民隶属过山瑶，在现在所处的地方莽山乡也只有一百多年的历史。村里的老人们也只是知道自己祖上是迁过来的，但对于这些特色产业的历史，也不是很了解。经过多家采访调研，我们对塘坊村的特色农业的历史发展有了一个框架。

在瑶山，流传着一句趣话："瑶家姑娘爱绣花，不会绣花找不到婆家。"话虽说得绝对一点，但足以说明瑶族妇女擅长刺绣艺术。的确，瑶家女性，从少女到白发婆婆，无一不会刺绣工艺。因此，瑶族的刺绣是其传统的手工业，但由于随着改革开放，少数民族的传统手工业开始得到党的重视，随着大家对少数民族文化的了解，大家开始真正欣赏来自瑶族姑娘的精美的手工刺绣工艺。虽然刺绣这门技术是每个瑶族姑娘都会的，但形成瑶族刺绣的产业确是近年来才有的。据老支书邓礼才回忆到，近年来，随着莽山风景区的发展，吸引了很多游客来到美丽的莽山，游客来到莽山之后，知道了这里有传统的瑶族刺绣，很多游客便会购买一些以表留念，瑶族刺绣产业就是这样发展起来的。

瑶族的茶叶同样历史悠久，瑶族同胞历来就有饮浓茶的风俗习惯，而瑶族所居住的地方，其环境必然是适宜茶叶生长。由于瑶族所种植的产业纯天然、无污染，外加传统的加工方法和特殊的制造工艺，瑶族所产的茶叶与其他地方的不同，其绿茶，色香、味浓，是上等佳品。近年来，在乡领导和村委会的大力发展之下，塘坊村的茶叶产业开始慢慢初具规模。

塘坊村群山奇秀，各种自然资源丰富，其山上长满了楠竹，但由于地理位置的特殊性，塘坊村的交通不便，加上信息不灵、教育滞后、长期闭塞落后的环境，不仅制约了经济的发展，也养成了人们安贫乐道的小农经济意识，成为历史的惰性。在加快经济发展步伐的同时，教育水平的提高也促进了人们的思想观念、生活方式和思维方式的根本转变。发展经济、建设新农村已经成为社会共识。人心思治，人心思富，已经成为人们的思想主流。

新中国成立以来，由于各种机制体制造成的障碍，使得几经曲折、几经反复，影响了经济发展，已让人殊为惋惜。现在，社会安定、政策稳定，塘坊村要发展、要富裕，有机遇，更有挑战。塘坊村有得天独厚的气候条件和优质的水源，为特种养殖提供了有利条件。

党的十一届三中全会以后，以家庭联产承包责任制为主体的农村经济体制改革和推广良种良法为主的耕作制度改革，促进了农业生产的持久快速发展，农民的积极性得到了极大的提高。此外，由于村里的电话、电视信号接通，村民开始了解外面的世界。

（二）瑶族刺绣

在瑶山，流传着一句趣话：“瑶家姑娘爱绣花，不会绣花找不到婆家。”

话虽说得绝对一点，但足以说明瑶族妇女擅长刺绣艺术。的确，瑶家女性，从少女到白发婆婆，无一不会刺绣工艺。她们不论在家或出门做工，都要随身带备刺绣工具，走到哪里绣到哪里。即使耕山种田、砍柴割草那么劳累，在休息的时候，她们也要绣上几针。如果碰上妇女集会，她们就一边洗耳恭听，一边飞针走线，会场自然地成为"刺绣工场"，刺绣艺术"大观摩"、"大展览"。

瑶族刺绣品种繁多，常见的有花袋、花带、花帽、头帕、脚绑、围裙等。还有姑娘为出嫁准备的婚服、披肩；定情用的荷包、香袋等。这些工艺品，均用棕黑色的棉布为衬底，以红、黄、蓝、白、绿、黑、紫色的绒丝线为料，用三寸长的绣花针，刺绣出五花八门的图案。图案花纹有正方形、三角形、梭形、圆形、水纹形、波浪形、之字形、工字形以及双蝶恋花、双龙戏珠、稻穗和鲜花等造型艺术。她们根据品种需要择色，巧于心计，娴于精工，绣出的图案古色古香、美观大方，具有浓郁的民族特色。绣一个简单的瑶袋，聪明的瑶族姑娘就能谋篇布局，以绿色水纹为底层，白色浪花为波光，构成大海汪洋的景色；然后绣三角形、梭形、之字形等杂色图案，表示青山起伏，花香鸟语；接着，再绣蓝天白云，红日高挂，雄鹰翱翔。动静交织，活似一幅锦绣山区美景。一针一线、一图一案，都体现出瑶族妇女匠心独具，一片深情。

刺绣可以说是瑶族妇女的终生手艺。少女时期，她们就跟长辈学习执针引线，一般刺绣衣襟花边、花带、脚绑等常用品种，练基本功。到了青春期，也是刺绣最紧张的时期，因为姑娘们进入恋爱阶段，她们必须精心刺绣花袋、荷包、香包、头帕作为送给情人的定情物，以精良的艺术显示自己的才华，博得男青年的赞赏和敬爱。同时，她们还要呕心沥血绣备嫁衣、围裙等珍品，作为出嫁时不可少的嫁妆。嫁妆要比任何刺绣品都精细、美观，讲究标新立异、超群脱俗，到出嫁时穿着，光彩照人。结婚之后及中年时期，妇女们给丈夫绣衣边、烟袋等，作为贤妻良母的标志。中年到老年，她们除了刺绣日常用品外，更主要的职责是把自己的手艺传授给下一代，培养接班人。因此，瑶家刺绣得以代代相传。刺绣艺术活细工粗，陶冶着瑶家女性勤劳、温柔、热情的性格。

瑶家把自己的刺绣作品视为最珍贵的东西，一般是不转送他人的。如果外人进山，能得到瑶家的瑶袋或花带，那瑶家是把他当作最尊贵的客人了。

虽然每位瑶家姑娘都会刺绣，但目前，真正依靠刺绣谋生的人越来越少了，究其原因：第一，刺绣非常耗费时间，一件普通的瑶家头巾，上面的花纹要绣下来需要二十天左右的时间；第二，刺绣无法产生足够多的经济利益，花二十天时间所绣的一块瑶家头巾，据调研组调查得知，市场价在七百元左右，一个月只能绣一元多，除去布匹，针线成本，盈利情况并不理想。因而，目前以刺绣为生的塘坊村村民越来越少。

因此，我们必须思考一个问题，瑶族的刺绣的未来在哪里？调研组成员通过对当地景区的游客进行实地采访之后发现，游客来了莽山之后，虽然知道此处是瑶族少数民族的聚居区，但在景区的商店中很少看到有瑶族的工艺品以及刺绣出售，偶尔看到一两件瑶族刺绣，也被店主视为珍品，价格卖得奇高，令人生畏。这些情况无形之中对瑶族刺绣产业的发展形成了伤害。对于这些问题，调研则成员有一些总结和建议：

（1）目前的瑶族刺绣还仅仅停留在非常古老的单体单户作坊类的工作形式，不仅工作效率低，而且花费时间长，浪费也比较严重。调研组成员建议将瑶族刺绣形成规模化效应，产业化发展，从上游的原料采购到中间的加工，到最后的销售，全部进行一定的规划。

（2）要做成产业化发展，首先必须集全村之力，以现代企业制度的形式，引入一些投资，依托当地比较发达的旅游业，重新振作瑶族刺绣这个行业。有了资金，便是将原本手工制作的瑶族刺绣，进行机械化操作，以生产出足够多的产品。

（3）加大宣传力度。有了足够多的产品，更加关键的在于如何将这些产品销售出去，目前瑶族刺绣的市场需求还是比较大，处于卖方市场，因此，只要稍微增加销售和宣传力度，市场前景非常乐观。

（三）楠竹产业

楠竹被统称为毛竹，又别于毛竹，楠竹实际上是毛竹中最名贵、最有使用价值和经济价值的一种实用竹。在中国300多种木本竹类植物引属中，楠竹是生长最快、材质最好、用途最多、经济价值最大、种植面积最大的竹种，楠竹生长快、适应性强，恢复一棵60英尺高的树木需要60年的时间，而一棵60英尺的楠竹只需59天即可再生，楠竹大面积的种植推广能保持水土流失，调节局部小气候，净化空气，美化环境，并且成林时间较木材而言大为缩短。楠竹全身都是宝，除了传统的竹笋、竹材和竹工艺品外，竹子还能生产出竹炭、竹醋液、竹叶提取物、竹质纤维纺纱等诸多产品。林业专家指出，随着竹材加工技术日趋成熟和产业化程度不断提高，竹产业已成为我国新兴产业，经济利用前景十分广阔。

在隶属塘坊村的大山上，有着近千亩的楠竹林。从古至今，上山砍伐竹子所得便是村民重要的收入来源之一。但许多年来，村民们一直都是销售原竹，即将竹子砍伐之后就立即销售出去，并没有进行任何的加工，一扎五十根的细竹子市场价仅为 6 元。而根据市场资料显示，楠竹具有巨大的经济价值，楠竹型高大、端直、壁厚，非常适合做竹地板、竹家具，烧制竹炭。楠竹笋营养丰富、味道鲜美（24 孝故事“孟宗哭竹”的典故，就是孟宗的母亲病危中想吃竹笋，当时正值三九寒天，竹笋未发，孟宗挖笋不得，悲苦号哭，孝心感动天地，地上长出一对竹笋，由此楠竹也叫孟宗竹）。据统计资料显示，一亩立地条件好，管护精细的楠竹，仅靠销售竹材和竹笋，每亩每年收益可达 3500 ~ 4500 元，竹子若加工成竹炭（该过程还产生副产品竹醋液），产值可以增加 2 倍，若对竹炭进一步加工，产值还可以增加 3 ~ 4 倍，可达到 10500 ~ 18000 元。若将竹材加工成地板，收益还将更高。综合计算竹材竹笋和后续加工产品值，每亩高产竹子可以实现 15000 ~ 30000 元的收益。当然，这一切都是建立在资源量足够大，可以满足产业化开发利用的前提下。

在调研中我们发现，塘坊村所处莽山林场，非常适宜楠竹的生长，自古以来山上就生长大面积的楠竹，但由于村民经济开发意愿薄弱，也不知道如何开发利用，只会最初级的砍伐买卖，如何利用好塘坊村所拥有这些资源，发展塘坊村、宜章县的楠竹产业，成为摆在县乡领导面前的重要任务。

一要提高村民的楠竹开发意识。通过对村民科学普及，让村民知道楠竹具有巨大的生产加工价值，具体措施乡镇领导可以派技术员到基层对村民进行培训，此外还可以张贴宣传广告灯。

二是提高认识，健全机制。楠竹产业开发是一项长期艰苦的任务，要想在一定时期内取得成效，必应有一套行之有效的管理机制。

三是加大政策和资金扶持。为充分调动全村上下加快楠竹开发的积极性，县乡领导要制定一定的政策来支持引导村民，为加快楠竹产业发展提供有力的政策扶持。在充分发挥群众开发投入主体作用的同时，实行财政补贴和部门支援相结合，从而有效地解决开发资金不足的矛盾。

倘若对楠竹进行开发利用，并进行深加工，其产生的经济价值不可估量。

（四）特种养殖业

塘坊村土地肥沃，气候适宜，环境优良，是进行养殖业的好地方。养殖业在塘坊村的体现非常丰富，不仅有传统的养猪、养鸡等，更有新型的特种养殖业，比如中华竹鼠、石蛙、藏香猪等。

1. 中华竹鼠养殖

竹鼠，又名竹根鼠、茅根鼠、冬芒老鼠、竹鼬、竹根猪、竹狸、冬芒狸、竹纯、竹馏、稚子等，因其形似老鼠又以吃竹为主而得名。竹鼠是一种体形较大的啮齿类动物，野生竹鼠在国外主要分布于南亚及东非一带，在我国主要分布于秦岭以南的山坡竹林及芒草丛下，栖息于灌木、竹、乔木、棕叶等混交林中，穴居地下，白天穴居洞内，并用疏松泥土堵住洞口，夜间出来觅食，以竹根、竹茎、竹嫩枝、山姜子地下根、芒草根和芒草秆为食。塘坊村由于存在大量的竹林，因而山间有大量的竹鼠存在。

塘坊村特种养殖产业的发展，得益于最璀璨的明珠——湖南莽山土里八吉农庄的成立。近几年，随着世界金融危机的蔓延，在一定程度上对农民外出务工产生了一定的影响。中共宜章县委通过鼓励全民创业，积极招商引资，营造良好的创业氛围，为创业者提供良好的政策扶植，并积极引导，让创业者为地方经济和社会的发展做出贡献，这是一种双赢的局面。莽山土里八吉农庄与塘坊村村民便是这双赢的受益方。莽山土里八吉农庄成立于2009年，位于塘坊村十一组附近，是一家以绿色生态农业为主，主营特种养殖的私营企业，公司一期工程占地二百亩，已累计投资近三十余万元，初步建立生产所需的各种厂房。此外，公司还承包了村里将近一千亩的土地，专门进行绿色生态农业的开发，其中，中华竹鼠的养殖项目成为其中的重点。由于塘坊村好山好水，自然环境非常良好，又处于旅游区，有着大面积的山林可供开发利用，此外，塘坊村的温度比周边村落的平均气温要低2～3℃，这些优厚的自然条件，都成为了公司定址塘坊村的重要条件。

土里八吉农庄在成立之初就建立了立足生态农业、服务地方经济、面向未来的战略经营思路，对内采取高校科研、自主试验、产业化发展的经营模式，对外积极开拓市场、跨区域考察、多方合作等具体经营策略，目前所试验的特种养殖品种已全部试验成功，正在紧锣密鼓地按计划稳步发展。

同时，公司还充分利用现代的科技信息技术，将逐步引进放养物种 GPS 导航系统，全产业链监控系统，物种质量检验系统等专门服务于现代农业的高科技产品，切实做到把科技运用到现代农业中来。公司目前也正在进行网络化建设，将来能够实现网上办公以及网络监控。

农庄毕竟是以公司化方式运作，有雄厚的资金和技术支持，有来自中南林业科技大学的教授作为公司的技术顾问，因而不管是从饲养方法、原料和日常料理等各方面都要胜过邓开凤一家。农庄通过科学研究，也正在不断尝试着养殖竹鼠的方法，目前已经取得了很不错的效果。

关于土里八吉农庄的具体名称，公司的总经理周彬辉先生给我们介绍到，“土里”指的是公司土生土长、绿色经营的意思，而“八吉”则有吉祥如意之意。此外，“土里八吉”四个字在当地方言里就是原生态无污染的含义，这深刻说明公司从创立之初，到取名，都将绿色生态的概念贯穿始终。

2. 石蛙

石蛙，学名棘胸蛙，又名石鸡、坑蛙、石鳞等，属两栖类蛙科动物，主要分布于浙江、安徽、江西等。是我国特有的大型野生蛙。石蛙主要分布在我国南方诸省的深山密林的山涧溪流中，长期处于野生状态，但由于近年来过度的捕捉和环境的恶化，石蛙的资源日渐匮乏。由于塘坊村所处的环境并未遭到过多的破坏，因而在山涧中，石蛙非常的常见。

石蛙肉质细嫩鲜美，营养丰富，味道鲜美，且有清热解毒、滋补强身等功效，食用价值及医用价值均非一般，是南方丘陵山区名贵的水产品之一。石蛙的人工饲养项目是土里八吉农庄的一个重点项目之一。

但石蛙的养殖技术比竹鼠更加复杂。从蝌蚪开始繁殖，最后变态成青蛙，这一个完整的过程，对饲养环境还有饲养所需要的原料，要求都很高。其饲养的关键点在于：

（1）石蛙属于流水生活型。常栖于山区水流较缓的小溪内或在流溪的迴水坑内，溪的两岸植被丰富。它们很少离开水域，体色常与它们的居住环境相适应。雄性体大，前肢极为粗壮，婚刺也极发达，这些特点与繁殖特性有很大的关系，产卵时，雌雄必须将卵产在流水所冲击的溪边，交配时雄性强有力地拥抱着雌性，并借助于腹部的棘加强雄性的固着力，使它们不为水流所冲散。石蛙具内声囊，发声低浊而大，雄性叫声为“咕咕咕”，雌性以“咔咔咔”声相应。石蛙有群居和夜间觅食的习性，往往几只或几十只堆在一起共栖一处，在安静适宜的环境中，石蛙白天也出穴觅食，夜间是活动的盛期。石蛙善跳和攀爬，平时活动较弱、平稳，在繁殖盛期，活动频繁，具有鸣叫和抱对等行为。石蛙喜食活动的动物，一般不食死的或不动的食物，在自然状态下，石蛙的食性广泛，除昆虫、蜈蚣、蜘蛛、马陆、蜗牛、螺、蚬、蚯蚓、虾外还捕食蟹、杂鱼、泥鳅、幼蛇和小型鸟类。不同地区的石蛙，由于环境所能提供的饵料不同食性亦有差异。石蛙在自然界中一般吞食量为其体重的9%，有时达到12.8%。

石蛙是变温动物，没有调节体温和保温能力，其体温随外界温度变化而变化，石蛙适宜的生长温度为18℃~26℃，最适温度24℃ ~25℃，春秋两季是其活动最频繁、摄食量最大、生长最迅速的季节，4~6月、8~9月是繁殖后代的最好时期，当水温超过30℃，摄食活动减少。当水温降至12℃，蛙代谢很弱，进入冬眠，冬眠时，蛙双眼紧闭，不食不动，靠脂肪体来维持生命活动，对外界刺激不做出反应，冬眠期若水温上升到适宜的温度，蛙就会再出来活动。石蛙成蛙的致死高温在31℃左右，不同季节有所变化。石蛙亦能忍受长期的0℃环境，但水不能结冰，冰封缺氧导致石蛙死亡。

（2）石蛙的饵料。石蛙的饵料主要是蚯蚓、黄粉虫、蝇蛆等。其每种原料的饲养方法都不相同，对石蛙的生长影响状况也不相同，因而需要采取试验找出最经济，最有效的饲养饵料。

（3）石蛙池的建设。野生石蛙常年栖息于阴凉的山溪水沟边或有瀑布的石洞附近，其生活环境要求水流充足，阴凉、潮湿、水质清新，喜群栖于石穴之中。生长发育、配种、繁衍后代长期处于野生状态。

人工驯养石蛙，由野生变为家养，生活环境等方面都发生了巨大的变化，石蛙进行人工饲养，对蛙池必须采取合理的设计，使蛙池既要近似于自然环境，又要便于人工管理。

因此，石蛙池建设涉及养殖场址的选择，蛙池的规格要求，以及具体的种蛙池、孵化池、蝌蚪池、幼蛙池等。

针对以上问题，公司对此专门成立了一个石蛙养殖项目小组，对各种饲养细节进行了技术攻关。公司通过研究发现，石蛙最适宜的饲养原料为黄粉虫，又称面包虫。此种虫所含的蛋白质程度最高，饲养的效果最好。公司头批引入黄粉虫养殖的时候，由于技术不成熟，头批黄粉虫全部死亡。后来又经过了多次的试验，才最终饲养成功。原料有了保障，剩下的就是饲养技术了。农庄通过对饲养场所的建设，努力做到仿野生养殖，饲养棚里所有的石头、水草均是从野外石蛙真实的生存环境中取得，这样更有利于人工饲养。

石蛙的生长周期比竹鼠要长，一只石蛙人工养殖从出生到长成需要三年时间，而野外自然生长的石蛙，由于食物不充足，生长周期需要 4 年或更长。

目前整个石蛙的饲养流程都已经掌握，关键性的技术问题也已经解决。此外，黄粉虫的成功饲养，不仅解决了石蛙的原料问题，而且还提供了另外一种绿色高蛋白食物，所谓两全其美。

当谈及石蛙的销路时，农庄的总经理周彬辉笑着说，“根本就不用担心销路，目前全国都很少有成功的案例，我们有可能是第一家人工养殖成功的，目前很多关键性的技术已经在申请专利了。”

相信在不久的将来，我们一定能够在市场上看到莽山“土里八吉”牌石蛙。

（五）养猪业

1. 传统猪养殖

在瑶族地区，每家每户都有少量的家禽和牲畜。有的家禽不是每家每户都有。但在塘坊村，每家每户都养猪，主要用于年底自己宰杀，自己享用，除去送亲朋好友以外，都不卖；也有养猪专业户，希望能够通过自己辛勤的劳动和专业的养殖知识而致富。

随着社会的发展，越来越多的人注意到新能源的开发和利用。在塘坊村，已经有养猪专业户开始有意识地建设沼气池，将养猪场的粪便充分利用起来，不仅可以满足农户照明的厨房用电用气，冬天还能供暖。沼气是可再生能源，其发酵后剩余的沼气渣，可以用来灌溉农业，是很好的肥料，不仅增强了土壤的土质，而且节约了农田所需的大量化肥成本。

随着信息网络在农村的普及，越来越多的村民开始通过网络来了解猪价市场的行情走势，并通过网络学习养猪技术，以及对所饲养的猪进行日常防疫。

由于存在家畜养殖的存在，同时也带动了饲料业的发展。目前村民经常使用的饲料品牌有双胞胎、正大、正邦、骆驼等。村里甚至有自己的代售点，据村民反映，卖饲料的效益还不错。

目前在塘坊村由于规模养殖业才刚刚起步，村里的公路也才刚通，并没有形成了很大的规模，但有雏形总是好的，虽然面临资金等种种困难，但村民们这种创业的决心和毅力是值得我们期待的，愿在不久的将来，我们能在塘坊村看到养殖户的成功。

2. 藏香猪的特种养殖业

藏香猪，又名“人参猪”，是西藏原始的瘦肉型猪种，属野外牧养类，是西藏林芝地区的著名特产，也是西藏特有的一种古老畜种资源。其是世界上为数不多的放养型猪种，不仅具有肉质鲜嫩、皮薄肉香的特点，而且在自然放养的状态下生长养殖成本比普通猪要低；抗病能力强，群体性病疫灾害风险降低；猪繁殖能力强，一年繁殖两次，便于短时间内规模化扩张；营养丰富，顺应当前倡导绿色健康饮食观念，易于推广、市场前景大好等各种特点。

特种藏香猪的养殖主要是由土里八吉农庄进行，土里八吉农庄之所以将藏香猪的放养项目引入，正是看中了它以上的这些优势。塘坊村具有空气和水质优良，植被茂密，山林广阔等优点，为放养藏香猪奠定了优良的基础，公司目前所承包的一千多亩山林地，就包括一座小山丘，将来公司希望将这个小山丘进行开发，作为特种猪养殖的放养场所。公司目前正在进行良种的引进以及繁殖，并没有形成很大的规模，目前仅有 4 只藏香猪在农庄内。但一切进展都很顺利，相信在不久的将来，我们能够在塘坊的山林中，看到大群的藏香猪。此外，公司接下来还正在考虑引进湘西黑猪的特种养殖，目前也正在按计划一步步进行。

（六）药材业

塘坊村地处亚热带湿润季风性气候区，属南岭山地的中山地貌，村内山峰陡峭，溪河纵横，峡谷幽深，其独特的气候和山林环境，极其适宜茯苓、金银花、当归等中草药植物的生长。而瑶族的医药历来就很有名气。村里只有少数的几户人家在坚持种植药材，我们也了解了一些情况。

这位坚持药材种植的村民叫赵志勇，他本人种植药材已经有 10 多年的时间了。几年前，他种植过少量的天麻，天麻是一味常用且名贵的中药材，临床多用于头痛眩晕、肢体麻木、小儿惊风、癫痫、抽搐、破伤风等症，但是由于自己没有经验，最终没能成功。除此之外，以前他还代收过黄精，收购价格为1～1.2元，转卖后每斤可赚取三四角。但是，他目前主要是种植加工茯苓，其次也种植加工一些杜仲。

调研组通过调查发现，中药材种植一定会是塘坊村一项新的有发展潜力的特色种植业。塘坊村得天独厚的山林环境和气候条件，极其适合发展这一投入少、见效快，能促进农民增收的特色项目。随着生活水平的提高，人们对养生保健也越来越重视，中药材种植和销售必然会有着非常好的市场前景。但是，像赵志勇这样有着很多技术经验和发展意识的村民实在是太少太少了。对此，乡政府应该深入思考这样一个问题，即如何充分发挥塘坊村的资源优势，带动农户发展茯苓等中草药种植加工，并将其尽快形成规模，然后进一步做大做好做强！

（七）金银花种植业

金银花，为中药材和植物的统称。植物金银花又名忍冬，为忍冬科多年生半常绿缠绕木质藤本植物。“金银花”一名出自《本草纲目》，由于忍冬花初开为白色，后转为黄色，因此得名金银花。药材金银花为忍冬科忍冬属植物忍冬及同属植物干燥花蕾或带初开的花。金银花自古被誉为清热解毒的良药。它性甘寒，气芳香，甘寒清热而不伤胃，芳香透达又可祛邪。金银花既能宣散风热，还善清解血毒，用于各种热性病，如身热、发疹、发斑、热毒疮痈、咽喉肿痛等症，均效果显著。

瑶族的歌谣中这样来形容满山的金银花：“广茂的山坡地上，一株株金银花竞相绽放，黄白相间的小花在阳光下闪闪发光。仔细看那一朵朵的花，从绿茎伸出长长的小棒，顶端散开，一边是弯弯的独瓣，如一只小拇指，另一边是四片小花瓣连在一起，如合拢的手掌，不见指缝，中间探出五根细细的花针，优雅如仙女随意伸出的玉手，芬芳被阳光氤氲，空气中带着一丝丝甜香……”

一边唱着，热情的村民一边给我们讲述他种金银花的经历，一边采摘一些花朵，说要煎水，让我们也品品金银花的香甜。采摘时，村民给我们介绍说金银花都是成双开放，两朵虽散开两边，其根相连，轻轻摘下一朵，另一朵也跟着掉了下来，我们这才明白了古人为何把金银花说成“有藤名鸳鸯”了。感触之后，我们也学着他摘花，双双将其捏在一起，双双摘离绿茎。

刚开始，村里采取的管理办法是政府买种子，村民只负责种植，可是弊端随之而来。因为这种奖罚不明确的体制使得村民积极性和责任感很难得到激发，他们整个精神状态都比较涣散。面对这种情况，“瑶王”茶不思、饭不想，召集大家共同商议解决办法。最后，“瑶王”提出，村里实行“我出钱，我负责”的办法，村民自行购买种子，自行培育，一来保证了金银花的质量，二来也培养了村民的商业头脑。销售方面，村里和贵阳公司可以签订合同，公司以保护价包回收，保护价一般比市场价低几个百分点。对于“瑶王”提出的建议，大家都点头称赞。现在村里就实行“我出钱，我负责”的办法，邓万寿认为这个的价格机制是比较合理的。

随着中药材市场全面升温，金银花作为一种常用中药需求量也越来越大，据统计，以金银花配伍的中成药逾 200 多种。金银花用途非常广泛，在民间也作为养生保健佳品，常被制作成佳肴美食或养生饮品。开花时金、银色彩相间，如同清诗人蔡亭写的“花发金银满架香”。正因为金银花香气久远，有净化空气之作用，所以它又是美化环境的好树种。

现在村里的干部也都比较支持邓万寿的想法，认为把金银花作为村里的一个特色产业发展，前景还是非常诱人的。如果今年产量好的话，准备将现在全村 150 亩的规模扩大到 300 亩。而且今年村里要计划建成四个金银花加工点，目前已顺利完工一个。加工点的技术工作，主要由贵阳厂家提供，另外，工厂经常会派人来村子指导农户种植方法，也都发放了《如何避免金银花病虫害》、《如何更有效的培育金银花》等知识手册，对农户帮助很大。

随着“新农村”建设的步伐越来越快，寻找新的的致富之路是农民的重中之重。“瑶王”说，因为塘坊村的人均耕地比较少，以前传统封闭的思想，吃饱肚子就满足的想法已经远远跟不上时代了。如果一亩田种水稻，收入除过化肥、农药、种子和人工几乎所剩无几。所以政府近几年实行耕地改革，将部分原先的传统农作物改种经济作物，引入各种各样的新品种、好品种，这确实是带动村里经济发展、增加村民收入的行之有效的方法。以前塘坊村的妇女很多都外出打工，比如去茶业比较发达的钟家村采茶。现在，塘坊村也慢慢发展了自己的特色产业，就业机会增多，而且种植金银花不需要强劳动力，且种植一次，收获几十年，因此邓万寿相信金银花很快就会成为农户致富的重要项目。

（八）其他产业

1. 建筑业

一般而言，依深山密林而居的瑶族多就地取材，采用“人”字形棚居建筑式样；居住在坡度比较大的山岭地带的瑶族，多采用“吊楼”式建筑；居住在平原丘陵地区的瑶族，住房多为土木或泥木结构，与壮、汉族住宅相同；聚居山地的瑶族讲究村寨整体，房屋建筑多为层叠式，幢屋毗连，层次分明。大的村落山寨，房屋从山脚叠到山腰，甚至叠到山顶，民族风格独特。

瑶族房屋建筑一般分为三个部分，即住房、粮仓、寮房。住房一般是一栋三间，中设厅堂，卧室设在两侧或中室后部，前部为灶堂或火堂。粮仓多用木板密封成堡垒形，用来贮藏玉米、稻谷，一般设在屋外或村旁，甚至有的设在数十里的山野田间。寮房多数是建在村寨旁边，用茅草搭盖，用以存放柴草或储存物件等。

现如今，在莽山的塘坊村，我们已经看不到传统的瑶族建筑了，由于祖先搬至此地仅有一百多年的历史，村里大多数都是现代的村落建筑。

现在村里从事建筑业的有几个个体经营户，平均每年每个个体户能承包五六栋楼房的建设。他们承包的方式有两种，一种是包干，全部承包给包工头修建，按照合同支付费用。另外一种是包工，这种主要由主人自己负责购买各种建房和装修的原材料，施工队伍由包工头负责组建，楼房主人按照施工情况，根据合同支付费用。

在我们调研期间，我们与村里的包工头赵良保进行了深入的交流。赵良保，今年已经 48 岁了，黝黑的皮肤，憨厚的笑颜，给人的第一印象老实厚道，小学文化水平，自幼爱好建筑，不断琢磨自学成才。

赵良保以前靠砍伐树木贩卖木材或是自己制作木头工艺品为生，国家明令禁止砍伐公益林后，就转向建筑业，在自己还没有住房时就开始琢磨着如何建房。1989 年开始建房，建的第一所房子是自己家的房子，从设计图纸到建模型打柱子都是自己亲自上阵。曾参与过莽山有名的天沅大酒店的建设，当时是作为学徒的身份工作的，走砖，搭模型，装修，都是那会儿学习到的。不怕苦不怕累，有时为了以后能单独发展宁愿比别人多做一点工，韬光养晦。

目前，塘坊村村委会打算建一栋两层到三层楼房用作办公楼。村里面只有十几万元，通过贷款或者集资等其他渠道筹集了另外的二十多万元，而这栋楼的建设自然也少不了赵良保的施工队。

到目前为止赵良保已经参与建筑了差不多十五六栋房子。单塘坊村就有六户是他参与建筑的。而村里数一数二的“别墅”——瑶王家的房子也出自赵良保之手。现在赵良保已经有了自己的施工队，有五六个施工队员，自己担任施工队长。揽下活的价格一般是一个平方50到60元，找他修房子的，多是村里人，一来二去的也就不怎么看重价钱，为人老实厚道。

除房屋建设外，赵良保还参与了莽山的电信塔、旅游区的水库、宜章工业园等基础设施的建设。电信塔的建设本已属于高危行业，50米的电信塔在赵良保和他的施工队的努力下初具规模，给村民们带来了福音。而旅游区水库的建设则使得矿泉水漂流成为可能。目前，赵良保正在参与县里面的扶贫工程——钟家村饮水工程的建设，该项目总投资35万元。

在与赵良保的交谈中我们了解到建房大概的过程，首先需要赵良保前期垫支，建好之后，验收合格，雇主再将所有的款项支付。“有时候我们会自己垫钱，一开始也担心自己做不来，钱收不回来，但干这一行干久了，心里有了底，也不怕了，再说都是老主顾，信得过。”

他坦言做建筑行业其实很辛苦。夏天建房，高温作业。以前没有机器的时候，都是自己亲自挑水泥，自己和水泥。大热天施工的时候，在县里面会中暑。所以现在的作业时间改成了三点半。这边还是高山，温度还算比较低，到了县城里边，温度则更高，很多人都受不了。现代人保险意识强，赵良保也不例外，一般到外面做工都会买保险。早几天白沙县的一个建筑工人作业时从一楼摔了下来，断了两根肋骨，还好买了保险，不然家里根本承受不起庞大的医疗费用。

赵良保的施工队有六个人，都是他一手带出来的。表面上虽是师傅与学徒的关系，但实质上大家在工作中相互学习、取长补短、教学相长，队员们在赵良保的教导下都能自己拉着水泥和砖头自行建设了。起初工程量不是很大，所以五六个人足够，但现在随着承包的业务越来越多，业务量越来越大，目前的人手已经明显不够用，做不过来了。

赵良保从年轻时就在莽山打拼，从1989年开始建房，到现在参与基础设施、公共项目的建设，在他眼中的莽山可谓是发生了翻天覆地的变化，而与之相关的建筑行业的发展也是日新月异。当年建房，整个房子只需一大块钢材，到了后来，就开始分类，分粗细，分大小。当年建房用一堆的钢材，浪费资源，轻重不均匀，容易产生裂缝，造成房屋垮塌。以前建两层房子都是建好第一层的基础上再建第二层；现在则是需要打柱子，在第一层铺上钢筋，一层层的向上累积，建筑讲究整体性，四面八方一起来，防震性能更好，结构也更加牢固。也因此楼房越建越高，之前的房子都是一层到两层，现在都是三层四层。在建筑材料上，红砖也逐渐取代了水泥浇灌。水泥浇灌是将沙子、石头、水泥混在一起，待其凝固后用于建材，但水泥需二十四小时才能结固，耗费时间长，用得较少。

建材价格也发生了变化。钢材当年2000多元一吨，目前是4000多元一吨。以前一吨红砖，要30多元，现在从砖厂拉出来为40～50元，一吨红砖需花费200元，装量顶多一车是十五吨。1989年，240元一吨的水泥。现在要360元。至于沙子，河里有，自己可以去淘，在此，成本可忽略不计。物价飞涨，这工资自然也要跟得上步伐，以前给人家做工四五十元一天，现在包吃包住，一天100元。当年干一年工，能赚1万多元，现在能赚3万多元了。考虑到烈日的炙烤，高危的工作性质，这个价也是合理的。

通过对塘坊村以及周边村落建筑行业的了解，我们发现目前塘坊村建筑行业的困境主要表现在：

一是没有专业的建筑团队，加之现在村民对住房的要求提高，使得很多建筑工程都被其他建筑公司替代。

二是塘坊村的建筑业目前还处于比较低的发展水平，主要由人工施工，建筑效率低下。

三是塘坊村从事建筑业的人员不足，没有足够的人手。

要发展塘坊村的建筑业，需要组建一支高素质的建筑队伍，提高建筑水平和实力。针对这一困境，我们认为，通过对建筑工人进行培训，在塘坊村组建一支高水平的建筑队伍，可以负责承担塘坊村的建筑施工，并不断向外发展。

2. 运输业

莽山瑶族乡的基础设施建设近年来发展较慢，交通不便，通信不畅，教育落后，科技水平低。交通方面，全乡仅有栏莽公路与宜章县相连，每日有大巴车直通县城和郴州市区，所辖的7个行政村中除道洞村尚有7公里通村公路未实现水泥硬化外，其余各村已全部实现通村公路硬化，但尚有未通组公路210公里。

塘坊村是莽山瑶族乡最偏远的瑶族聚居村之一，交通闭塞，多年来仅靠一条坑洼不平的砂石路与外界相连，严重制约了塘坊村的经济社会发展。2011年12月27日，塘坊村通村公路硬化工程全面竣工，道路全长12.6公里，宽4.5米，厚0.2米，总投资300多万元，其中自筹资金将近50万元。截至2012年7月，还有未通组公路11公里，分别为通2组（干田浪）2.15公里，通4组（村委会）0.3公里，通5组（火烧浪）0.38公里，通6组（酸枣坪）2.2公里，通7组（田寮）1公里，通10组（老屋场）0.42公里，通12组（竹坪）4.55公里。

塘坊村在高寒山区，各个村民小组的分布比较分散。从前路没修好的时候，从这个组到那个组有时要翻过几座山头。塘坊村的运输业主谭小明告诉我们，自己起先在坪石的一家水泥厂当学徒，两年后厂子倒闭就回宜章来给别人做了几年工，直到2005年才开始跑拖拉机拉活干。因为有拖拉机，每次回家的时候方便从山外进些简单的货品，谭小明也是第一个在村里开起小卖店的。虽然生意一般，也能赚个两三百元。只不过后来运输跑起来以后没时间关注，就把小卖店转给了大哥赵小平家。村里很多人都知道这七年里谭小明家跑运输先后换了5辆车。2006年的时候靠借钱，他买了人生中的第一台拖拉机。那时候跑运输的活儿多，买车的钱很快就回本并还清了债务。于是2007年、2008年，谭小明又先后买了两台二手拖拉机。2007年谭小明开着拖拉机在进山的路上出过一次车祸。因为下雨路面打滑，拖拉机失去掌控往山下冲去，幸好当时在车上的谭小明和他母亲都及时跳了车，才没发生大事故。人没事，车子却报废了。到了2009年，谭小明卖了之前的老车，重新买了台全新的大拖拉机。通常，他早上4点钟起来跑车，白天在外主要是给邻近乡镇的一些厂子、工地或者私人拉货物或者建筑材料，晚上9点多再回家。那时候村里水泥路没修好，太差的路况让谭小明跑得很是辛苦。他一般只在天晴的时候往外跑活儿，下雨就待在家。天色太晚没赶得及回家的话，就得在路上过夜。路遇下雨时，山路泥地开车会打滑，也只能让车子停在原地，自己先回家。待停雨再去车那儿铺上一层沙子，好顺利把拖拉机开回家。运输这个工作的不规律性终究是让年轻的谭小明患上了胃病。因为前两年运输的工作挺好做，一个多月前他举债近五万元，共花了六万多元买了一台4100型号的动力福田货车。“我都还没来得及把驾照考了，现在只有个农机驾照。”谭小明说：“我跑运输的话主要就是按照路程计重收费，以前一个月平均下来纯收入可以有千把块钱。现在村里的路修好是方便我跑运输了，但挺发愁最近市场行情没有前两年好，没那么多活儿可以干了。”

谭小明的故事可以说是塘坊村运输业最真实的写照，从当年泥泞的山路，到如今的水泥路，从拖拉机到如今的福田，无不体现着社会主义现代化在中国最真实的反映。俗话说得好，“要想富，先修路”，这会儿路是差不多修好了，村民们也该富了吧。

3. 茶业

莽山绿茶原种为土茶，据民国版《宜章县志》记载：莽山“以崖子石之山茶、莽山思仁坳之横水茶为最佳，其性凉，能解热毒，可治痢疾”。莽山茶吸莽山高山秀岭之灵气，是醇正的山茶、土茶，栽培过程中不施用任何化肥与农药，无污染，无公害。泡时清香飘逸，饮后甘苦回味，具有清热解渴、提神美容促消化的功效。采茶精挑细选，炒茶火候准确，揉茶轻搓细揉，烘焙竹笼木炭。茶叶成品无污染，品质好。

莽山具有独特的产茶条件和悠久的生产历史，“莽山银翠”茶，条索紧结，肥硕，银毫满披，栗香浓郁，耐冲泡，得莽山原始生态灵气，为我国绿茶中的精品，1996 年获“湘茶杯”金奖。1997 年被评为“湖南名茶”，1999 年、2000 年在湖南农博会上连获金奖。常饮“莽山茶”对人体健康非常有益。

宜章位于湖南南部，是湖南的南大门，具有优越的自然条件，是生产高档名优茶的理想之地。目前全县有茶园 7000 余亩，主要分布在莽山、天塘、新华、梅田等乡镇，年产茶叶近 200 吨，主要产品有莽山牌“莽山银翠”、“莽山翠峰”、“天星牌”、“天星毛尖”、“天星绿茶”、“遇仙牌绿茶”等，其中“莽山银翠”被评为湖南省名茶，“莽山银翠”、“莽山翠峰”、“天星毛尖”、“天星绿茶”在国内名优茶评比中多次获金奖。

宜章县茶叶以其色泽翠绿、茶味醇和无公害的优良品质畅销国内外，是馈赠亲朋好友的礼品。长期饮用醒脑提神，防癌抗癌，健身强体。

由于塘坊村特殊的地理环境，地处高山地带，而瑶族历来就有喝茶的习俗，因而每家每户都会种植一定量的茶叶，所种植的茶叶因为没有使用任何化肥农药，所以属于纯天然无污染食品。村民所种植的茶叶基本是自己食用，在有剩余的情况下会对外销售一部分。由于莽山的茶叶在当地有一定的知名度，有很多爱好茶叶的人士会亲自到塘坊村来购买茶叶，因此每年茶叶销售收入逐渐成为了村民收入的一个主要来源。但由于耕地面积有限，各家各户所种植的茶叶面积都不大，也无法开展规模化种植。

莽山乡种植茶叶的历史不算长，与瑶家传统饮茶习惯比起来，可谓是小巫见大巫。莽山乡茶叶种植始于1992年，宜章县农业局在县委县政府的领导下，开始对县里面的农业发展寻找一些机会。县领导来到莽山考察时，县农业局的一位领导发现这边的气候十分适宜种植茶叶，便开始着手办这件事。那时候莽山旅游景区尚未开发，整个莽山片区属于宜章县经济发展非常落后的地区，又由于地处大山深处，没有足够的土地供村民种植日常所需的农作物，因此，要村民腾出土地来种植茶叶自然是行不通的。这时候，乡领导亲自上阵，带领村民们开垦山林，县农业局通过战略合作，引进了广西省茶叶研究所的茶种，开始在莽山乡进行了茶叶产业开发的试验。茶叶产业的发展伴随着莽山旅游景区的整个过程，从一开始的莽山茶叶无人知晓，到现在的家喻户晓，可谓是发生了翻天覆地的变化。目前，莽山乡的几个主要村落，几乎家家户户都种植了茶叶，每年的净收入可以达到几万元，彻底改变了村民的家庭生活水平，给大家带来了切实的利益。

塘坊村隶属莽山乡，其虽地处大山深处，但仍属于莽山茶叶产业的一个非常重要的部分。因为其纯天然、无污染的生长环境，比主要茶叶种植区更高海拔的种植环境，已经非常原生态的炼制方法，在懂品茶的人群中具有很高的口碑。

然后目前塘坊村的茶叶产业没有得到很好的开发利用主要有以下几个原因：第一，村民没有开发茶叶产业的意识。由于当地均为少数民族，文化素质不高，对经济利益的追求欲望不强烈，因而自身没有意识到自己种植的产业能够带来很大的经济利益；第二，没有形成规模化。由于当地山多，很多茶叶均种植在半山腰上，每块田地的面积非常狭小，每家每户所种植的数量也不多，每年除了自家需要消耗的茶叶之后，也所剩无几，因此，无法形成产业化。第三，销售渠道不完全。就算有个别户人家有部分剩余的茶叶需要销售，但无法找到渠道商，供给和需求存在强烈的信息不对称，大家要买塘坊村的茶叶，不知去何处买，村民要卖茶叶，不知要卖给谁。销售渠道对接存在很大的问题。由于塘坊村的茶叶是原生态种植的，种植的成本比莽山其他村落所种植的茶叶成本要高，因此当与其他茶叶品种放在一块进行销售时，就并不具有价格优势了，这也是制约塘坊村茶叶产业发展的一个很重要的因素。

在与茶叶户盘云生的谈话中我们了解到，家里除了水稻、红薯外，其余的就是茶叶了。茶叶主要卖给县里和乡里的人。由于盘云升家地处竹萍，海拔高，凉快，特别适合种茶叶，这里出产的茶叶叫云雾茶，茶质非常高，是附近出产的茶叶里最好的，用村里堪比矿泉水水质的泉水泡出来的茶叶格外香。三儿子告诉我们，他们采了生茶以后，就送去乡里加工，五斤的生茶大致能炒出一斤云雾茶，为了避免这么好的茶叶在送去加工时被偷换掉，他们一般是交给自己熟悉的人拿去加工，支付每斤五元的加工费。虽然竹萍很偏僻，交通也很不方便，但还是有不少人为了云雾茶特意到竹萍来收茶叶。在村民家里买云雾茶大约是80～100元一斤，生茶的价格是10元一斤，按五斤生茶炒成一斤茶叶来算，一斤云雾茶的成本大概是55元，村民每卖一斤茶能赚25～45元，这也算一笔不小的收入。由于这里出产的茶叶好，土壤和气候都合适，所以也曾经有过商贩到过他们家说要在这里建个茶叶基地，但后来又没有下文了。

我们建议村民，与其等着别人来家里收茶叶，不如自己主动出击，把茶叶拿去乡里卖，还能卖个好价钱。尤其是在莽山国家森林公园门口，游客多，并且都是有一定经济能力的人。云雾茶属于莽山的特产，游客应该会很乐意买，现如今，家家户户都有摩托车，可以直接开到莽山脚下。这样就又能为家里多增加一些收入。村民说他会认真考虑我们的建议。他还带我们看了加工过后的云雾茶，虽然用简单的塑料袋装着，没有任何华丽的包装，可是一打开茶香就扑鼻而来，不懂茶叶的我们也很想品尝品尝这长在大山里的优质茶叶。

对茶叶发展进行深入调研后，我们发现莽山茶叶面临主要的发展困境是：第一，销售渠道不够完整。产销对接方面存在很大问题。第二，对下游渠道的议价能力很弱，没有形成规模化效应，茶叶种植的面积也较小。由于产品本身就产量好，在市场上也没有很强的地位，因此几乎没有议价能力。

针对这些问题，乡里也出台了一些政策，向农民推广新茶树苗，通过引进优良品种，大规模发展茶叶，同时，联合茶叶经销商和生产厂家实行规模经营，培育一批有瑶族特色和竞争优势的茶叶品牌等各种措施。

莽山的产业发展到如今这个境况已经非常令人欣喜，从1992年到如今二十余年的发展，莽山茶叶在湖南甚至全国都有了一定的知名度，我们期望塘坊村依托莽山茶叶产业的发展，推出自己的原生态，高海拔的高质量茶叶品牌，将咱们塘坊村的茶叶推向世界。

四、塘坊村的商业

塘坊村坐落在莽山瑶族乡的高寒山区，各个自然村分布较为松散，在2011年底通村公路修通之前，村民出入塘坊的交通不便。又因为村落地理位置偏远，塘坊村几乎没有受到莽山景区开发带来的积极影响，其经济状况在当地的村庄中较为落后。在莽山景区开发之前，塘坊乃至整个莽山乡的商业都发展缓慢，各个村的村民多在固定圩日去邻近的天塘、一六、白沙等地“赶闹子”，购买各种大小件商品。随着景区的发展，外来游客数量的增多，莽山国家森林公园园区购物中心已在塘坊村山脚下的永安茅庵街形成，各村村民和游客在景区的衣食住行的需求都可以在这条街上得到满足。此外，塘坊村每一个村民小组都至少有一家由村民自发经营的家庭小商店，销售一些生活急用品等，满足村民的日常需求。“油盐酱醋找商店、日常用品上茅庵、大件商品跑闹子。”本部分主要从天塘闹子、茅庵街和村民自营小商店三个层面介绍塘坊村村民参与当地商业的情况。

（一）天塘闹子

1. 什么是闹子

“闹子”一词是南方方言，词意上与北方方言的“集”，南方方言的“场”、“街”、“圩”相同，指的是人们定期定点进行交易的经济活动周期市场。“赶闹子”一词，词意上与北方方言的“赶集”，南方方言的“赶场”、“赶街”、“赶圩”相同，是指人们到闹子上进行交易或者凑热闹。“闹子”、“赶闹子”词语使用范围，也正处在现在正在研究的湘南土话、桂北平话、粤北土话的使用范围。①

① 百度百科。

闹子地点通常选择位于交通方便、人口相对集中的乡镇政府所在地或较大的乡村，地点一般是相沿成习的，且大多历史悠久。交易日期一般以农历日期的个位数确定，如湖南道县四马桥镇每逢农历一、四、七赶闹子，但有的地方现改用公历确定交易日期，如广西阳朔兴坪镇每逢公历3、6、9日赶闹子。每逢闹子日，人们挑着自己的农产品，从各乡各村赶来，先卖掉自己的农产品，然后买自己需要的生产和生活用品。

随着现在国家经济日渐繁荣，各地闹子除当地农产品、日杂百货、生产资料外，各种贵重商品，如摩托、彩电等，各种娱乐活动，如歌舞演出等也开始大量进入乡村闹子。有的闹子现在还出现一些长期商铺、长期摊位。一般建制镇所在地的闹子，交易日会交易一天；无建制镇所在地的闹子，交易日往往只交易半天就散闹子了。过去赶闹子是二脚车时代，赶个"闹子"要一天，要从家里挑点东西出来卖才能换点生活必需品回去，如今，农村几乎都有摩托车了，逢"闹子"还有"公汽"在公路沿途接送，出来买的多卖的少了，买了就回去，越发便捷。

"闹子"（圩场）贸易活动日益活跃，成为农村商品流通的一个主渠道，这种经济形式实际控制县级以下农村区域，起着促进农村经济发展，加速农村城镇化进程的作用。

2. 天塘闹子概况

天塘乡位于县城南部，距离莽山瑶族乡21公里，辖区面积83.06平方公里，耕地面积18370亩，辖20个村委会，总户数5733户，其中农业户5252户，总人口25685人，其中农业人口25217人。107国道公路穿越天塘西北，栏（杆岭）莽（山）公路贯穿南北。天塘充分发挥该乡东与笆篱乡白沙圩乡相毗连，南与莽山瑶族乡接壤，西与东风乡相连，北与黄沙镇、一六镇交界的特殊地理位置，积极推动村级市场建设。

1989年，天塘闹子占地面积3.07万平方米，建筑面积1560平方米。1992年前后，该乡搬迁新市场以来，不断增加投入，包括宜章县工商局在内的各方投资共计68余万元，在乡政府驻地兴建农贸市场，逐步扩大市场的建筑规模和完善其服务功能。是时占地9358平方米，固定摊位320个。年底竣工开市，圩日赶集的人均数在1.5万人以上。全年社会商品零售额387万元，占全县社会商品零售额的1.83%。2000年，市场建筑面积2150平方米，设交易棚18座，拥有经营户420户，摊位350个。是年，社会消费品零售额860

万元，占全县社会消费品零售额的 0.69%。[①] 市场贸易相当繁荣，每年为地方增加税收，还对当地第二、第三产业的发展起到了积极的推动作用。

天塘闹子，过去逢五、十，现逢二、五、八为圩期，邻近乡民及外地商人云集，上市商品以茶叶、花生、黄豆、苞谷为主，仅茶叶一项年上市 300 余担，为县内农产品上市量最多的农贸市场。现天塘乡境内有新老农贸市场各 1 个。

3. 天塘老闹子

天塘乡的老闹子坐落在猴子冲山里的一个黄土坡地上，从新市场所在地出发要翻过一座山，走 5 里山路才能到达。老闹子规模远大于现在的新闹子：以前远到距离天塘六七十里路的广东沙坪人、太平洞人，到邻近的白沙、岩泉、黄沙、莽山乡的乡民，到闹子日都会赶来猴子冲赶老闹子。谈到为何大家都来赶这个交通不便又缺少水源的闹子，一位年过六旬的天塘人告诉我们说，以前有个著名的风水先生在猴子冲看过，认为那是一块风水宝地。而依据当地的地形分布，猴子冲闹子还有一个“仙人下棋”的传说：闹子所在的黄土坡就是那块平整的棋盘，而四周环绕的大山就是那下棋的仙人。老闹子是逢 5、10，五天一个闹子，农产品种类多，交易甚广。闹子日天亮就有人来，天黑了才散闹子。

在一本 2005 年再版的文言版的《宜章县志》里，我们看到这样一段描述“论曰：县市普以东关最繁盛，南关次之。东关昔多大店、打包店、骡马行。自海道通，洋广货不至，而市廛以衰。自铁道通，粤盐改运，而道路以茀。昔为通衢，今成冷市矣。文运街米肆，东门内柴肆，无异于昔。由新南门过三星桥，以至南关，则较盛于前，以西南乡人皆出于其途，而为煤米之所聚也。正南门及西、北两门，皆冷僻，无足纪。各乡市与圩场，合者多繁盛，西梅田，南岩泉，东赤石。里田，其最著者也。货仅土产、寻常食用品，日中为市，货列隧分，设土灶烹鱼肉，幕天席地，引满大嚼，遑恤其他。而博徒奸民，潜迹其中，为盗赃尾间地。是又当有以清其源，而遏其流也。”大抵可以还原当年宜章地区乡市与圩场的发展情况。

4. 天塘新闹子

天塘新闹子的市场就建在乡道边上，1992 年前后由猴子冲搬迁至此。随

---

① 资料来源于《宜章县志（1989—2000 年）》。

后天塘乡中学也搬迁出来，再加上过去乡政府、医院、食品站和粮站等都设立在这附近，天塘新闹子所在地已经成为了天塘乡的政治、文化中心和周围各乡重要的商品集散地。

新闹子逢二、五、八开。每逢闹子日，圩市上从早上 8 时成圩开始至下午 4 时左右散圩，到处都是人山人海，车水马龙。在这里可以看到天塘、莽山人最基本的衣、食、住、行、购的面貌，可以买到本地产的最新鲜的果品、蔬菜，各类山珍佳肴，还可以吃到最地道的地方风味食物。

平日，天塘闹子集贸市场只有租赁路边门面做生意的百货商店、化肥农药店等照常营业。肉摊、菜摊等流动摊贩主要在汽车站附近乡道两侧做买卖。逢闹子日，乡道两侧的各种流动摊贩就会搬到市场内。市场内有专设五金市、布市、菜市、禽市等，同类商品摊贩会集中在一个交易棚里交易。为了管理好市场，方便客商促进发展，当地村民专门成立 2 人协调小组，负责市场管理、处理纠纷等。市场的管理有序，使得各地客商都喜欢前来天塘摆摊销售，如今市场里流动摊点多数都是外地客商。

随着当地经济的发展，天塘乡沿乡道两旁修建起一栋栋错落有致的三层、五层楼房。楼房一层门面开起来的诸如家电、摩托车、建材、杂货、超市等店铺。邻近各乡的村民购买各类大件商品不再需要赶到宜章县城或者郴州市，各类需求在天塘闹子基本都能够满足。现在天塘闹子的商户，自产自销的比例很小，进货渠道多样化，宜章、郴州甚至广东都是商家的进货地点。因为数量多，进价低，所以很多商品在天塘比邻近别的集市的同种商品价格更实惠。

当地人告诉我们天塘新闹子搬迁出来以前，当地只有天塘 19 村民小组的十几户人家。市场扩建后，这边闹子“闹”起来了，外来人员越来越多。周围乡镇甚至宜章的人都跑来天塘买地建房做生意。天塘不像莽山水资源丰富，新市场所在地实际上也没水，开发以后是从莽山用管子将水源引来天塘。但是由于交通的发展，现在各个乡都有了自己规模不等的商贸集散点，比起猴子冲闹子时期，现在的天塘闹子人气反倒不如过去了。

5. 塘坊人赶天塘闹子

天塘闹子的形成，使得古时候瑶族人民常将山区副业和一些剩余的农产品运到闹子进行贸易，并购回盐和一些铁制用具。一些汉族商贩也会到闹子贩卖食盐和器皿，收购山货。这种交换和贸易不仅解决了瑶族人民的生活所需，同时也促进了瑶、汉地区社会经济的发展。

20 世纪 90 年代，塘坊人赶闹子需要早上天未亮就出发，走将近三个小时的山间小路，翻过好几座大山才能到达天塘，买回所需物品再回到家必定天已经黑了。天塘闹子距莽山乡近 21 公里，现在去赶闹子的路是水泥路，路况很好。塘坊人多是先坐自家摩托车或步行到山脚，再搭从莽山开往宜章方向的县级汽车大概花半个小时左右到天塘。

逢闹子，上午十点前后正是天塘人潮如涌的时候，四方的人们都朝这一个地方聚拢过来，平日里稀疏畅通的小集镇就变得异常拥挤，两侧摊担货架首尾相连延绵数里，成千上万的人们摩肩接踵熙熙攘攘，叫卖声劣质音响声汽车喇叭声等混在一起不绝于耳。由于天塘百货、家电、摩托甚至建材等一应俱全且价格相对便宜，调查小组在塘坊访谈过程中发现大部分塘坊村村民家的电视、冰箱、电饭煲等家电和摩托车等交通工具甚至建房用的水泥、钢筋等都是购自天塘乡闹子。下午四点钟赶闹子的人群逐渐散去，一部分群众大包小包欢喜的回家了，直到下午五点，仍有很多少数民族群众聚集在闹子难舍难分。

（二）莽山乡茅庵街

1. 消逝的茅庵与兴盛的茅庵街

在荒莽的湘粤边陲，在这人烟稀少的瑶乡僻地，什么人在什么时期于莽山洞乐水旁的高岗上建立了第一个用茅草覆盖的佛庵，将佛门衣钵安置在这茅庵里，让其守护着这一洞烟民的福禄寿喜已经无从考究了。现如今，茅庵已经没有了踪影，却留下了一个地名。莽山林业管理局所在地叫茅庵，莽山瑶族乡政府在茅庵，莽山现在唯一的一条街叫茅庵街，莽山派出所街上居民填写户口簿的住址叫茅庵，这街上的第一家个体饭店是张丙富先生开的茅庵饭店。

有民俗学者 2004 年在乡政府下面的乐水河畔的茅庵村里，听一位老太太讲述了一些关于茅庵过去：“这个庵子啊，有几百年了吧，不，总有一千年了，以前香火不断，这一洞的人都来这烧香拜佛。这庵有五间房子，供奉了十多个菩萨，我还见过这里的最后一个和尚，叫余斋公，后来还俗，娶过两个老婆，生有两个孩子。”[①] 原茅庵的所在地现在已经成了茅庵村左边溪谷旁一个楠竹坡地下的一块菜地。见证了莽山从古到今的风雨和悲欢的茅庵，今天却荡然无存，只有人们记忆中的遗址了。

茅庵街随着时代的变化，逐步发展成为莽山政治经济文化的中心。其发展的历史最早可以追溯到1958年始由宜章供销部门在永安村（茅庵街所在地）设立供销社，出售生资、百货、副食、南杂等日常用品；在钟家由宜章粮食部门设立国营粮店。1959年、1960年供销社、粮店先后搬迁至茅庵。物资供销点增至11个。20世纪80年代初期，茅庵街还只有一家供销社和一家国营饭店。1982年，村民张丙富开起了第一家个体饭店—茅庵饭店，一餐仅0.5元包吃饱，利民便民。而后始有个体商店、理发店、小卖部等摊店出现，后陆续增多，货物琳琅满目，品种繁多。到了90年代中期，茅庵街新开了十余家饭店，“茅庵饭店”也就改名为“碧波饭店”。1996年始有农民肩挑自种蔬菜、水果在茅庵街摆地摊出卖，并有专贩蔬菜、家禽店出现。1997年供销社改革，所属资产、门面由该社职工分割经营。2003年莽山街有商店、理发店、餐馆、机械电器维修店五十余家，贸易额100余万元。是年，莽山乡投资100余万元在茅庵推山平土近2万平方米，用于市场建设[②]。近年，很多茅庵当地村民在街道两边盖起了五六层高的建筑，一楼用作门面出租给商户。

现如今，莽山国家森林公园园区购物中心已在茅庵逐步形成，游客在各景区的急需生活用品，均在就地各小型商铺购买，饮料、水果、包装食品等都有个体户供货上山。具有莽山特色的根雕工艺品、竹编工艺品、山货食杂品、盆景花卉等，现今只有零星销售，随着人流物流繁华趋势，已计划创办特色名牌商品售店，不久将能满足游客购买需求。茅庵街上店铺林立，购销两旺、商贸发达，兴旺和繁荣着莽山这一方宝地。据调研小组成员2012年最新统计，现在这条弯弯曲曲800米长的街上共有各类商铺131家。

---

① 引自《探访莽山》。

② 资料来源于《莽山志》。

表 4 – 1　　茅庵街各类商户数量统计　　单位：个

商户种类	数量	商户种类	数量	商户种类	数量
杂货店	14	米酒店	2	汽车维修点	1
招待所	12	豆腐店	3	摩托车维修	5
饭店	12	水果店	4	摩托车专卖	1
早餐店	10	鸡鸭店	5	加油站	1
夜宵店	3	农药店	3	医院	1
茶叶店	2	KTV	3	药房	2
面包店	1	网吧	3	美容美发店	4
土特产店	6	通讯手机店	3	缝纫店	3
猪肉摊	7	照相馆	2	服装店	3
超市	2	家电店	3	皮鞋店	4
粮油店	1	家具店	1	村镇银行	1
水厂	1	建材店	2	总计	134

注：另，每天有从莽山乡周边乡村赶来的 30 个左右的蔬菜摊位供应着莽山人的日常生活需求。

数据来源：实地调研统计数据。

2. 茅庵街商户分类访谈

（1）商户一：酒楼饭店欣馨楼。茅庵街上最早的招待所可以追溯到 1959 年莽山林场建一栋 200 平方米平房作招待所，有铺位 40 张。1976 年其自筹 3 万元，在茅庵建一栋三层楼 600 平方米的招待所，设施简陋。1993 年局劳动服务公司投资 130 万元在茅庵建一栋五层楼 2200 平方米的商用与住宅楼（邀月楼），部分用于来客接待，使林场接待能力加强，设施有所改善。1994 年，分别在局招待所和莽山派出所门前修建商用门面各 7 个，用于出租，月租金每间 80 ~ 185 元。2000—2003 年，公司主要经济来源于餐饮、住宿收入和门面租金。有职工 16 人，年人均工资 5000 ~ 6000 元，比全局平均工资低 2000 ~ 2400 元，呈负债经营状况。选择欣馨楼而不是现在仍然存续的邀月楼老板作为访谈对象，是因为作为莽山当地村民自主经营起来的招待所兼饭馆，欣馨楼的背景和发展历程更具有代表性。

欣馨楼坐落在从乡政府进茅庵街后街道的第一个大转角处，是一栋类似扇形的五层建筑——面向街道的门面、房间面积较宽，屋后实质是只有一间房，楼道在中间，作为前后的分界。这就是范林勇和妻子的经营场所，经营范围主要为餐饮、住宿。一层面向街道的小门面内只摆了三张原木清漆的圆桌，一角的货架摆满了饮料、香烟等货物，同时还有一张简易的面点加工台。过塑的红色菜单，正反两面印着一些家常菜名，部分是莽山当地特色菜，价格较实惠。老板范林勇告诉我们，他家这栋房子建于2000年，原本是三层建筑：一楼分别是货仓和厨房；二楼与街道在同一水平线上，售卖日常百货；三楼的一间房那时候是自己开照相馆的摄影室，另外两间作夫妻二人和女儿的卧室。百货店的生意做得顺风顺水，靠着热情的服务和良好的信誉，店子逐渐在本地树立起了口碑。随着莽山旅游的开发，范林勇觉得可以搭上“顺风车”做做外来旅客的生意，扩大收入来源。2006年，他请来了工程师傅和建筑民工把自家房子进行了改造：改变楼层内部的原有布局，一楼用闸门分为客房部和杂货铺，平时收起，有旅客入住时则放下；在厨房辟出一间小房作为自家卧室。同时在原来的天台上陆续加高两层，每层共三个房间，前二后一，均为双人间，三楼则保留原有格局，设置了两个三人间和一个双人间。每间客房配备上数字电视、空调，并单独设有卫生间。打开背对街道客房的阳台门，凉风入室，站在阳台上可以居高俯瞰附近的村庄和远处的山峦，亦可以欣赏楼后的青青竹林。完成这些，旅店挂牌“宁静旅社”[①] 正式开业。靠着多方联系熟人客源以及与旅行社建立良好的合作，旅社有了较为稳定的旅客来源，一到周末和法定假期，客房常常被旅行社提前预定。黄金周的时候，每间客房大约有两百元以上的房费，若是旅行社，则基本上从导游手里接过的只有平均每间房七八十元了。经营了一段时间以后，除了清洗被单打扫房间的辛苦，夫妻俩也尝到了甜头，干劲也更足。为了让效益更高，不让客房白白空着，范林勇拿着贴着用A3纸打印的大字住宿信息的板子，开上摩托车到景区的主要服务点枞树坝招揽旅客。临近傍晚，有时也能载回一两个散客，或者领回一辆轿车。日益下滑的百货利润和势头正旺的旅店发展，让范林勇和妻子更加坚信转业是一个正确的选择。为了进一步拓展旅店的发展空间，2010年，范林勇一家干脆全盘放弃了百货经营，同时由妻子操刀，进军餐饮，以满足旅客食宿双重需求。

---

① 范家旅社先后改名“宁静旅社”、“林吉旅社”、“晓小宾馆”，最后定名为“欣馨楼”。

近几年莽山发展迅速，大小酒店逐渐林立，竞争激烈，往年的这个时候，范林勇家的客房早已被预订一空，但这几年不同于往年了，除了几个常住的房客，只有在周末才难得有一些熟人介绍来的或是旅行社分来的散客。现在唯一稳定的营生就是卖早点。为此夫妻俩常常要忙到凌晨一点，三点半又不得不爬起来准备，十分辛苦。由于品种多，质量高，口味好，一个早上下来，收入尚可。今年，范林勇又在县城宜章看上一处房产，正在进行装修。他告诉我们说等到负担减轻后，就不再从事日趋饱和的餐饮行业，而将房子外包出去，一家人此后在县城里生活。

（2）商户二：麦得乐超市。2005 年 2 月，国家商务部在全国启动了“万村千乡市场工程”建设，吹响了超市进军农村市场的号角。两年多来，超市在农村获得了较大发展，这对农村现代流通网络的形成具有重要战略意义，有利于改善农村消费环境，保障农民方便消费、放心消费，同时也为经营者带来了一定的收入。

麦得乐超市的老板名叫陈望松，这个超市是他 2010 年年底从小舅子黄军勇手里接手过来的。麦得乐面积不大，店面加仓库一起才五十余平方米，在 2006 年 7 月的时候，是茅庵街上开的第一家颇具规模的超市。现在门店一个月的租金是 2500 元，一年下来的租金大致是 3 万元。

超市以生活日用品为主，以前也卖过特产，例如收购茶叶、木耳、河鱼干的转卖等，但这些货品不仅受季节（旅游月份）的销量影响比较大，而且进货的价格也会比在天堂市场的进货贵一些，比如一箱片片橘的价格就会比天堂贵 1.5 元；而一箱啤酒要贵 2 元。2011 年陈望松收购过茶叶，试营业了有大半年，那时候收茶叶要 38 元一斤，而转手卖的价格是 40 元，由于收购的成本太高，茶叶打包和缴税后自己根本就没有赚钱，所以这项业务最后不了了之。超市主要是到郴州大市场进货，然后供货商一般会直接发货直接送到店里。超市对外营业一般情况下不主动开发票的，除了消费者有要求。按照 3.5% ~5% 的税率，超市一年下来交的国税（营业税）是 3000 ~ 4000 元。麦得乐超市一年的销售额是 60 万 ~ 70 万元，纯利润是 6 万 ~ 7 万元。而这以前，陈望松家的人均年收入是 4000 元。现在陈望松家庭开支恰好是和超市的盈利相持平，维持生活花销，其中儿子上学的教育支出是主要的花销之一。

关于店子规模的事情，陈望松一家目前没有扩大的意向。受与莽山景区距离较远的影响，麦得乐的主要客户群并非旅客的直接消费，其 20% 来自游客的间接效益主要是景区饭店要到超市这边购买油盐米酱醋的物资。“很多景区老板还是选择到莽山镇子来采购，因为这边进购的都是名牌，他们对在这所采购的货物的质量和信誉比较有信心。”

（3）商户三：刘松兰的服装店。刘松兰开的服装小店面积只有十平方米左右，每年的租金是3000元。店面左边摆放的多是男士衬衫，靠前有儿童衣物，靠后挂的则是睡衣。右边陈列着款式多样的女装。店门口摆着装满各式女款高跟鞋和男款凉皮鞋的透明货柜，店内的玻璃专柜则陈列的是内衣袜子等。除此以外，店里还卖女性泳装，真可谓是面面俱到。店内的衣物，和城里时尚衣物的设计差不多，最大的差别就属布料的区别，由于店内衣物的多样化，店主又将市场定位为市场全面化，顾客自然男女老少都有，但以女性顾客为主，其中也主要是中年女性为主。中年女性一般是家庭主妇，除了给自己买衣物外还会为家人采购衣物。老板每一季度会到郴州市进一到两次的货，如果是夏装一次进货的价钱是3000～4000元，冬装会更贵，5000～7000元。每进一次货，交通花费很多，来回往返的路费大约要40元。

关于开服装店的初衷，刘松兰告诉我们，平时在家闲着也是闲着，想找点事儿做，好减轻丈夫的负担。莽山小镇上服装店很少，加上这一家总共只有三家店，发展空间较大，于是便盘下这间门面做起了服装生意。她的店2004年就开了，但其间因为要回家带孩子，忙不过来，就关门修整了一段时间，直到2011年才重新开业。至于店子的经营许可证，她从去年就向有关部门上交了申报材料，但因为程序冗杂，到现在还没有办下来。当我们问到盈利情况时，老板笑着说：“我平时也不记账，也不知道是亏是赚，再说平时来的都是街里街坊的，自然也就不怎么讲价，一般能少就少，我也不怎么在乎这个。亏是绝对不会的，我心里有数，只是赚的不多，一件衣服赚个十几元算是不错的了，有时候只要是能赚个几元，便也能卖。”

（4）商户四：仁济大药房。茅庵街往莽山景区方向的后段新开了一家药房，访谈小组的同学经过药房时店主一家正在对刚进来的药品分类对号。不同于茅庵街上老式的诊所药店，无论是店面、店面装修还是药品和服务，仁济大药房都和城市里的药房一样正规。这家药店面积76平方米，租金一个月1200元，才开了两个多月，看起来像新的一样。当初办经营许可证时，要跑到郴州，加上GSP认证和食品流通证难办，手续过程比较麻烦，花费的时间较长。

因为丈夫陈鹏飞在莽山林业局工作，嫁到莽山后林晶便和她的父亲林喜合开了这家药房。根据国家法律规定，新开的正规药店需至少配备一名药剂师。而林喜正是从事中药加工十几年的具有药师资格证的药剂师。但因为不懂电脑，药房平日管理经营都是女儿林晶。“我来负责将药物的批号、价格等信息输入电脑。平时客人来买药，就只需把药品包装上的批号输入电脑。然后药物的信息就全出来了，账也自动记上了，很方便，”林晶告诉我们。访谈期间有一位骑车时不小心摔跤的客人进来药房，从推荐相关的药物到结账，林晶都做得有条不紊。

最近因为流行性感冒，店里的感冒药、石滴水卖得较好，再加上炎热的天气，避暑药品也很受欢迎。由于才刚刚经营，生意的盈亏还看不出来，林晶认为等到时候开园，随着旅游人口的增多，药店的生意也会越来越好。“现在社会竞争压力大，之前也开过药店，但由于缺乏这方面的知识有很多不方便的地方。我想要去考个药师资格证，也曾经去参加过药师资格证的考试，但没考上。每年都要去上培训班，培训费300元，现在每天都会看药理知识方面的书。”

（5）商户五：装潢材料店。茅庵街进莽山的后半段仍然在扩建和改造中，与老街前半段旧建筑排列的局促相比，新街宽敞很多，并且街道两旁的房屋一般都在五层以上，多被招待所、饭店、KTV、家用电器等类型的商户租用。就是在这里，调研小组成员看到了两个卖装潢材料的店铺，一大一小，中间隔了三个门面。一打听才知道两个店是一个老板开的。坐在店门口的房东把我们介绍给正好从微型面包车下来的女老板。老板姓张，天塘人，四十岁左右，这是她和丈夫开的夫妻店。不知道是不是因为不是莽山人，张老板对我们有些防备，对其访谈的回应不像别的商户那样积极。

装潢材料店的两个店面都是租用茅庵街当地农民的，租金一共一万元一年。小的店面主要销售刮墙粉、墙漆等，大的店面有80平方米左右，今年3月才租下来装修、进货，主要销售太阳能热水器、卫浴洁具、整体厨房、各种型号的灯具、插板等。店子主要是在郴州市的建材市场进货，老板告诉我们说她这个行业并不能享受任何政府类似家电下乡的补贴。当被问到卖装潢材料在莽山是否赚钱，张老板笑着说：“这两年建新房的人还是蛮多的，不赚钱就不会又开个新店，而且现在产品都越来越高级了，整体厨房、太阳能热水器都是这两年才开始卖得动的。”至于未来店子的发展，张老板反倒说要缩小“规模”——如果面积小的那个店有人要，就把它盘出去，集中精力来做好新开的店子。

(6) 商户六：家用电器行。装潢材料店旁边就是两家相距不远的家用电器行，门口挂着横幅写着“家电下乡活动”六个大字。这两家店则分属于不同的老板，竞争之态明显。我们访谈的是一位何姓的老板开的电器行。何老板也不是莽山人，是嫁到当地来后和夫家的侄子一起开的这家店。

早期的时候因为侄子学的是家电维修，所以这个青年在茅庵街自己开了一家家电维修店。想着既然学的是这行就坚定地走这一行，2008 年时何老板和侄子便顺带在维修点卖起了家电，发展至今店子则以销售家用电器为主，维修为辅了。何老板负责销售，侄子则依旧负责维修这一块。当年批执照的时候，因为莽山乡政府不具备相关行政审批权，何老板是跑了好几次一六乡才把营业执照申请下来。现在这个 80 平方米大小的电器行是何老板租来的两间连在一起的门面，每个月的租金是 1000 元。塘坊村村民家里有电器，诸如电冰箱、电扇、电饭煲、电视机等都可以在这家店买到。就像挂着的横幅写的那样，因为家电下乡有一定的补贴，所以这在早期极大地拉动了相关家电下乡品牌的销售。何老板告诉我们店子业绩最好的年份是 2009 年，那时候因为市场饱和度低，所以冰箱、电视机等十分畅销。2011 年也不错，光电冰箱就卖出去五六十台，这其中中等价位的冰箱卖得最好。而今年的销售业绩不甚乐观，到 7 月份的销售旺季也才卖出去二十来台。“毕竟莽山就那么多人，冰箱这类电器又可以用很多年，莽山的市场已经差不多饱和了。”家电下乡对消费者的补贴在何老板的店里直接体现在扣除售价上，她需要把销售的数量上报给乡里的财政所，然后在以后统一领回这部分补贴，相当于何老板自己代支了这部分钱。“家电下乡出发点非常好，但是执行起来对我们来说还是很麻烦。”何老板如是告诉我们。

(7) 商户七：中国移动营业厅。茅庵街上中国三大通信运营商移动、联通和电信的外包网点都有。我们进行访谈的是中国移动的外包营业厅。店主姓张，是永安村人，经营这家营业厅已经三年多了。张老板告诉我们她的店属于移动“自建他营”营业厅，她前期投资 8 万元左右，这其中包括了投标费、押金等开支。所谓“自建他营”，是移动公司通过商业招标的方式，把现有“沟通 100”服营厅外包给符合资质要求的合作商运营，移动负责厅店的装修、配套、租赁（购置），合作商负责厅店的运营和管理。外包后合作商支付营业厅场地租赁费、水电费、营业人员工资等一切运营过程中的费用，并按照每月的营业收入的总量分比例提成。营业厅的收入来源主要是办理移动公司诸如话费充值等相关业务以及销售移动的定制手机。这一部分收入是要录入到同移动公司对接的电脑里去的，每月的提成就是把录入金额作为基数计算。一年下来，这家营业厅有两三万元的收入，张老板告诉我们到目前为止她已经基本上收回前期投资了。

因为莽山本地人数少，且外来游客很少会在茅庵充缴话费甚至购买手机，“自营”移动业务这块赚到的钱有限，所以店主在店里临街的方向新增了一个透明柜台销售其自主进货的手机和 MP3 播放器。因为面对的主要是农村市场，所以店里销售的主要是国产金立、康佳等品牌，价位在 499 元、599 元或者 1099 元的中低端手机。张老板告诉我们：“价格只要一上千的手机在莽山就不怎么好卖了。”

（8）商户八：理发店皇剪工作室。因为正当太阳西晒，皇剪工作室的玻璃门紧闭并从屋内拉上了门帘。本以为店主闭店休息，没想到推开门后迎来一片清凉，门帘背后老板正忙碌地给一位客人剪发，另外有两名顾客在等候。店里只有黄老板一个理发师，她是莽山林管局的家属，在莽山已经开了十多年的理发店了。新店才搬来不久，只有十平方米左右，但是从功能作用上分出三个区：一个剪（烫）发区、一个洗发区，外加一张双人沙发和放着电脑的桌子组成的顾客等候区。

黄老板让我们提问，她边剪头发边回答，这位干起活来十分利索的女老板回答起问题也十分简洁。在这一问一答中我们了解到皇剪工作室主要顾客是头发得一月一修理的男性，剪发 10 元一次；同时店里诸如头发护理、拉直、烫染等服务也一应俱全，这类服务均价在 100 元上下浮动，相对县里这个价格已经算是很便宜了；店面一个月的水费、电费和门店租金加一起总共每月 800 元左右，2009 年之前每年还得交包括地税、卫生防疫等费用 1000 余元。

（三）村民自营小商店

同莽山其他村庄一样，塘坊村每个村民小组里至少有一家小商店，甚至海拔最高且只有五户瑶民的竹坪都有一家。由于塘坊位于高寒山区，地理位置偏僻，一般不会有别村或者外面的人进来，这些小商店服务的顾客群体就是本村民小组的村民们。小商店的老板不会像那些开在交通便利的街道边的小商店那样挂上“商店”的招牌，商店就开在自己家里，占用一个小房间的面积，也不需要时刻守着商店，平时大门锁着，有买东西需求的村民买东西时找到店主再开门给取相应的货品。这样家庭作坊式的小商店一方面是为了方便村民照顾自己家里，也为了减少经营成本。在塘坊，并没必要走出自己的家门到外面寻找合适的店铺位置。

塘坊通村公路修成前，交通不便，因此各村组小商店的经营者一般都是家里有摩托车或者拖拉机的村民，方便每次下山进货拉货回塘坊。村支书赵观友家的小商店一直以来主要是靠邻居家侄女婿赵李宗帮忙捎回商品。3 组的小商店则原本是当地运输大户谭小明最先开起来的，他每次开拖拉机将塘坊的木材运出山去卖就会在天塘乡的市场里进回一些副食品放在家里出售。因为远离市场，塘坊村村民以前买猪肉，都是从不定期开着摩托车将生猪运到山上来的“流动贩子”手上买。近几年塘坊的经济发展有一定的好转，人们的生活水平有了相应的提高。越来越多的村民家买了男式摩托车方便出行，原先跑拖拉机运输的几户如 12 组的赵李宗和 3 组的谭小明甚至换上了大卡车。运输工具数量、种类的增多，再加上通村公路的修缮，使得村民进出塘坊变得更加便利。而原先小商店的经营者如谭小明因为将工作重心放在了运输方面，而将小商店转手给了其大哥赵小平家里经营。

在塘坊村开小商店，经营村户最初都是以服务农村为着眼点，以农村老百姓食住为重点。大部分商店里都是两到三个简单的木质货架，规模稍微大点商店则可能摆放个透明玻璃货柜，甚至个别商店有冰柜。随着生活水平的提高，农村顾客的需求也日益多样化，特别是对于吃的和用的。农村的集市常常间隔几天才有一次，村民要下山去集市上买，显然没有那么方便。如此一来，农村商店进货就一定要齐全。从小孩子的零食到简单的家用百货，最好一应俱全。一般小商店都是分区摆满了副食品和小百货。比如村民赵友兰家的小商店就是酒类如二锅头、保健酒和饮料如和其正、王老吉、红牛、爽歪歪等以及一些廉价香烟放透明玻璃柜，小瓶茶油、腌菜等厨房调料品码在一个货柜上，占用货柜面积最多的商品则是一些基本日用品，如香皂、卫生巾、牙膏牙刷、肥皂、毛巾、洗衣粉、蚊香等。小孩子们爱吃的小零食、泡面、饼干、瓜子花生等则分类堆在了玻璃柜上。所以说小商店的东西不在多，但是要争取样样都有。商品丰富会吸引更多的顾客。有了顾客就等于有了生意，比如说一个妈妈去买洗衣粉的时候可能会捎带着给孩子买点儿零食。此外，因为农村商店的消费群体大部分是本村村民，所以要做好生意，就要靠回头客。一般情况下，村民之间相互来往很多，店主态度的好坏，热情与否在村民中传播得很快，影响也很大。如果店主的热情在村里一下子被传开，因为有了好的热情和口碑，顾客就会越来越多，回头客的比例也会直线上升，稳定的客源有了。

现如今，塘坊小商店发展的一个新的重心是农业生产——好几个村组的小商店在卖副食品、百货的同时，做起了农资产品的小生意。他们新增加的销售商品有农作物、蔬菜、苗木花草等优良种子或者农药、化肥、除草剂等。赵友兰家小商店的外墙上就挂着一个广告喷绘，上面写着“赣州骆驼”四个大字，并留有她丈夫赵小平的联系电话。赣州骆驼是一个饲料的牌子，夫妻是今年把这个牌子引进塘坊的。她告诉我们村里还有两户也在对外销售饲料和肥料。至于她店里顺带卖的农药，在插秧的季节里，一天能卖个几十元，这也能给家里带来七八百元的收入。此外，赵友兰还在商店里卖鸡。因为精力有限，她并没有自己养鸡，而是每次从外面市场上买进二三十只鸡圈养，倒卖给村里要买鸡的人。鸡在山上是卖到了 9 元一斤，为此赵友兰还为有需要买鸡的人提供了附加服务——杀鸡。

除了以上两种情形，塘坊村小学边上的小商店除了卖副食百货还会兼卖一些文具和儿童小玩具，价格不高，零售价都在 0.5 ~ 3 元。有些小商店门口摆放了几张麻将桌或象棋桌，村民闲暇的时候可以到这儿来娱乐，时常有人就地在小商店里买饮料、泡面甚至香烟和白酒，这也是提高小商店人气的方法之一。

结合塘坊村小商店的实际，我们总结出这些小商户的主要经营方法有：第一，赊销法。在小商店里，经营中出现赊销的事情较多，毕竟还有部分村民的生活还不够富裕，经济条件不是很好。针对这类顾客提出的赊账要求，店主适当给予满足。一方面都是本村的村民，即使把商品赊销出去，清欠的概率也是很大的。另一方面，农村的消费群体相对稳定，不像集镇、城市消费者的流动性那么强，一次不成功的交易，很容易造成客源的流失，使自己蒙受损失。第二，代销法。在日常的经营工作中，有店主采用代销的形式，为集镇、城市上的销售大户或其他代理商代销一些农村的畅销商品来赚取差价，如化肥、农药、手机充值卡、收发信件等，这样既能节约大量的周转资金，也能方便本村消费者，可谓一举两得。

（四）塘坊村商业未来的发展

1. 塘坊村商业活动的特点和作用

通过对与塘坊村有关的商业活动从天塘闹子、茅庵街和塘坊村小商店三个层面的介绍，我们总结出农村集市或商铺有其传统性、自发性和综合性。即天塘闹子和茅庵街的形成都有其历史发展过程，受莽山当地群众原有的生活方式、文化传统、地理位置、民族习惯等因素综合影响，赶闹子时的交易内容、交易方式等有较为固定的模式，这是经过长期的发展形成的；而无论是哪个层面的交易，都是由于农村商品经济的发展需要而建立起来的，而商品生产和商品交换，是受价值规律等经济规律支配的，通过市场这一媒介，莽山的人们相互调配自己的所有物，从而满足自己多方面的需要；最后无论是闹子还是茅庵街都是带有莽山地方特色的小而全式的市场，内容涉及村民生产和生活的各个方面。其主要作用体现在如下四个方面：

（1）服务农民生活。在目前塘坊村的交通、通信等手段还不发达的条件下，天塘闹子、茅庵街及小商店等极大地方便了群众生活，村民日常所需吃、穿、用等方面的日常生活资料可以就近通过天塘闹子或者茅庵街市场购买，市场也能够较为集中地满足他们多方面的需求。

（2）扩大商品流通。通过赶闹子可以引进城市和外地产品进入农村生产和生活领域，城乡商品相互沟通调补余缺，使农村经济活跃起来。

（3）引导农业生产。闹子及商业街是农副产品的收购集散地。通过在闹子或者商业街销售村民自己的农产品，一部分农户掌握了市场需求信息，从而能有目的和准备地进行生产和交换。

（4）增加村民就业。由于市集的发展，市场大量地吸收了农业中存在的闲置劳动力常年务工经商，减轻了农业人口的就业压力，也在一定程度上减少了农民工的盲目流动。

2. 塘坊村商业的发展趋势和进一步发展的对策

随着市场经济体制的建立和健全，我国农村经济发展很快，天塘闹子等乡镇集市在市场经济中的作用也越来越明显，其本身也不断在以新的方式发展：

（1）规模越来越大。在过去小商品经济条件下，受落后生产力的制约，农产品的生产能力是比较低的，因而市场上上市商品的种类、数量较少。现如今在双层经营体制下，农村经济的活动得到了发挥，村民的生产积极性得到了调动，从而极大地推动了农业生产的快速增长，农产品的总量和种类都在不断增加，从而促进了乡镇集市规模的不断扩大。并且，随着贸易活动日益向少数核心市场的集中化，市场的等级也有越来越高的趋势。天塘闹子由原来的小集市现在已经变成了辐射宜章县南部各乡的批发型的专业化市场。

（2）功能增多。由原先仅仅是农产品的集散、交换场合，天塘闹子和茅庵街已经发展成为能够满足塘坊村村民衣、食、住各方面的需求。小商店经营的重心也由服务群众扩大到了满足农业生产的需要。

（3）形式更加多样化。无论是天塘闹子还是茅庵街的形式都已突破了以前那种单一的农产品商品市场的格局，现在还设立和包含了为满足生产需要而建立的农业生产资料市场；以信用社为中心的农业资金市场；从事技术商品交换的农业技术市场；交流生产经验和经济情报的农村信息市场；促进农村剩余劳动力流动的农村劳动力市场和有偿性转让的农村房地产市场等。

（4）与其他市场的联系越来越紧密。天塘闹子和茅庵街两个规模不等的集市都与城市中的工业品市场、资金市场、技术市场、房地产市场及劳务市场的联系更加紧密。

为了进一步发展塘坊村的商业，一要重视天塘闹子和茅庵街，不能因为它有历史上的“赶集”形式的遗留而忽视和轻视，这种忽视和轻视实际上是另一种形式的重工轻农，会阻碍农村经济的发展。多种主体参与与当前农村中实际存在的生产力相适应，两个不同规模的市集有其存在的客观必然性。二要加强集市立法，规范市场行为。无论是天塘闹子、茅庵街还是小商店的经营，都有各自的一些特点，因而需要政府和各职能部门结合本地实际针对性地制定一些管理政策和措施，以此来更好地组织和监督市场，规范市场主体的活动和行为。特别是要保护农民利益，坚决打击假冒伪劣产品进入集市坑农、害农，调动各方面力量组织适销对路的货源，搞好为农服务。三要利用小商店优势，发展农村经济和社会文化事业。利用小商店的灵活性，除可以方便群众生活外，还可以利用集日广泛地对农民进行法制、科技文化、计划生育、文娱体育等多方面的宣传教育活动，提高农民的素质。

总之，塘坊村商业的发展关系体现了当地村民生活水平的提高，也会对莽山瑶族乡一方经济的活跃和发展起到非常重要的作用。

五、经济政策与塘坊村的经济发展

在国家或地区经济发展过程中，市场机制应该发挥基础性作用，但是因为市场机制也有缺陷，市场也会失灵，诸如贫富差距、社会公平等问题，这时就需要发挥政府的作用，用看得见的手来弥补市场失灵。

经济政策是政府调控经济的重要手段。当前城乡差距不断拉大，如果仅仅依靠市场，农民将很难缩小城乡差距，因为我国改革开放以前，在劳动力充足、资本稀缺的条件下，优先发展重工业，而不是劳动密集型工业，没有资本原始积累，只能依靠农产品出口换取外汇，为了迅速实现资本积累，只能压低农产品价格，实行工农业产品价格差，这样农民的家底很薄。要发展经济没有国家的优惠政策投入，很难推动当地经济发展。塘坊村就是这样一个深处山区、生活生产条件比较差的村庄。

（一）塘坊村的经济发展状况

塘坊村位于乡政府驻地西北方向，村委会距乡政府 12 公里，全村总面积有 28000 余亩，地处海拔 800 多米的高寒地带，下辖 13 个村民小组，44 个自然村，农户 247 户，人口 1090 人，其中劳动力数 738 人。2011 年人均收入 1200 元。村里 20% 为红砖住房，其他的基本为土砖房。村里农户家用电器“三大件”（彩电、洗衣机、电冰箱）普及率约为 10%、道路交通设施有很大改善，新建成了通村公路，但居民用水大多还为山泉水。

（二）塘坊村的就业

塘坊村村民谋生所从事的业态主要有务农、经商、养殖、打工、专业化种植茶叶等。村里的年轻劳动力基本都外出打工，留下两个老人和小孩在家。外出打工人员多在广东韶关、东莞等地；养殖户有 160 家，其中养猪户 60

家，养鸡户92家，养竹鼠户8家，此外，还有5家跑运输的。

外出务工的情况也与整个经济环境有着密切的关系。比如2008年全球性经济危机时，塘坊村外出打工人员有大约25%失业返乡，导致以打工收入为主要收入来源的家庭收入锐减。在对部分返乡农民工如赵友良、赵富贵等人进行访谈的过程中，我们得出返乡农民工的主要特点：大部分在家待业。对返乡农民工现状的初步调查显示，调研中，我们问及返乡人员返乡后的打算时，主要表现出四种心态。一是想在本地找份工作，既能挣钱，还能照顾家庭。二是想在家务农，这部分人员文化程度低，无一技之长，即使在外打工，也是从事重体力活或简单劳动，且收入低下，在家务农心里感到踏实。三是想在家创业，这部分人有一技之长，年纪相对偏小，文化程度相对高一些，多年在外打拼积累了一些经验，回乡后想靠自己的本事立足发展，结束在外漂泊不定的生活。四是等待机会再次外出务工，这部分人家庭条件较差，居住环境落后，比较贫穷，留在家乡也无发展前景，等经济危机过后，还是想外出务工挣钱；迫切希望得到扶持。调研中，大部分农民工是因为原企业受金融危机影响用工减少裁员而返回家乡的。从主观上讲，他们并不希望回乡，面对家乡窘境，自己又无一技之长，在家乡创业又很艰难、压力重重，迫切需要再就业以维持基本生计，迫切希望得到政府扶持。调研中，有22%的农民工希望能得到技能培训，为创业、打工奠定基础；24%的农民工期望政府能给予创业政策优惠和扶持，以解决无资金创业的实际困难；45%的农民工希望政府能提供就业机会，以解决目前无工作、无收入的现状；9%的农民工希望政府能发放部分救助金，帮助他们渡过难关。

（三）国家的经济政策与村民的脱贫致富

由于改革开放以来，我国经济的快速发展，综合国力的大幅提升，使得国家有财力来解决“三农”问题。近几年，为建设社会主义新农村，各级政府采取了一系列惠农的经济政策，如加快农村的基础设施建设、加大对农业的各类补贴等，这些都产生了积极的影响。

1. 村村通公路政策的落实情况

村村通公路工程，简称“村村通”。是国家为构建和谐社会，支持新农村建设的一项重大举措，是一项民心工程。又称“五年千亿元工程”，该工程是指中国力争在5年时间实现所有村庄通沥青路或水泥路，以打破农村经济发展的交通瓶颈，解决9亿农民的出行难题。

塘坊村由于地处偏僻，又在多雨的山区，因此道路的修建成本比较高，村里之前一直都是泥路，一下雨山里的村民就没有办法下山去乡里。这也给他们造成了很大的困扰。在党和国家的政策扶持下，2010年，通过“民族团结进步行”和省扶贫项目的帮助，各方齐心协力克服困难，塘坊村才开始修建第一条盘山公路。2011年12月27日，塘坊村通村公路硬化工程全面竣工，道路全长12.6公里，宽4.5米，厚0.2米，总投资300多万元，其中自筹资金将近50万元。截至2012年7月，还有未通组公路11公里，分别为通2组2.15公里，通4组0.3公里，通5组0.38公里，通6组2.2公里，通7组1公里，通10组0.42公里，通12组4.55公里。

盘山公路修好后，给村民带来了实实在在的收益，不仅出行更加方便，村里的茶叶、木材等物资输出也更加便利，村里和外界的来往也日渐增多，很大程度上促进了塘坊村经济的发展。

2. 国家电网改造

在我国许多农村，用电不畅、用电太贵一直严重制约着当地经济的发展和人民群众生活水平的提高。1998年以前，在农村用电混乱的现象大量存在，同时农村电力设备普遍老化，线损耗电巨大，不仅导致农村生活中安全隐患增多，而且不必要的电力运行成本摊派到农村电价中，在一定程度上加大了农民的负担。

1998年10月，国务院开始实施农村电网建设与改造，并将其确定为扩大内需的重要投资领域，安排了包括国债在内的资金1893亿元作为农网改造的基本金。

1999年，茅庵至塘坊村的高压电线架通，2007年塘坊村才开始通电。由于塘坊村水资源丰富，地势落差较大，所以水力资源丰富。目前村里建有四个水电站，用电收费分为几个阶梯，有0.28元/度，0.35元/度和0.6元/度不等。如果修建的水电站占用了农民的土地，则被占农民用电享用0.28元/度的优惠。因此，现在塘坊村的用电问题已经基本解决。

3. 国家通信网改造

由移动公司牵头，地方政府配合，塘坊村开始建设通信网络，现在全村除远在深山处的11组竹萍尚未有通信网络外，全村其他12个组均实现了通讯网络覆盖，覆盖率为95%。村民基本使用移动电话，很少有安装固定电话的农户。

塘坊村尚未接入有线，全村基本通过“电视锅”接受信号，主要是因为成本很低，一个小型号的200元左右，能够接收到的电视台也不少，也不用拉很远的线。

4. 土地制度的变迁

（1）土地制度的历史变迁。

①20世纪50年代初的农民土地所有制。新中国成立初期通过土地改革，消灭了封建地主土地所有制，实行农民土地所有制。农村土地制度发生了根本性变革，真正实现了“耕者有其田”。

②1953—1978年的农村土地集体所有制。1953年12月，中共中央发布了《关于发展农业生产合作社的决议》，农业的社会主义改造由此全面展开。初级社中，土地、牲畜、农具等主要生产资料仍归农民私人所有，但交由初级社集体共同使用。1956年春，各地农村大力兴办高级社，并带有强烈的政治竞赛色彩，“你追我赶，争先恐后”，成为空前高涨的“群众运动”。到1956年末，全国农村基本实现了高级形式的合作化。

③1979年以来的家庭承包责任制。1978年，我国波澜壮阔的改革开放先在农村获得突破，一些地方创造了以“包”为主的多种形式农业生产责任制，从包工、包产、联产到组，发展到“包产到户”、“包干到户”，最终形成以家庭承包经营为基础、统分结合的双层经营体制。这一变革突破了一大二公、高度集中的人民公社制，将土地承包给农户经营，改变了农民与土地的关系，使农民的利益与土地产出直接挂钩，极大地调动了农民生产积极性。

④推进农村土地城镇化。十八大报告指出“坚持走中国特色新型工业化、信息化、城镇化、农业现代化道路。推动信息化和工业化深度融合、工业化和城镇化良性互动、城镇化和农业现代化相互协调，促进工业化、信息化、城镇化、农业现代化同步发展”。土地城镇化，是城镇化的载体，主要表现为城镇建成区面积增加。随着新型城镇化进程的加快，土地制度改革日益显现出紧迫性。在这一改革过程中，最引人注目的当属2011年底全国农业工作会议中提及的“5年内基本完成农村土地承包经营权确权登记工作”。据不完全统计，截至目前已有50个县（市、区）展开了农村土地承包经营权确权的登记工作。未来将扩大农村土地承包经营权登记试点范围，争取用5年时间基

本完成农村土地承包经营权确权登记工作。加快推进农村土地承包经营权流转管理和服务体系建设，探索建立严格的工商企业租赁农户承包耕地准入制度。加大对种养大户、家庭农场、专业合作社和农业产业化龙头企业等新型经营主体的扶持力度。

（2）塘坊村土地所有权的变迁。

新中国成立初期，实行土地农民私有制。1953—1956 年，全国实行三大改造。塘坊村在党和国家的领导下，废除土地私有制，建立农业生产合作社，走集体化和共同富裕的社会主义道路。在 1956—1966 年的 11 年中，塘坊村同全国一样实行人民公社化，人们一同劳动，一同吃“大锅饭”，出工不出力，劳动积极性不高，粮食产量下降。改革开放后，全国推广家庭联产承包责任制，每家每户都分到了水田和旱地，大大地提高了农民生产积极性，解放了生产力，粮食产量幅度增加。根据我国《土地法》和《土地管理法》规定，土地实行社会主义公有制，土地所有权归国家和集体所有，农村和城市郊区的土地，除由法律规定属于国家所有以外，其他的属于农民集体所有；宅基地和自留地、自留山，属于农民集体所有。农民拥有土地的权利不是所有权，而是土地的使用权，农民耕种土地是属于承包土地，这个承包是有期限的。1980 年开始实行土地承包时规定的承包期限是 20 年。2000 年到期后，国家把农村土地承包经营期限再延长 30 年，即从 2000 年 1 月 1 日起，到 2029 年 1 月 1 日止。

5. 国家全面取消农业税费政策

农业税是国家对一切从事农业生产、有农业收入的单位和个人征收的一种税，俗称“公粮”。农业税以农业收入为征税对象；以常年产量为计税依据；实行两种方式征收；实行由国家统一控制下的地区差别比例税率；地方政府具有相对较多的管理自主权。

2004 年，国务院开始实行减征或免征农业税的惠农政策。据统计，免征农业税、取消烟叶外的农业特产税可减轻农民负担 500 亿元左右，到 2005 年已有近 8 亿农民直接受益。国家自 2006 年 1 月 1 日起废止《农业税条例》。取消农业税是对农民的一种解放。在中国，农业征税、缴税成本太大，这种成本有时候甚至超过了税收本身。以农业税为载体，派生出从农民、农村、农业摄取剩余的税费的品种多得令人眼花缭乱。农业税的取消，使这种到处向农民伸手的体制得到了根本性的改变；更为重要的是，现行的农村税制，是在城乡二元结构下设立的。这种两线并行的税制结构，再加上城乡发展水平的不平衡，对中国农民形成了极不公平的税收负担。在没有取消农业税之前，塘坊村响应国家号召，在 2003 年正式开始实施税费改革，主要是费改税。塘坊村农民需要上交“三提五统”，是指村级三项提留和五项乡统筹。村提留是村级集体经济组织规定从农民生产收入中提取的用于村一级维持或扩大再生产、兴办公益事业和日常管理开支费用的总称。包括三项，即村公积公益金、村干部工资和村办公费用，塘坊村提留每亩地 25 元。乡统筹费是指乡（镇）合作经济组织依法向所属单位和农户收取的，用于乡村两级办学、计划生育、优抚、民兵训练等民办公助事业的款项，乡镇统筹为每人 20 元。2005 年底开始全面取消农业税，农民种地不用向镇政府、村集体等各级组织上缴任何费用，结束了塘坊村农民种地交税的历史。

6. 粮食直补和农资综合补贴

粮食直补，全称粮食直接补贴，是为进一步促进粮食生产、保护粮食综合生产能力、调动农民种粮积极性和增加农民收入，国家财政按一定的补贴标准和粮食实际种植面积，对农户直接给予的补贴。随着市场经济体制的完善和粮食市场化改革的推进，原有体制下的粮食补贴政策弊端日渐突出，主要是：第一，种粮农民难以完全享受到政策实惠。对流通环节进行补贴，最终目的是为了保护好农民利益，调动农民种粮积极性，稳定和发展粮食生产。但通过补贴流通环节以补贴农民的做法，在操作上往往难以完全落实到位，政策容易打折扣。第二，财政补贴效率较低。贯彻落实好党中央和国务院的“三农”政策，需要尽快实施对种粮农民的直补。多年来，农民增收缓慢，农村经济发展迟缓，城乡差距越来越大，已经影响了整个国民经济的协调发展。为尽快解决“三农”问题，我国政府对“三农”发展实行了“少取、多予、放活”的方针，对种粮农民实行直补就是贯彻落实当时“多予”方针的重要举措之一，也是最便捷有效的渠道。进一步确保国家粮食安全，需要尽快建立直补机制。

粮食直补制度的确立，较好地调动了农民种粮积极性，理顺了市场和价格的关系、政府和企业的关系、政府和农民的关系。在原来体制不顺的情况下，政府通过中间环节补贴农民，很难真正让农民得到好处。粮食直补通过补贴存量的调整，建立了直补的新机制，花的钱不多，又理顺了政府与农民之间的关系。

宜章县莽山乡全乡土地面积12.5266万亩，耕地面积0.4656万亩。塘坊村全村面积1.2542万亩，耕地面积444亩，其中旱地220亩，占全村总耕地面积的49.5%，水田面积224亩，占总耕地面积的50.5%，农业人口1057人，该村人均耕地面积只有0.41亩左右。2011年塘坊村种粮农民的粮食直补资金补贴标准为每亩13.5元，对种粮农民农资综合补贴的发放标准为每亩80.6元。双季稻种植补贴资金发放对象为2010年实际种植了早稻及晚稻的农户（对仅种植了早稻或者晚稻的农户不予补贴），资金额度实行一年一定、包干使用。双季稻农资补贴全省平均参考补贴标准21.8元/亩进行补贴。

7. 良种推广补贴

2011年中央财政下达湖南省生猪良种补贴资金4840万元，对28个项目县的121万头能繁母猪配种用良种公猪精液进行人工授精配种给予补贴，按每头能繁母猪年繁殖两胎，每胎配种使用2份精液，每份精液补贴10元测算，每头能繁母猪补贴40元。塘坊村目前大约有800头母猪，补贴总额32000元。2011年塘坊村水稻良种补贴的标准为每亩15元。水稻种植面积为224亩，水稻良种补贴总额3360元。玉米每亩10元；油菜每亩10元。

8. 农机具补贴

农机具购置补贴，又称农机购置补贴，是国家"三补贴"强农惠农政策的重要内容，是贯彻落实中央一号文件的重要举措，对改善农业装备结构、提高农机化水平、增强农业综合生产能力、发展现代农业、繁荣农村经济具有重要意义。

按照党中央国务院的部署，财政部、农业部于2004年共同启动实施了农机购置补贴政策，当年安排了补贴资金0.7亿元在66个县实施。此后，中央财政不断加大投入力度，补贴资金规模连年大幅度增长，实施范围扩大到全国所有农牧县和农场。2004—2011年，中央财政累计安排农机购置补贴资金219.7亿元，从2011年实施情况看，全年共补贴各类农机具超过343万台套，受益农户逾300万户。农机购置补贴政策实施以来，推动了全国农机总动力快速增长，耕种收综合机械化水平持续提高，为保障我国粮食安全和农民增收、巩固农业在国民经济中的基础地位发挥了重要作用。

2011年补贴耕整地机械、种植施肥机械、田间管理机械、收获机械、收获后处理机械、农产品初加工机械、排灌机械、畜牧水产养殖机械、动力机械、农田基本建设机械、设施农业设备和其他机械等12大类89个品目机具。重点支持插秧机、拖拉机和收割机的发展。

农机购置补贴实行定额补贴，即同一种类、同一档次农业机械在本省范围内实行统一的补贴标准。补贴额度按不超过本省市场平均价格30%测算，单机补贴限额不超过5万元。插秧机及育秧设备（限机插秧软、硬盘）补贴率提高到50%；挤奶机械补贴限额提高到12万元。不允许对省内外企业生产的同类产品实行差别对待。塘坊村的村支书表示，虽然国家的农机具补贴政策很完善，但是塘坊村毕竟生产条件比较落后，机械化程度不高，所以很少有农户购买农机具，能得到这方面补贴的农民不多。

（四）国家经济政策在塘坊村实施过程中遇到的问题

(1) 农村土地荒废。随着我国城市化进程加速及农民工的数量急剧增加，农村田地荒废现象十分严重。许多农民一边拿着国家的粮食补贴，一边弃田不种，外出打工，用打工的钱购买粮食。农民工群体的日益庞大，农村劳动力不足、田地荒废问题成为威胁我国农业进一步发展的一大因素。

(2) 留守儿童、留守老人现象普遍。在农村，近年来父母外出打工，孩子留守家园的现象相当普遍，这一特殊现象是伴随着城市化进程和发展劳务经济而产生的。留守儿童由于父母不在身边无法得到正常关爱、保护、教育和引导而产生心理障碍和行为偏差的现象已不在少数。

①存在认知偏差。留守儿童正处于人生观、价值观形成的关键时期。由于父母法定监护职责的缺失，其他监护人难以起到较好的监护作用，缺乏必要的教育引导，社会上各种不良风气对留守儿童产生了不可忽视的负面影响。部分留守儿童的人生观和价值观偏离正确方向，分辨不清真、善、美与假、恶、丑，学习目的不明确，学习积极性不高，纪律涣散，村里学校一位负责同志说：“留守儿童很少有全面发展的，他们的学习成绩、品德发展不尽如人意。”

②存在心理障碍。外出务工父母及代理监护人无暇或无能力顾及孩子，大多数留守儿童缺乏父母亲情和教育，没有感情依靠，得不到正确引导和帮助，这对他们的心里产生了不利影响，容易导致心理问题。有的儿童由于长期寡言沉默、焦虑、紧张，逐渐形成了孤僻、郁闷和自卑的心理，调查显示，

父母均在家的非留守儿童在人际交往和自信心的方向显著高于单亲外出的留守儿童，而单亲外出的留守儿童在这方面又显著高于双亲外出的留守儿童。

③存在行为异常。有的儿童容易情绪失控，导致冲动行为发生，存在盲目反抗和逆反的心理，因为总感觉缺乏保护别人会欺负他，一点小事就会计较当真，与人交往时充满警惕甚至是敌意，有时对老师和临时监护人也有较强的逆反心理。

④易受侵害。由于留守儿童自我保护，防范能力相对较差，加之学校和家庭之间存在安全教育衔接上的“真空”，使一些图谋不轨的人有了可乘之机，以致留守儿童被侵害的事件时有发生。

随着子女纷纷外出务工、农村留守老人群体的不断扩大，带来的一系列社会问题不容忽视，主要表现在：

①经济收入低，生活质量差。目前除部分享受低保户得到扶助外，绝大部分农村老年人没有养老保障。农村留守老人的经济来源主要依靠自己劳动所得和子女贴补。随着孝道观念的不断淡化及子女在外务工谋生压力加大，子女贴补缺乏稳定性，农村老人的经济收入更是少得可怜，由于无经济来源，三餐基本的油、盐、柴都无法保证；吃的菜大多数是左邻右舍的乡亲送的；炊事用燃料有的是烧废旧木料，生活很是艰难。

②生活缺少照料，安全隐患多。由于子女不在身边，日常生活的一些小事，诸如理发、换电灯泡等都成为难题。特别是老人身体不好，需要子女陪同上医院看病治疗时，子女不在身边，老人更是觉得孤苦无靠，感到很失落。此外，老年人发病往往具有突然性，家中无人或抢救不及时，可能会错过治疗时机，导致严重后果。随着年事渐高，一些农村老人记忆力下降，有的行动不便或身有残疾，一些日常生活行为都有可能留下安全隐患，甚至导致悲剧。

③对隔代教育造成心理负担。如果单从照顾孙辈的生活起居方面而言，只是增加老人的生活压力，增加劳动强度。但对小孩教育方面心理负担更重，主要因为农村老年人大多数识字不多，无法辅导小孩的学习，担心学习成绩差。其次目前农村交通、通信得到迅速改善，电视、网吧到处有，孩子在外的时间长，担心发生一些意想不到的事情。老年人总觉得管理小孩力不从心。

④精神缺少慰藉。人老了有喜静的一面，但人老了最怕孤独。农村老人过惯了苦日子，对物质生活往往无过高的奢求，因此来自子女的精神慰藉是

老人身心健康必不可少的主要来源之一。由于子女不在身边，农村老人大多过着“出门一孤影，进门一盏灯”的寂寞生活，这很容易使他们感到孤独。特别是独居老人感到有心里话没处述说，有时间没事打发，很可能出现抑郁症状，觉得生活没有意思，严重的会产生自杀的念头。另外，农村精神文化生活比较单调，老人大多是“蹲墙根、找树阴、聊聊天”，在家庭外边也难以找到精神寄托。

这些问题的存在是我国城镇化过程中必然产生的阵痛，也希望党和国家能够尽快找到一个好的解决方案，对这些弱势群体给予更多的关怀。

六、塘坊村教育情况

改革开放以来，中国经济增长取得了令人瞩目的成就。然而，随着人均GDP的增长，城乡收入差距也在急剧加大。2011年全国城镇居民可支配收入为19109元，农村人均纯收入为5919元，两者的收入比为3.23∶1。随着我国社会发展的加速和不同地区之间、社会阶层之间的差距拉大，教育公平问题进一步凸显，成为社会关注的热点。党的十六届四中全会提出了构建社会主义和谐社会的新命题。和谐社会的基础是公平、公正，而教育公平则是实现社会公平的重要内容，教育公平是社会公平的基础和核心，没有教育的公平公正，就不可能实现真正的社会和谐。教育作为推动社会变革与发展的重要力量，既可以影响经济与社会发展的效率目标，又可以影响经济与社会发展的公平目标。现代社会的教育在社会流动、社会分化中具有“筛选器”的功能，又具有稳定器、平衡器的功能，被视为实现社会平等“最伟大的工具”。按照现阶段提出的新要求，我们应该以和谐理念来引领教育发展，通过推进教育的公平、公正，来促进社会的公平、公正，通过构建和谐教育，来推动构建和谐社会的步伐。我国是一个农业大国，农业、农民和农村问题是当代中国经济和社会发展的突出问题，其发展状况将在很大程度上决定现代化的发展进程。农村教育既是农村发展的基础性条件，也是农村发展状况的重要表现。农村的义务教育好坏直接关系到国家的兴衰和长治久安。作为具有9亿人口的农村，基础教育关系到整个国家的未来，具有举足轻重的作用。只有农村得以发展，才能真正实现社会的和谐发展。农村发展的基础是搞好农村的基础教育。基础教育是地方事业，担负着为地方培养人才的重要任务。

基础教育办得好坏，直接关系到地方经济和社会的发展与进步。

（一）塘坊村学校教育概况

1. 塘坊小学——塘坊村唯一的一所小学

塘坊小学位于塘坊村6组，两栋白色建筑相对而立，中间的空地是篮球场。满山绿意的掩映，更凸显出它的与众不同。通往学校的山路蜿蜒崎岖，坎坷不平。遇到被溪水浸湿的泥泞之地，我们险些滑倒，不禁感叹山里的孩子上学的艰难。

学校正值放暑假的期间，本不大的校园因少了孩子们的欢声笑语而显得有些冷清空旷，只有几个施工人员在烈日下辛勤工作着，为孩子们创造出更好的学习环境而努力。在学校门口我们遇到了前来接待我们的校长赵德秀，校长一身蓝色的篮球服，显得精神年轻。

我们随校长走进教学楼，教学楼的楼梯转角处的墙上挂着计划生育的宣传板。我们来到校长的办公室，办公室很简陋，外间放置着木质的书架，上面摆满了各类图书。有鲁迅、冰心等大家的著作集，侦探小说，还有一些经营管理类的书籍。内间放置着由两个木桌拼接而成的“办公桌”，占去了大约三分之二的空间。桌上放置着简易的笔筒，旁边整齐地摆放着老师的备课本和学生的作业、各项工作记录。

在与校长的交流中，我们了解到，这座学校最早建于1954年，位置在后山。后来老校区被拆改建成供村委会开会的场所，1975年才在这里建成了新校区。新校区以前只由三排土砖瓦房构成。1996年后才改为钢筋混凝土的建筑结构，但仍有几处还是土坯房结构的危房。现在的学校占地面积大约500平方米。由于缺少资金，修建新校区的部分款项是向村民集资的。有孩子在学校接受教育的农户每户捐款50元，总共集资9万元。2000年，香港的汽车会成员前来考察，在了解了塘坊村的校区状况后，捐赠了20多万修建了现在的“康耀楼”，作为师生住宿和吃饭的场所。后又捐赠了5万元修建篮球场。省公安厅后又资助了8台电脑，为学生学习计算机技术提供了物质基础，并专门给老师们进行了计算机技术的培训。遗憾的是，由于乡间通信电力的落后，频繁的断电使得8台电脑无法正常工作，甚至报废，孩子们享受不了新技术多媒体的教学。

2. 学校课程设置与教学计划

塘坊小学只有学前班、小学一年级、小学二年级。一个年级只有一个班，以前还有三、四、五年级，但由于缺老师，不得已取消。由于计划生育政策的实施，村里的孩子出生率降低，学生也由以前的100多个减到现在的74个。成为除莽山中心小学外学生最多的学校。目前学前班有30人，一学期的费用为360元；一年级有学生24人，二年级有20人，一学期费用大约为50～60元。总共有学生74人。孩子们在上完二年级后，会转到莽山中心小学或莽山民族中学继续上课。

表6－1　　塘坊小学基本情况

项目	学前班	一年级	二年级
学生数（人）	30	24	20
学费（元）	360	50	60

我们在校长办公室的墙上看到了小学二年级的课表，孩子们周一至周五每天早上9：30上课，第一节课是朗读课，上午后两节是语文和数学，下午有四节课，多是数学、语文、画图、写字、音乐和体育交替安排，下午六点放学。问到孩子们的课外阅读情况，校长说，书架上的图书是省公安厅捐赠的，但书本的内容对于孩子们来说过于深奥，哪怕是校长自己阅读起来也有困难，那些书本也就形同虚设。

表6－2　　二年级课表

时间＼星期	星期一	星期二	星期三	星期四	星期五
9:30～10:00	朗读	朗读	朗读	朗读	朗读
10:10～10:40	语文	语文	语文	语文	语文
11:00～11:30	数学	数学	数学	数学	数学
午　休					
14:00～14:30	画图	音乐	画图	音乐	画图
14:40～15:10	体育	体育	体育	体育	体育
15:30～16:00	语文	语文	语文	语文	语文

3. 学校教师的文化素质

现在的老师总共只有三个，一个老师带一个年级。校长还有其他两个代课老师。另外两个代课老师还是校长的亲戚，嫁到塘坊村后开始了任教生涯。除校长是高中文化水平外，其余两位老师都是初中文化水平。三位老师都已经参加工作多年，教学经验丰富，但有限的知识文化水平制约了教学水平能力的提高。

校长表示，现在学校最缺的就是老师和资金。由于条件艰苦报酬又少，很少有老师自愿到此地教书，老师们的工资大约每月 1000 元，校长的工资较高，大约 2000 元一个月。老师们都是靠着仅有的高中或是初中的知识和一些常识来教育学生们。虽说学前教育难度不大，但教育要从娃娃抓起也让我们意识到学前教育的重要性。教育要与国际接轨，英语已成了我们的必修课，互联网技术是连接我们与世界的重要渠道，但这些教育资源大山里的孩子都享受不到。县教育局也会在一个学期内考察两次学生的受教育情况，组织对老师进行定期培训。培训内容有普通话、电脑技术和新教材。每个老师都会有一个听课本和备课本，校长赵德秀还专备了一个本子记录读书心得。

表 6 - 3　　塘坊小学教师基本情况

序号	姓名	性别	出生年份	文化程度	参加工作时间	政治面貌
1	赵德秀	男	1957	高中	1981	党员
2	赵小金	女	1963	初中	1987	群众
3	赵凤英	女	1959	初中	1979	群众

1997 年 7 月，县教育系统领导干部终身制打破，县属中学、乡镇中学校长，凡年满 50 周岁，中心小学年满 45 周岁的，必须从校长岗位上退下来另提拔年轻有为的教师担任。1999 年下学期，县政府实行从县城人员超编学校及近城部分超编学区、学校中，选派教师下乡支教，支教时间为 1 年，校内进行轮换。当年有 127 名教师到边远山区支教。缺编受援单位有麻田、长村、东风、莽山、关溪、平和、新华等乡镇学校。

但实际情况不同于理论，颁布的教育改革未落实到基层，莽山的县、乡镇小学受到了教育改革的利益，但恩泽没有遍及塘坊村，塘坊村的落后闭塞没能吸引到师资力量。

4. 学生的学习生活状况

孩子们来上课都要走很远的山路，最小的孩子才五六岁，而最远的路程却有8公里。稚嫩的幼足在这山路上的各个角落烙上了深浅不一的足迹。在没有大人陪同的情况下，孩子们自己结伴而行，崎岖难行的山路上也不乏孩子们银铃般纯粹的笑声。若遇上下雨天，山路打滑的危险，家长们就会护送孩子们上学，倒也没有出现过事故。孩子们每天会自带午餐，学校不包走读生的三餐，学校食堂只负责给孩子们带来的午餐加热。当然这些也与学校资金不足无法负担全校师生的伙食有关。

孩子们的书本费、学费都是由国家负担，这点符合九年义务教育制度的原则，孩子们现在用的小学课本也与湖南省学生所使用的课本同步。政府对那些特困户的孩子会减免学费，保障孩子受教育的权利。

我们随后又参观了两间教室，简单却不简陋，麻雀虽小五脏俱全。一间教室有30个座位，整齐的按5×6的方式排列。墙上的黑板已有了白色的细小裂纹，用来充当讲台的课桌的右上角满放着一盒粉笔，还有一把戒尺。靠窗边的桌上满放着各种学习用具，还有学习数学的算盘。站在教室的一角，我们仿佛看到了，在窗明几净的教室里，孩子们蓬勃朝气的充满求知欲的脸庞。

经过一间储物室时，我们看到里面有一箱袋装的牛奶。校长告诉我们，县教育局有时会给孩子们赠送牛奶和面包等食品补充孩子们的营养。

5. 塘坊小学未来发展建议

小学教育是一个人受教育的启蒙阶段，是我国基础教育的基础，是整个国民教育的奠基工程。它无论对一个人的发展，还是对塘坊村整个教育质量的提升，都起着十分重要的作用。一个人在小学阶段接受的启蒙教育如何，会直接决定至少是影响到他的一生。一个地方基础教育（尤其是小学教育）抓得好，会极大地促进当地高考升学率，进而促进地方经济社会的发展。可见，大力发展小学教育是多么地重要。教育要发展，关键在教师。只有拥有一批德才兼备、结构合理、数量达标、业务精良的高素质教师队伍，才能为教育的发展打下牢固的基础。

但是，前面我们已经提到，塘坊小学目前最严峻的问题就是缺乏青年老师。针对村里小学教师队伍青黄不接、教师老龄化问题：

(1) 建议人事管理部门积极推行人事制度改革，对年龄在50岁以上，身体状况不佳，本人愿意提前离岗的教师采取一次买断工龄，提前离职。同时从每年大中专毕业生中选招录一定的人员补充教师队伍，增添教师队伍的新鲜血液，以免造成农村小学教师队伍的青黄不接、后继无人现象。

(2) 建议县政府认真落实《义务教育法》，加大对义务教育经费的投入，进一步改善农村小学教师的生活条件和工作环境，引导中青年教师安心山区教育事业。现在多数中青年教师不愿到村级小学任教，主要是山区村级小学条件差，基本生活得不到保障。

(3) 改善退休教师的生活待遇，进一步强化他们的生活保障措施，采取一定政策，动员和鼓励接近退休年龄、体弱多病、不能胜任工作的同志提前退休或离休，让出岗位。

(4) 根据学校规模和条件，合理搭配和使用新老教师，让老教师能够各尽所能，充分发挥作用，同时更重要的是对在岗老教师进行学习引导，使他们保持人老心不老的状态，善于接受新鲜事物，不断学习，自觉“充电”，更新观念，转变教法，适应教学的发展之需。在新老教师搭配使用培养上，一是乡镇内部教师调整上，中心校领导要把好关，使每一所学校老中青教师相结合，形成合理的年龄结构；二是在学校内部分工上要科学，在力求平衡的前提下，照顾老同志，人适其事、事得其人；三是大力开展学习活动，加强对老教师的引导，使他们解放思想，更新观念，适应教学需要。

(二) 村民子女受教育情况

随着九年义务教育政策的落实、村里经济的快速发展以及村民素质的提高，村里的孩子没学上的现象大为减少。人们逐渐意识到教育的重要性，再穷不能穷教育。通过调查我们发现，在塘坊村，孩子们的基础教育同样受到家长的重视。入学率高，基本上塘坊村的孩子到了上学的年纪都会被父母送入塘坊小学或是莽山中心小学就学。孩子们也都能从塘坊小学顺利毕业，无中途辍学者。但塘坊村人大多只有小学文化水平，达到初中文化水平很少。塘坊村的村民虽然认同读书的重要性，但让孩子接受高等教育的观念显然还未深入人心，大多数都停留在接受最基本的识字写字的基础教育。一旦孩子小学毕业，而又没有继续读书的想法或是成绩不理想，家长便会默许孩子终止接受教育的行为。大多数的孩子会在小学或是初中毕业后外出打工或是在家务农。

“文革”后恢复高考以来，在塘坊小学毕业的只有两位学生考上了大学，而全村接受过大学教育的只有3个，可见塘坊村村民整体素质不高。子女受教育水平多停留在小学、初中的基础教育，很少有机会接受高等教育。

由于塘坊村村民的整体素质不高，提高村民教育水平成为当务之急。近年来县政府也响应国家政策，聘请中小学教师和部分回乡初中、高中毕业生兼任教师。但这些都是针对县、乡镇的政策，未普及到村，塘坊村的文盲大有人在，非文盲率无法达到国家和省规定的标准。当务之急是如何增加扫盲老师的人数，小学教学老师的人数只有三个，并且文化水平不高，这些都是需要向上级反映并应及时解决的问题。

（三）村民素质

农业、农村和农民问题是事关我国社会主义现代化建设和全面建设小康社会的重大问题。“三农”问题的最终决定因素是人，因此农民文化素质提高就成为当前或今后相当长时期内的一项重要任务。党的十七大报告在阐述和部署今后一个时期新农村建设任务时强调指出：“培养有文化、懂技术、会经营的新型农民，发挥亿万农民建设新农村的主体作用。”

在社会主义新农村建设中，无论是物质文明建设，还是精神文明建设，无论是经济发展，还是社会进步，无论是立足当前，还是着眼长远，都需要有强有力的人力资源保障。农民作为农业生产的主力军，是新农村建设的实践者和受益者，也是新农村建设的主体。因此，我国社会主义新农村建设的重点应该落实在农民。按照“发展为了农民，发展依靠农民”的思路，农民文化素质的培养、科学技能的提高，直接影响着新农村建设的步伐，决定着新农村建设的成败。由此，培养具有文化素质和科学技能的社会主义新型农民，是社会主义新农村建设的迫切要求及关键所在。

我国是一个农业大国，13.39亿人口中有6.7亿农业人口，占全国总人口的50.32%。据2010年第六次全国人口普查，全国文盲率4.08%，其中城镇2.89%，农村7.26%，农村文盲率是城镇的2倍多。这仅是全国农民的平均比例，但地区之间还存在着很大的差异。越是贫困的地区越是不重视教育，

越是不重视教育，农民的素质越低，从而形成可怕的恶性循环。“三农”问题的核心是农民问题，农民问题的核心是素质问题。农民文化素质低下，给他们在接受新观念，索取新信息，提高职业技能，参与市场竞争带来极大的障碍，严重影响了农民增收。没有农民文化素质的提高，新农村就缺乏根本的支撑。迅速提高农民的文化素质是非常必要的，这是增加农民经济收入，构建农村和谐社会的现实要求，因此，提高农民素质是新农村建设最为迫切的要求，也是新农村建设最核心的内容。

与全国平均水平相比，塘坊村的情况也不例外。塘坊村是一个传统的农业村，农村的发展状况直接决定了整个村的前进步伐。近年来，全村在坚持科学发展观的指导下，着力开展新农村建设，农村面貌不断改善，农业水平不断提升，农民收入不断增加，广大农村正发生着翻天覆地的变化。然而，推动经济发展的动力在农村，制约经济发展的瓶颈也在农村。随着全村农业和农村经济结构调整以及农业产业化经营进程的逐步深入，村民文化素质不高的问题日益突出，已成为制约农业、农村经济、农村社会发展的重要因素。

从科学技能上看，村民科学技能低，农业科技难以推广和普及。一些村民思想比较保守，既不主动学习科技知识，又不主动运用科技知识指导农业生产，缺乏创新精神。他们往往靠传统的农耕经验进行农业生产，对天时地利的依赖性较强。而在高科技发展的时代，不以先进的理念、先进的技术来指导和发展农业，很难脱贫致富。许多村民市场观念淡薄，面对激烈的市场竞争，不能科学、准确地判断市场变化规律，缺乏风险意识和市场竞争意识，很难及时获得有用的信息并采取相应的对策，只能盲从于市场短期价格波动。在农业结构调整中，一些村民缺乏观察市场的敏锐性和捕捉机遇的能力，在市场竞争中处于不利地位。一些村民在生产或经营受挫后，便心灰意冷，感到增收无门，于是，对农业缺乏信心的村民纷纷离开农村进城打工，农业的可持续发展面临着劳动力结构性短缺的不利局面。

提高村民文化素质和科学技能，抓好培养新农民工作，提高村民运用现代科技脱贫致富的能力，不是一朝一夕就能完成的事情。它需要我们从建设社会主义新农村、实现全面建设小康社会宏伟目标、落实科学发展观和构建社会主义和谐社会、推动城乡统筹协调发展的高度，根据塘坊村的村民实际，因地制宜，一步一个脚印，踏踏实实走好每一步。

（四）计划生育状况

随着人们文化素质提高，育龄群众的生育观念有了明显转变，这给人口与计划生育工作减少了一定的压力。但是我国农业人口占多数，而农村育龄人群的文化素质总体水平偏低，受封建思想影响还很严重，因此计划生育工作重点在农村。如何搞好农村计划生育工作，多少年来奔赴在最基层的计划生育工作者们，一直在努力探索，不断完善，不断创新，国家也出台了一系列法律法规，奖励优惠政策，使得我们的工作更亲情化，更有章可循了。但新形势下又存在着部分育龄群众思想文化素质偏低与以人为本管理方式之间的矛盾、农村流出人口增多与各地协作管理不完善之间的矛盾，这些势必影响农村计划生育工作质量的提高，为稳定低生育水平，提高人口质量带来新的难题。

1. 塘坊村实施计划生育的措施

塘坊村是莽山乡条件比较落后的地区，但村民委员会响应国家政策，加大力度实施计划生育措施。具体做法是：

（1）广泛宣传，营造氛围。把宣传教育融入生育健康系列服务之中，通过在全村广泛开展优生优育咨询、节育技术服务、妇女病普查普治、孕期保健等系列服务，使广大群众既掌握了相关知识，又享受到优质的生育健康服务；把宣传教育融入生产队精神文明建设之中，通过开展各项活动，引导群众逐步建立文明进步的婚育观念；把宣传教育融入群众脱贫致富奔小康之中，帮助群众解决生产、生活中的实际困难和问题；把宣传教育融入社会保障和优惠政策的落实之中，使实行计划生育的家庭真正感受到党和政府的温暖；并采取各种宣传形式，加大计生政策、法规和科普知识的宣传，利用标语、板报等形式进行宣传，组织开展了形式多样、丰富多彩的宣传活动，着力营造浓厚的改革氛围。

1989 年，孕产妇保健从传统的新法接生，逐步建立起从怀孕到生产后 42 天的全程管理，称为孕产妇系统管理。其内容包括：孕产妇管理（建卡、产后访视）、接生管理（住院分娩、非住院分娩中新法接生）、高危孕产妇管理、孕产妇死亡调查等。按照孕产妇系统管理的要求，妇女怀孕到生产必须经医务人员产前检查 5 ~ 8 次，产后访视 3 ~ 5 次。塘坊村也开展孕产妇保偿制，收到一定成效。

表 6－4 连续两次孕情检查不到位情况

姓名	应检次数	已检次数
张文红	4	1
钟平芳	4	1
周香	4	1
邓丽霞	4	1
盘赵花	4	1
赵晓	4	2

由表 6－4 可以看出，虽然政府给孕产妇提供了产前检查的资源，但可能是由于村民的保健意识还有所欠缺，所以孕产妇参与产前检查的积极性并不高。

（2）强化领导，落实责任。该乡始终把计划生育工作纳入党委政府重要议事日程，迅速调整充实了以党委书记为组长的计划生育领导小组，经常召开专题会议研究部署计划生育工作，并将计划生育目标任务分解到户、落实到人。

（3）制度过硬，奖惩分明。为把计划生育工作落到实处，该村设立了计划生育工作奖惩制度，对于政策外怀孕均征收社会抚养费；独生子女户则给予保健费。

表 6－5 社会抚养费征收情况

育妇姓名	出生日期	配偶姓名	子女出生日期	子女孩次	性别	政策属性	处罚通知书号	应征金额（元）	已征金额（元）
张文红	1976－10－26	谭仁山	2010－03－04	3	男	政策外	2010205008	8836	8836
钟平芳	1990－08－06	赵军华	2009－09－015	1	女	政策外	2011205006	12870	5200
周香	1987－08－27	赵德云	2011－08－25	3	女	政策外	2011205011	9100	8500
邓丽霞	1988－03－17	赵玉凤	2011－10－01	3	女	政策外	2012205009	9100	9100
盘赵花	1979－09－05	赵天华	2011－10－08	3	女	政策外	2012205008	9100	8000

表 6-6 **独生子女保健费发放情况**

男方姓名	女方姓名	应落实金额	已落实金额
杜周翔	朱淑红	10 元/月	10 元/月
周永山	郑美秀	10 元/月	10 元/月

通过表格数据，对于政策外生育的家庭，村计生部门征收社会抚养费，且落实的比较好。而对于独生子女户，则每户发放每年 120 元的保健费，并且及时全部到位。

2. 创建的主要成效

自全村通过上述措施的制定和落实，该村计划生育工作有了崭新的变化：村计划生育干部抓计划生育工作的积极性大大提高；计生统计瞒、漏报现象基本杜绝；违法生育人数明显下降；全乡计生几项指标，符合生育率达 95% 以上。

在执行计划生育工作过程中一定要严格把关，认真细致，公正透明，让每一个计划生育家庭都能够享受到他们应享受的扶助与奖励。从而以点带面，为广大育龄群众消除后顾之忧，引导他们转变生育观念，倡导新型生育文化，从而加快人口与计划生育工作和谐发展的步伐，从而实现小康社会的奋斗目标。

七、塘坊村的社会保障事业

我国是农业大国，农村人口占全国总人口的绝大部分，加快农村社会保障制度建设，对实现全面小康社会目标，保持农村社会稳定，构建社会主义和谐社会，促进农村经济社会协调发展等，都具有十分重要的意义。

（一）我国农村主要的社会保障制度

1. 我国农村社会保障制度建设的现状

改革开放 30 多年来，我国农村社会保障制度获得巨大发展，各项制度不断健全，财政投入不断增加，覆盖范围和保障水平不断提高。目前，我国农村社会保障制度的基本框架和内容主要包括农村社会保险、农村社会救助、农村最低生活保障和农村社会福利四个方面，并具体体现为六种形式：一是农村五保供养制度。即为农村居民中无劳动能力、无生活来源、无法定抚养义务人的老年人、残疾人和未成年人在衣食住医葬（教）等方面提供最基本生活保障的制度。农村税费改革后，农村五保户供养资金来源渠道发生了重大变化，五保供养通过农村税费改革转移支付资金逐步纳入了公共财政保障范围。据统计，我国农村五保供养对象已从2003年的204.2万人增加到2007年的526万人，基本做到了应保尽保。

2. 农村军人及家属优抚安置制度

即政府对军人及其家属为主体的优抚安置对象进行物质照顾和精神抚慰的一种制度。据了解，目前全国有4000多万个优抚安置对象。

3. 农村社会救助制度

主要包括对遭受自然灾害后的农民进行救济、对其他贫困农民进行救济以及对贫困农民进行医疗救济等多个方面。目前，在实施农村最低生活保障制度的地区，这些救助对象基本上都纳入了最低生活保障的范围。据统计，2007年各级财政共安排农村社会救济支出186.8亿元，其中，中央财政安排农村低保补助资金30亿元，专项用于支持已建立农村低保制度的地区完善制度和未建立制度的地区建立制度。

4. 农村养老保险制度

2003年后，一些地方开展了新型农村养老保险试点工作，取得了突破和进展。到2007年年底，全国已有31个省区市的近2000个县市区不同程度地开展了新型农村养老保险试点工作，有5000多万农民参保，积累保险基金300多亿元，有300多万参保农民领取了养老金。

5. 计划生育保险和奖励制度

2004年各地开始对农村部分计划生育家庭实行奖励扶助制度试点，对农村只有一个子女或两个女孩的计划生育夫妇，每人从年满60周岁起享受年均不低于600元的奖励扶助金，直到亡故为止。

6. 新型农村合作医疗制度

2003年国务院要求建立新型农村合作医疗制度，实行政府资助为主、农民缴费为辅的筹资机制。为进一步提高新型农村合作医疗受益水平，从2006年起中央财政对中西部地区除市区以外的参合农民补助标准由每人每年10元提高到20元。据统计，截至2007年底，全国开展新型农村合作医疗试点的县（市、区）已达到2451个，参合农民7.3亿人，占全国农业人口的84%。2003—2007年，中央财政共安排新型农村合作医疗补助资金169亿元。新型农村合作医疗制度的不断推进，缓解了农村群众“因病致贫、因病返贫”的问题。

新中国成立以来，特别是改革开放以来，宜章县莽山乡塘坊村发生了巨大的变化，农民生活水平逐渐提高，在把塘坊村建设成“生存发展、生活宽裕、乡风文明、村容整洁、管理民主”的社会主义瑶族新农村的道路上，建立一种适合本村村情的更合理、更公平、更有效的社会保障制度成为塘坊村最迫切的需要。

塘坊村位于莽山瑶族乡人民政府以东，距乡政府12.6公里，与白沙圩乡相毗邻，紧挨莽山4A级国家森林公园，地处革命老区腹地，是全县最偏远、最贫穷的少数民族聚居村之一。2009年被湖南省民委列为少数民族特色村寨。塘坊村总面积2.8万多亩，其中水田444亩，旱土97亩。全村有13个村民小组，44个自然村，248户，1071人，其中瑶族人口占97%，贫困人口约90%。在塘坊村，除了传统的五保制度、低保制度得以延续外，随着新型农村居民社会养老保险和新型合作医疗制度的展开和逐步推进，农村社会保障初步具有向城市社会保障体系对接的趋势。但是，受地理环境影响，塘坊村信息闭塞，群众思想观念落后，农业作物水平较低，经济发展迟缓，这同时也导致该村的社会保障事业起步晚、水平低、覆盖面小、参保人数少，一个综合的可持续发展的农村养老保障体系尚未形成，而是处于缝缝补补的非规范化、非系统化阶段，仍然主要依赖于传统的家庭保障和土地保障。

（二）养老

莽山瑶族是一个具有悠久传统文化的民族，素有尊老、敬老、养老的优良传统。从2000多年前孔子提出的“父母在，不远游”，直到今日的尊老爱幼的现代文明，儿女养老的形式一直被延续下来，孩子从小就要接受孝道的教育，从给父母盛饭到帮助父母做家务等小事做起，无不是为了培养他们的孝心，以保证老来能颐养天年。

1. 塘坊村的养老情况

塘坊村地处深山，风景秀丽，加之村里没有什么工业，基本上无污染，自然环境和空气质量都极好，村里60岁以上的老人有89个，其中80岁以上有11人。这里是过山瑶集居地，瑶族人口占到97%。民族根深蒂固的“孝”与“家”的观念使得塘坊村大多数村民认为一家人应是团团圆圆围在老人身边的，虽然分家，但老年人理应受全家人敬重，成为家庭的凝聚核心。在家里，全体成员团结在一起，更好地完成了家庭工作，创造了更多的家庭财富，大家互相支持，不论是从经济上还是精神上，都成为了彼此的支柱，一家人的团圆被视为福气。在老人眼中，儿孙满堂绕膝戏，是在辛苦了一生之后的莫大安慰，这也就使得老人在吃得好，住得好的情况下，精神愉快，心情舒畅，有利于老年人的养老。

集体经济时期，我国农村以公社为依托，采用集体保障为主、国家适当辅助的办法，形成了以“五保”、救灾救济等为主要内容的农村社会保障体系。宜章县人民政府将孤寡老人的供养列为政务事项，对无劳动的孤寡老人优先发放救济粮款。在莽山瑶族乡，这种社会保障制度体现在养老方面主要是物质供给，对享有“五保户”、“灾户”等权利的老人定期分配粮食、衣服等生活必需品，保障其日常生活物质的基本需求。有子女的老人其日常生活有子女照料。1983年5月，农村实行家庭联产承包制以后，宜章县重新评定了“五保户”。年底，县人民政府发布《关于创办敬老院和落实好散居五保户供养办法的通知》。1985年3月，县筹办光荣院一所，设县城西北角，占地5亩。1986年，县将敬老院发展规划纳入“七五”规划。这一时期，塘坊村的养老较为普遍的是两种形式，一是子女家庭养老，二是通过社会救济。

但是，随着人均耕地减少，外出打工人员不断增多，以及计划生育的实行，塘坊村家庭赡养功能趋于弱化，“养儿防老”传统受到严重冲击，每个劳动人口所要扶养的老年人口数量增加。经济与社会的转型导致人口流动加快，传统大家庭被小家庭所取代，子女赡养老人的经济能力有限。子女在家庭生活中的“缺位”，丧失了支撑家庭养老的稳定结构，影响了部分老年人的生活，突出表现为缺乏照料和精神慰藉。

通过调查，我们发现，塘坊村的家庭养老方式主要有：有子女照顾的老人，有的与一个子女或几个子女居住在一起、共同生活，老年人的生活等基本能得到保障；有的与子女分开居住，子女定期探望，子女定期向老人支付货币和粮食，这些老人仍然还要付出一定的劳动，在儿女们的帮助下度晚年。空巢独居的，无子女或是子女长期外出打工、经商、季节性外出，家务活等由老人承担，老人平时依然靠自立，更重要的是精神生活永远得不到满足。

(1) 有子女的老人的养老情况。塘坊村养老没有什么特别的习俗，与汉族大多数农村相似，父母如果生养了几个儿子，要么由儿子们轮流赡养，要么家人一起商量根据每人的经济状况决定由谁抚养，女儿一般嫁到外村，就没有承担赡养父母的主要任务，父母的日常生活及起居仍旧由儿子负责，但女儿也可以根据自己意愿来帮忙。对于没有儿子的家庭，大多招个上门女婿。塘坊村男子上门入赘的习俗比较普遍，这既是瑶族风俗的原因，还因为塘坊村地处偏远，交通闭塞，儿子多的家庭一般都比较贫困。因此，有的没有男孩的家庭，常招婿上门，有的家庭虽有男孩也要招婿上门，有的家庭，甚至把男子全部“外嫁”，而把女儿留在家里招婿上门。所以，上门女婿按照习俗要履行儿子的义务，养活家庭、照顾父母。

通过调查，我们发现塘坊村儿女数目的多少与老人年老后的养老安全系数有直接关系，但由于各家经济状况不同，又受自然死亡率因素制约，就造成了各个家庭养老状况的不同。有的老人没有儿女供养，有的老人则有几个儿女供养；有的儿女没有老人需要供养，有的儿女则有几个老人需要供养，形成了苦乐不均的现象。

所以，有些村民就通过财产继承制度来缓解这一问题。老年人在土地改革时都分到了土地，有的还有房子、牛、劳动工具等财产，这些财产可以视为日后老人养老的保障。如某个老人有几个儿子，那么分家时，家里的土地按父母与儿子的总数来划分，各得一份，哪个儿子养父母，那么父母的田地就归他耕种，父母的一些个人财产也归他，作为日后养老的保障。如果老人没有子女，就可以过继一个来养老，老人的财产日后就归他所有。总的来说，也就是谁养老，谁就能继承老人的那份财产，这种财产继承制度，对于子女来说相对是公平的，因为赡养父母比没有赡养父母的日常消费要多一些，而耕种老人田地收成以及老年人日常在家中所做的一些家务可以弥补这些多出的开销。对于老人而言，老年生活有了保障，没有继承养老田的子女也会不时地给老人钱或物，当老人生病时所有的子女都会照顾老人。如一名姓邓的老人谈到，本来她的一切费用都应由共同居住的小儿子负担，但 2002 年时自己生病住院花的一万多元钱，是由三个儿子分摊的，嫁出的女儿也出了一点钱 。可见，这种制度在一定程度上保障了养老的安全性，在传统观念的氛围中起到了很好的效果。

在塘坊，有子女老人还有采取“自养老”方式的。这些老人部分是有一定的积蓄，不过大多还是因为身子骨硬朗，还可以干些农活，而且不愿意和儿女一同居住。村里有位姓田的大爷，今年76岁，儿女都居住在塘坊村，但他和老伴还是选择自己为自己养老送终。一是由于儿女经济条件都不好，家庭养老的方式对小辈负担太重；二是虽然自己年纪大，体力日益衰老而不能再参加重体力的生产劳动，但还算精神，在较长时间内仍可从事需要较少体力的活动，如种点蔬菜、饲养家禽家畜、煮饭、看家、编制农具等，所以，只要不得什么大病，一年用不掉几十块钱。

对儿女养老来说，除了日常生活的照顾，还有就是生诞和丧事。这些在瑶族村寨都有自己的风俗，而且村民都比较重视。不过，这与个体家庭的经济收入和生活水平直接相关。就拿老人过寿来说，在塘坊村，50岁以下生日是在亲朋好友之间聚会庆贺一番；60岁以上老人的生日办家宴，如果子女能干、收入高，家里经济条件好，他们会在乡里的酒楼办上几十桌宴请客人。办家宴的杀一头猪或买几十斤肉，若干鸡、鸭及鲜鱼、豆腐，请大师傅主厨做十几道菜；到酒楼订桌花费大些，一桌十几个菜，几瓶高档酒，一桌菜200~300元。有的老人做寿，晚辈、亲友会到乡里或县里广播电视台点歌祝寿。像瑶王邓万寿，他为人活泛，在村里承包了好几个项目，家里比较富有，他几乎每年都为老母亲过生日。而身体有病、经济收入差的子女即使对父母有孝顺的心也没有那个力，73岁的周姓老人自己身体就不好，儿子有乙肝、胸膜炎和肺结核，由于缺少劳动力，这个家庭收入微薄，生活难以为继，儿子虽然孝顺，但周大爷也没法儿像富裕家庭的老人那样安享晚年。奔丧也是一样，有的家庭经济条件好些，会请村里的乐队和师公，出殡下葬时，有的丧夫抬着棺木走猫步点水，挽联队伍随后，进三步退一步引路人观看。这类丧葬花费在2万~3万元，而一般人家，则只通知亲友，不请乐队只请师公，或只请乐队不请师公，也有乐队、师公均不请者，停柩1~3天，随机而葬，丧事比较简单、节俭，开销只有1万~2万元。但也有少部分老人过世在县城改土葬为火葬，花费3000~5000元即可。

靠子女赡养老人的生活质量还受到儿女们道德水平的影响，如果儿女孝顺，老人的晚年会比较幸福；如果儿女不孝，老人的晚年会十分悲凉。在塘坊，我们了解到另一位姓周的大爷，他有两子一女，女儿成家立业，周大爷夫妇年届古稀无能为力建新房为两个儿子办婚事，儿子整天埋怨老子无用，周大爷称："老子养了你的小，你就应该养我的老。"于是父子经常拳脚相加。周大爷无可奈何找村干部调解，其大儿子辩称："只要你给我们两兄弟修栋房子，我们就履行赡养义务。"次子表示："只要哥哥履行，我没得问题。"此案最终调解由两个儿子分别每月给父母 50 元生活费。村支书说，在调解实践中，附加条件养老的案件不少，不尽赡养义务的子女还强词夺理，很多赡养纠纷虽经调解，但自觉履行极少，绝大多数需要年复一年地调解。虽然现在老人的基本生活有了保障，但老人与儿子的关系却越来越紧张，亲人也由此变成了陌路，老人内心的伤痛是永远抹不去了。

我们也听到了一些孝子的故事。赵云华是家里唯一的女儿，他丈夫是上门女婿，为解决家庭的生活来源，小两口接种了两家 25 亩农田。最忙时早上不到 4 点钟就起床，直到晚上 12 点钟才回家，一天只能休息几个小时。父母身体不好，每天赵云华都是细致入微的照顾，她总把老人春夏秋冬四季的换洗衣服、鞋袜、被褥都收拾得妥妥当当。遇上老人小病小痛，宁可自己受饿，也一定给老人端上好吃的鸡蛋面条。前年父亲生病时，怀孕的赵云华硬是用板车把老人拖到医院。

赵云华就这样每天连轴转，白天下地干活、晚上照顾老人，好吃的都给老人和孩子，自己和丈夫就着些咸菜吃白饭，生怕多吃了。在父亲中风时，她日夜守护在床前，不嫌脏、不嫌累，尽心尽力照顾好父亲吃、喝、拉、撒，给父亲擦洗、翻身、按摩，把父亲打理得干干净净，服侍得舒舒服服。每次提到赵云华，村里的老人都赞不绝口，说赵大爷能有这样一位孝顺的女儿，真是好福气啊！

随着时代的变迁，经济的发展，农村养老又出现了一些新情况。由于农村城镇化建设和乡镇企业的发展，人均耕地不断减少，许多年轻人都纷纷外出做工，"父母在不远游"的观念被打破，家庭人口外流或外迁现象越来越普遍。子女迫于竞争、生活压力，与老人见面、情感交流的时间减少，农村老人得不到子女的精神慰藉，缺乏家庭的天伦之乐。加之在城市化影响下，农村独生子女家庭出现"代际倾斜"现象，一些青年夫妇较重视子女的教育和成长问题，有限的时间、精力和财力都向子女倾斜，产生了"重幼轻老"现象，这对老年父母的心理健康和实际生活质量都产生了负面影响。目前，塘坊村有很多"空巢家庭"和"隔代家庭"，农村老年人不但得不到子女的经常照料，身体健康状况允许的老人还要担负照料家庭和小孩的责任。而一旦健康状况恶化或到了生活难以自理的年龄，老年人则可能陷入生活无人照料的困境。

农村有句老话：养儿防老。在农村，孩子和土地是农村老人唯一的保障。但我们调研时了解到，随着近年来人口流动等多种因素的影响，农村多数老人都处于自给自足的状况，传统的家庭养老模式正在逐步瓦解，“养儿防老”在某种程度上只能是老人们的一个美好愿望。我们随意走访了几户人家，发现家中大多是老人和儿童。老人们的生活基本都自给自足，许多人甚至一年都不去城里买东西，仅靠地里的庄稼维持着温饱。村支书告诉我们，许多年轻人举家外出，家中仅剩年迈的父母亲与几亩耕地。在城市拼搏几年后，他们中的一些人留在了城市，而另一些人则仅仅是过年的时候回次家，农历正月十六便又出门拼搏。另外，还有几个跳出“农门”、考上大学的农村孩子也不可能再回到贫穷的家乡。我们采访了一位赵奶奶，快 80 岁了还下地劳动，她说现在主要是自己养活自己，活到老干到老。提起孩子，老人的表情幸福而忧虑。她的儿子是村里考出去并在城里工作的为数不多的大学生之一，大学毕业后，在深圳的一家广告公司工作，工作比较忙，一年回不了几次家。儿子的事业刚刚起步，又面临着结婚、买房、成家等问题。考虑到儿子在外经济压力大，赵奶奶从来不让儿子给他们寄钱，虽然生活贫困，经济很紧张，但是老两口精打细算，生活还算过得去，但他们经常挂念儿子，希望儿子能常回家看看。事实上，新的一代所面临的生存压力是50 年前的数倍，另外对一些离乡打工的人群来说，能养活自己与孩子就已经很难，“养儿防老”的观念已经被现实慢慢地瓦解了。

（2）无子女的老人的养老情况。无子女的农村老人由于没有子女，再加上自己上了年纪，难以从其他渠道获取相当于有子女老人从子女处获得的养老资源，相对于有子女的老人来说，无子女的老人需要从公共渠道获得更多的养老资源。

塘坊村有 5 个孤寡老人，其中有一对老夫妇生活相当困难，这对老夫妇居住在一个低矮的窝棚里，十分昏暗，光线就是从房顶的缝隙中透出来的光，全村早已经通电，家家户户都有电灯，他们却由于没钱而点不起灯。老人的眼睛有病，看不清东西已经很多年了，却一直没有得到医治。而且老大爷的左脚不便，加上坐骨神经痛，行路艰难，蹲下去好一阵子才站得起来。这个家，只有 1 间低矮破旧的泥砖瓦房。旧房有百年历史，瓦顶到处是“天窗”。

这5个老人，村里都给申报了五保户，每月每人能领到160元来维持生计。

“老吾老以及人之老”、“鳏寡孤独皆有所养”一直被当成理想中“大同社会”的显著标志之一。孤寡老人这一特殊弱势群体的生活状况是衡量和反映社会公平、和谐、文明程度的重要尺度。在关注民生、构建和谐社会的今天，生活在社会最底层的孤寡老人更不应成为被遗忘的边缘群体。

这些老人虽然从政策上可以得到吃、穿、住、医、葬等五个方面的保险供养制，但我们发现，五保制度虽从一定程度上缓解了老人的物质生活贫困度，但未能体现人文关怀，他们几乎都是当地最贫困的人口。由于生活资源获取途径匮乏，老人们基本生活难以保障，生活照料严重缺失，精神无所依托，渴望外界的关心和慰藉。

老人是人口的重要组成部分，他们曾经为家庭与社会做出了应有的贡献，应该说，老人也是社会的宝贵财富。老有所养、老有所依、老有所乐，让老年人安度幸福的晚年是构建和谐社会的重要组成部分。因此，构建并强化农村孤寡老人生活保障体系尤为重要。

受经济条件所限，我们对老年人的保障体制与体系还有待于加强和健全，虽然这是一个系统而又漫长的过程，但可以通过其他方式进行弥补，比如建立老年人互助组。以村组建立老人互相服务组织，采取左邻右舍结对帮扶的办法，相互照应、看护，及时解决孤寡老人不能自理的事情。只要家庭、社会、政府都行动起来，提倡“老吾老以及人之老”，让老人过一个美好的晚年，就一定能够构建老龄和谐社会。

2. 老人的居住情况

根据我们调查，塘坊村的老人居住方式主要有独自居住、与子女同住、敬老院集体居住三种方式。

(1) 与子女同住。塘坊村里与子女同住的老人约占到全村老年人口的31.3%。根据我们调查，这些老人部分曾在机关、企业工作过，或者曾经是村里的干部，有一定的能力、社会关系和经济基础；部分有一技之长，比如种植农作物和养家畜积累了很多知识和经验，这些知识和经验对日后的生产十分有利，这些老人可以指导儿女的生产生活，让儿女受益匪浅。因此，这些老人在家中一直受到子女的尊重，而且他们能处理好和小辈之间的关系，子女成家后也乐意和父母一起生活。还有一部分老人因为有大病、重病、生活无法自理，所以在感情和物质上对子女的依赖性比较强，需要儿女照顾，他们希望和自己的子女生活在一起，儿女也认为共同居住更方便伺候老人。

这种传统的家庭养老模式体现了供养双方心理和精神上的慰藉和需求。由于家庭成员长期生活在一起，代际之间比较协调和融洽。年轻的供养年老的，年老的帮助年轻的做一点力所能及的家务劳动，这在供养双方心理上都能被接受。"瑶王"邓万寿就与他的父母居住在一起，老父亲是上一届的村支书，有文化、有思想，身体硬朗，和儿女相处甚好。邓万寿准备种植金银花的时候，老支书给了不少宝贵建议，很受儿子尊重。"瑶王"也非常孝顺，每年都给父母过生日，这也给孩子们做出了好榜样，一大家子的人生活在一起，其乐融融。

（2）独自居住。

独自居住的老人占到塘坊村老年人口的67.58%。村里大部分老人都有自己的房屋，住房问题能够得到保障。我们调查了村里的老人，未和子女共同居住的原因有以下几个：第一是生活习惯及观念的差异，担心在一起难以相处。两代人之间生活习惯不同，老人喜欢清静，喜欢早睡早起，子女喜欢热闹，事情多、应酬多。生活习惯的差异，使老人觉得独自居住更好，也更能减少与子女之间的摩擦，有利于家庭和睦。比如，村支书的父母就选择独自居住，他们每月有养老金，平时省吃俭用也有些积蓄，虽然儿子既有孝心又有经济实力，但老人还是坚持多用自己的积蓄为自己和老伴养老，不仅如此，老两口还独自居住，不给儿子添麻烦。老人觉得儿子工作太忙，生活习惯也有差异，分开生活对双方都有利。第二是有些老人不愿给子女带来负担。塘坊村是全乡最穷的村庄，唯一通往县城的公路也是近两年才修好，大部分家庭的经济生活水平都很低，2009年底人均纯收入不足528元，所以有些儿女连自己的生活都无法可靠保障。加之计划生育政策长期、广泛的执行，必将使家庭人口结构朝着"422"或是"421"的方向发展，即要求一对夫妇要赡养四个老人，抚育一或两个孩子，生活压力实在很大。采访中我们了解到，很多子女在孩子成长过程中投入了过多的精力而忽略了对老人的关注，在对照顾孩子与父母之间做出两难选择时，老人往往主动让子女去照顾孩子。一位村里的女干部告诉我们，这方面她有深切的体会，父母亲从未因他们的事情影响她的工作和生活，现在她也做了母亲，孩子也参加了工作，她也同样教育女儿一切以工作为重，以最大的限度支持女儿的工作，表面看来，她们都是把工作放在首位，但对于老人的感受、需求、心态却很少考虑，"子欲养而亲不在”常常是不少人留下的深深的遗憾。第三是父与子之间的矛盾，还有婆媳之间的矛盾比较突出。在紧张的家庭成员关系中，老人总是处于弱势，为了保全子女的小家，他们很多采取逃避的措施，与子女分开居住，避免日日相见，矛盾激化。第四是因为村里地广人稀，老人们都有老房子住，不像大都市那样一家人必须挤在几平方米的空间，而且家家户户离得不是很远，老人们认为分开住平时联系也很方便，没必要居住在一起。

在调查中我们发现，愿意独居的老人一般和子女的房屋临近，而且老人本身的身体状况良好，日常生活可以自理，不太需要子女的照顾。因而老人愿意选择自己住，认为这样生活更自在。

（3）在养老院集体供养。塘坊村没有养老院，但是在2010年，由于村里5个孤寡老人随着年龄的增长，身体逐渐衰落，个人生活越来越不方便，心里非常孤独，往往生病了都没有人知道。所以政府决定出资把这些老人安顿到塘坊小学里集体供养。这5个无子女的老人都是农村五保户，年龄在60～80岁，没有什么经济来源，生活上没有依靠，主要靠政府救济和低保生活。保障孤寡五保老人的生活，让他们安度晚年，首先要保障的就是“吃”和“住”的问题，县里的领导送来了半年的油米、床铺、被子，还有资金补贴。刚开始老人们还住得习惯，可时间长了，反倒觉得很不方便。一方面，住的房子夏热冬凉，尤其是冬天，寒风透过破木门呼呼往里灌，碎了玻璃的窗框摇摇欲坠。另一方面，政府也就给了半年的资金和食物补贴，而且也没有专人管理和照顾。通往小学的路也弯弯斜斜，很陡峭。老人们觉得还不如待在自己的老屋，体力好的时候还能在院里种点蔬菜。所以，没过多久老人们都搬出了学校，独自居住。只有一位老人还在这里生活，因为原来的老屋已经破旧不堪，随时可能有坍塌的危险，所以，最后塘坊村的老人集体供养也就不复存在了。

3. 塘坊村农民参加社会养老保险的情况

胡锦涛总书记在党的十七大报告中明确指出，要构建和谐社会，就是要着力解决“学有所教”、“劳有所得”、“病有所医”、“住有所居”、“老有所养”这五个问题。“学有所教”就是我们一直在开展的“双高普九”工作；“劳有所得”，就是要保障群众的合法收入和劳动多得，不断提高最低收入标准；“病有所医”就是实行城镇居民医疗保险和新型合作农村合作医疗保险；“住有所居”就是在城市开展保障性住房建设，在农村开展新农村建设等一系列措施；“老有所养”就是推行新型城乡居民社会养老保险工作。

具体来说，新型农村居民社会养老保险是国家的又一项民生工程、德政工程，是党中央、国务院实施的又一项重大爱民政策。新型农村居民社会养老保险和城镇居民社会养老保险统称为城乡居民社会养老保险，是社会保障体系的一个重要组成部分，是一项普惠型、福利型的社会保障事业，是保障城乡老年居民基本生活的一种社会保障制度。它依据本人缴费多少和年限长短，有高有低、多缴多得、长缴多得，与老农保仅靠农民自我储蓄积累有本质区别。城乡居民社会养老保险是由政府来推动的社会保险，由政府财政来“兜底”，确保养老金按时足额发放。也就是说，按照城乡居民社会养老保险相关政策规定，城乡居民交了多少保险金，就可以依照规定领取相应数额的养老金。

因此，参加新型农村居民社会养老保险，就是晴带雨伞、饱带饥粮，就是有时想到无时，现在为了将来，就是解决“老有所养”、破解“养儿防老”、“土地养老”的困惑，让农民在“种地不交税、上学不交费、看病不太贵”的基础上，又实现“养老不犯愁”，消除广大农民“老有所依、老有所养、老有所靠”的后顾之忧。

在宜章县项目建设风生水起、经济发展又好又快的强劲势头下，县委、县政府又努力争取到了全国新型农村社会养老保险和城镇居民养老保险试点县，这标志着宜章县社会保障制度进入了城乡全覆盖的新阶段，福荫城乡，惠泽百姓。

塘坊村的养老保险事业起步得比较晚，在2011年实行新农保之前，村里没有涉及过养老保险。在2012年，村里参加新农保的有439人，占全村的比例为40.98%。这些中的大多数人虽然都知道新农保，但是对其中的细则、标准和补贴政策都不甚了解。我们调查了一位姓赵的大学生，他毕业于湖南大众传媒学院，文化素质算是村里很高的，而且思想也开放，为人精干、朴实。他在村里建了个养猪厂，科学的“生态圈”理念让我们赞叹不已。但是说起新农保，他却稀里糊涂的，他之所以参保一是因为村支书经常找村民开会，县里下放了参保任务，二是他看周围的邻居也都参了保。而对于农民参加新型农村居民社会养老保险到底有什么益处和意义，他自已也不清楚。因此，就连这样思想开放、积极了解外界信息的大学生都不了解新农保，其他村民不知道、不参保也就不难理解了。

在塘坊村的相关资料中，我们发现，村民参加新农保缴费设了100元、200元、300元、400元、500元、600元、700元、800元、900元、1000元10个档次。参保人自主选择缴费档次，一年一定，按年缴费，灵活度还是比较高的。不过大多数村民基本都是处于最低档的接受水平。政府对参保人缴费（不含补缴）给予补贴，按最低档次100元缴费的，政府每人每年补贴30元；每提高一个缴费档次，政府增加5元补贴，最高补贴75元。对五保户、重度残疾人（即视力一级，肢体一、二级，精神和智力一、二级）县政府按最低缴费档次为其代缴。新农保的参保程序为：第一，参保人持户口簿和二代居民身份证原件及复印件经所在村委会、乡镇人民政府、户籍管理单位审核其户籍、年龄等相关资料后，以家庭为单位填写参保登记表册；第二，选择缴费档次；第三，到指定的银行缴纳养老保险费、领取社会保障卡，同时打印缴费及补贴记录。村民可委托城乡居民社会养老保险协管员缴费。协管员必须开具正式收据，并及时存入指定银行。外出务工人员如果在企业工作已经缴费，回当地未就业的，原在企业缴费可转入城乡居民社会养老保险并记入个人账户，继续缴费。

我们又对农民入保的待遇享受做了资料调查，文件里也讲述得非常清楚：2011年7月1日前年满60周岁的农民不用再缴费，从2011年7月份起可按月领取55元的基础养老金，12月底前发放到位，但其符合参保条件的家庭成员都应参保缴费。如果参保人员死亡，个人账户的资金余额，按政府补贴外的，可以依法继承；享受养老金待遇期间死亡的，从死亡次月停发养老待遇，并将其个人账户资金余额一次性退还给其指定受益人或法定继承人。政府补贴不予退还，纳入基金专户。会计赵仁保告诉我们，现在新型农村社会养老金实行社会化发放，参保人到指定的银行凭社会保障卡（或养老金银行存折）直接领取养老金，而且按照国家统一部署，省人民政府已经开始根据经济发展和物价变动等情况着手提高基础养老金标准。对于新农保的社会化影响，村会计是非常肯定的，同时，他也表示由于塘坊村人口素质低下、思想保守，要真正把养老保险的工作深入到村民心里，确实是一件难事。对于这些清晰明了的文件规定，村干部已经向村民传达了很多次，可是大部分人的文化水平都是小学以下，根本听不懂，也记不住，而且对保险基本没有什么认识。说到这，会计拿出笔为我们写出了新农保的待遇计算公式：月养老金 = 基础养老金（55元） + 个人账户养老金（个人账户储存额/139），他告诉我们，像这样的简单式子没几个人会算，也都不明白，所以，没有保险理念和文化素质低是村民不了解社会保险的一个重要原因。另外，有些老人认为，口粮自己种，如果不生病的话一年用不掉几十元，但如果是办理社会养老保险、医疗保险等社会养老形式，一次就要交纳几百元，这对于一个家庭来说是不划算的。

像其他村寨一样，塘坊村的家庭养老保障功能也正在弱化。随着农村经济体制改革和计划生育工作的深入进行以及大量青壮年的外出打工，过去三代同堂的大家庭逐渐被父母和子女居住的小型核心家庭所取代，家庭结构不断简化，家庭规模渐趋缩小，再加上塘坊村环境养人，长寿和高寿的老人比较多，这就使得村民的养老压力很大。为了缓解这个压力，使村民老了以后生活更有保障，大力推行新型农村居民社会养老保险无疑是解决该村养老问题的最佳途径。它将极大地提高农村老年人的经济自立能力，从而提高他们的生活质量、增强他们对生活的自信心；其次，它减轻了子女的经济负担，在相当程度上避免了因经济利益引发的家庭矛盾，从而有利于形成敬老爱幼的风气与更为和谐的家庭关系；最后，它将有效化解一些农村集体组织无钱办事的困境，使它们能够集中有限财力更好地为老年人提供服务，从而形成文明的乡村风气与和睦的邻里、干群关系，有利于扎实推进社会主义新农村建设。为此，塘坊村可以从以下几个方面着手，搞好农民的养老保险：

一是由于在塘坊村，新型农村居民社会养老保险受经济发展水平的限制，还是低水平起步、低基数保障。因此，相关筹资标准、待遇标准、政府补贴标准等要与塘坊村经济发展水平、村民和财政的承受能力相适应。

二是要扩大覆盖面，依靠普惠性的基础养老金，落实缴费补贴等优惠政策，尽可能吸纳农民参保，同时，还要坚持“自觉自愿”原则，深入细致地做好群众的思想工作，让村民自觉缴费，自愿参保。

三是应该不断推进新农保体制和机制创新，确保财政有能力支付，广大村民能够承受，基金不断保值增值。

四是要加强宣传，乡政府可以采取工作前系统集中培训与工作开展过程中专题培训相结合的方式，重点抓好工作人员的培训，为工作取得实效提供高素质业务人员保障。同时，应该指定出科学合理、简单明了的办理流程，让群众一看就懂、一听就明。宣传部门要采取灵活多样、老百姓喜闻乐见的方式，开展宣传工作，营造浓厚的氛围，把参加城乡居民社会养老保险的好处、实惠、利益宣传到户到人、到底到边，让村民好理解、能接受。一是利用媒介宣传。充分利用广播、电视、手机短信、宣传标语、宣传手册、开辟专栏等形式，把新农保的好处、实惠宣传到户、到人。二是进村入户宣传。塘坊村各小组组长可以带领各干部深入村组，与村业务经办人员逐家逐户开展广泛深入的政策解释等各方面的宣传引导工作，让广大群众全面了解参加新农保对自身生活保障的重要性，达到家喻户晓，人人皆知的效果。同时，因为塘坊村人员普遍文化素质比较低，宣传人员应该站在群众的立场上，帮助村民算好账，引导群众参保，使村民明白自愿缴纳保险费不仅保证了个人年老时生活有保障，而且每年所缴的保费是安全有效的，并还可得到明显高于银行同期存款利率的增值。

五是加强养老基金管理，新型农村居民社会养老保险基金是农民群众安度晚年的"养命钱"，是农民养老保险的"生命线"，管理非常重要，要严格执行"事前公开、过程公开、结果公开"制度，在省里统一确定的金融机构分别设立城乡居民养老保险基金收入户、支出户和财政专户，实行收支两条线管理，确保安全，参加对象持《城乡居民社会保障卡》直接到银行缴费，还可查询，坚持全程"阳光操作"，把整个基金的运作置于广大农民群众的监督之下，切实维护农民的参与权、知情权和监督权，杜绝冒领养老基金现象的发生，以高度的责任感和严格规范的管理手段，切实管好用好新型城乡居民社会养老保险基金。

（三）医疗

莽山瑶族长期生活在林木叠翠、潮湿多雾的崇山峻岭之中。这里气候温和，雨量充沛，优越的自然条件，使这里的森林植被种类繁多，是人类的天然氧吧。

独特的地理环境和长期封闭的交通，让瑶族人在适应和改造大自然的过程中积累了丰富的防病、治病实践经验。

集体经济时期，塘坊村的村民看病主要通过农村合作医疗来实现。1969年2月16日，宜章瑶族迎春公社在县内首创合作医疗制度。其经费来源：每年由社员自筹部分，生产队公益金内开支部分。是年，该大队社保人员人均医药费1.2元，其中社员自筹0.9元，生产队公益金支出0.3元。受治对象为医疗站辖区内的社员。社员到合作医疗站看病只交挂号费、免交医药费。重病转院者，急性病100元医药费以内，由合作医疗经费报销，超过部分报50%。该大队有310户、1358人参加合作医疗，试行一年效果良好。4月，迎春公社有13个大队办起了合作医疗。9月，该公社又办起了公社合作医疗站。对迎春公社合作医疗事业的发展，省、地、县革命委员会十分重视，组织500余人到该公社取经。至1970年底，全县有25个公社、332个大队办起合作医疗站，“赤脚医生”发展到815人。这种互助合作的医疗制度，基本满足了地处偏远、交通不便的塘坊村村民在患病方面的需求，让农民看上病、看得起病，很受农民拥护。

1972年，县卫生局为扶持经济困难的塘坊村、道洞村等村寨办好合作医疗，拨4.4万元补助给有关合作医疗站，另拨7500元培训赤脚医生。在莽山瑶族乡，一些医疗实践经验丰富的老中医在村民中各受赞叹。他们大多是村民来家里请，赤脚医生就亲自去农家诊断。这些医生利用当地丰富的中草药资源给农民看病，虽然医疗条件简陋，但有些医生医术很高，开的药疗效好、费用低。塘坊村就有一名赤脚医生在村里很受欢迎，虽然他不是本村人，但一直在这里生活，是村民心里的“活菩萨”。他从医已有四十多年，小时候家庭条件艰苦，并没有上过几年学。虽然没有接受过高等教育，但是他却有着一颗为民的心。那时医疗条件相当差，尤其是在农村。他看到村民生病往往只能听天由命，不禁萌发了从医的理想。二十岁还不到的他就跟从老医生背起了药箱，走遍村里每一个角落，走进家家户户。一年后，二十岁的他便开始了独立行医的人生。后来，塘坊村在1969年成立了医疗站，他就开始坐诊，一直到现在。他虽然已经在乡村医生的位置上坐正，但是他从来没有忘记学习，不断进步。只有几年上学经历的他深知知识力量的重要性，有许多医疗知识和药名都因为自己读书少而不能认识和理解，所以他通过自身的不断学习，分别取得了小学和初中的文凭。在医疗知识学习上，他在70年代就不断去学习实用技巧，不久就取得了从医资格，后来取得了乡村全科医生证书。好学的他后来还学习了针灸和拔牙等技术，真正成为一名多面的全科医生。不仅如此，几十年如一日的工作精神是多么不易，村民要是半夜三更发病了，那该怎么办。还好，有医生在。医生往往会在半夜被人喊起，但是他从无怨言。他说，救人就是他的职责，能够得到大家的认可是他的光荣。有时，风大雨急，却不能阻止他的脚步；有时，才刚躺下，急促的敲门声也不能阻止他的脚步。他为村民贡献了许多，却将前来答谢的村民拒之门外。他别无所求，只为他救死扶伤的高尚理念。

1981 年，农村实行联产承包责任制，合作医疗的医疗经费开支也随之改为“谁看病谁出钱”的制度。1982 年 7 月，县卫生局给瑶族聚居区莽山公社塘坊、道洞大队“赤脚医生”每月补助 15 元。是年，“赤脚医生”改称为“乡村医生”。这时候，在集体经济基础上建立起来的合作医疗制度已名存实亡。由于农村合作医疗制度的大幅度滑坡，新的医疗保障体系又没有建立，塘坊村村民失去了原有的医疗保障，村民医疗又退回到了完全依赖家庭保障。这一时期，由于农民看病的一切医疗费用都需要由农民个人负担，“因病致贫”、“因病返贫”成为塘坊村贫困户产生的原因之一。农民看不起病，不敢看病，小病扛、大病挨，等大病发展成了重病，无法控制了才看，家庭风险大大增加。一段在山乡流传的顺口溜“大病拖、小病挨，倒了床才往医院里抬”生动形象地反映了当时塘坊瑶族农民对抗疾病的痛苦和无奈。

1991 年，宜章县开始实行农村合作医疗试点。年内，合作医疗基金会相继在 18 个村建立，每人每年集资 6 元，村民就地诊病报销药费 20%，需转院治疗的报销就诊费的 20% ~ 50%。至 2000 年，因受经济条件诸多因素影响，农村合作医疗徒具形式，全县每个村虽有医疗点，但 95% 以上的村民医疗费全部由自己负担（下图是县里 1989—1999 年公费医疗经费支出统计表）于是，医疗改革便在全国如火如荼地开展起来。

表 7-1　**宜章县 1989—1999 年公费医疗经费支出统计表**

年份	享受人数	全年总支出（万元）	人均年支出（元）	备注
1989	6223	73. 1	117	
1990	6477	95. 8	148	1. 1994 年后的决算经费中包括单位交纳部分 2. 1999 年 11 月后的经费决算中包括单位、个人交纳部分 3. 2000 年未统计
1991	6905	98. 3	142	
1992	7235	109	150. 6	
1993	7506	174. 32	232. 23	
1994	7670	147. 26	192	
1995	8099	209. 55	258. 7	
1996	8403	243. 6	289. 8	
1997	9075	266. 73	293. 9	
1998	10072	263. 72	251. 59	
1999	10393	289. 16	278. 2	

伴随着全国各地新型农村合作医疗发展的脚步，2007 年宜章县也开始实施新农合制度。自启动以来，基本建立了一套行之有效的管理方法和运行机制，特别是定点医疗机构监管、协议筹资、门诊统筹等多项工作在省市推介经验。五年来，相关部门和乡镇、村密切配合，多措并举，积极引导农民参合，实现了参合率逐年上升的目标。2011 年全县参合人数为 466920 人，参合率达到 99.9%，分别比 2007 年、2008 年、2009 年、2010 年提高 16.7 个、11.7 个、7.8 个、0.9 个百分点。同时，各级财政对新农合的补助逐年增加，从 2007 年的 40 元/人增加到 2011 年的 200 元/人，农民个人缴费由 10 元/人提高到 30 元/人。随着筹资标准的提高和政策的不断完善，新农合制度保障能力明显增强。

另外，县里先后 6 次提高新农合补助标准，全年累计补偿封顶线由 2007 年的 1 万元提高到目前的 8 万元，参合农民住院实际补偿率从 2007 年的 30.5% 提高到 2010 年的 48.1%。今年 4 月份，政府进一步降低了起付线，补助比例提高了 5～10 个百分点，并扩大了报销范围。截至 7 月，全县共有 81407 人次领取新农合补助，共支付补助金 4661.95 万元，其中住院基金补助 4312.67 万元，人均住院补偿 4661.95 万元，比上年同期提高 207 元；实际住院补偿率 55.9%，统筹地区新农合政策范围内住院费用平均补偿率为 67.3%，参合农民得到的实惠逐年增多。

塘坊村实行新农合虽然起步晚，但村民接受效果好、参合率高。在各村干部的积极努力之下，越来越多的农民从刚开始的反对态度、观望态度，转为了主动参与。因为更多的村民生病住院费用被报销，他们在新农合中得到了实实在在的好处，这一新型的合作医疗制度也逐渐得到了农民的信任，“参合”的人数也随之逐年增加。支书告诉我们，新农合能够得到这么多的支持，不光是因为农民能得到甜头，还有一个原因就是，县里对新农合的管理机制日趋完善，服务能力、安全系数不断提高，老百姓参合不仅放心，而且方便。比如，县里已建立了政府组织领导、卫生部主管、相关部门配合的组织运行机制；实行了协议筹资和现金收缴相结合的筹资机制，住院统筹与门诊统筹相结合的报销补偿机制，定期检查和不定期稽查相结合、教育督促与行政处罚相结合等定点医疗监管机制；以基金收支两条线、专款专用、封闭运行为主要内容，财政、审计、社会监督相结合的基金监管机制；并且实行电脑网络信息化管理，所有新农合门诊、住院补偿均通过网上实时审批，参合农民就诊后可当场领取补助。

在塘坊村的相关资料中，我们发现参合患者住院医疗费用按不同级别住院的起付线和补助比例进行补助，其比例为：乡镇卫生院（除中心卫生院外的乡镇一级卫生院）起付线100元，补助比例85%；中心卫生院（黄沙中心卫生院、里田中心卫生院、瑶岗仙中心卫生院、城关中心卫生院、城南中心卫生院、杨梅山中心卫生院）起付线150元，补助比例85%；乡镇二级定点医疗机构起付线200元，补助比例80%；国泰医院起付线350元，补助比例70%；县人民医院起付线400元，补助比例70%；市内县外二级定点医院起付线600元，补助比例60%；郴州市第一人民医院起付线700元，补助比例55%；省级定点医院起付线800元，补助比例55%。在非定点医院住院起付线为1000元，补助比例45%。参合农民在县内定点医疗机构门诊就医发生的补助范围内医药费按70%的比例给予补助（不扣起付线）。补助金额实行封顶，参合农民以户为单位，年度内获得的普通门诊补助金总额不得超过20元×本户参合人数。参合农民凭《合作医疗证》原件、身份证原件、医药费发票、复写处方到所在就诊医疗机构申请补助，由接诊定点医疗机构按补助标准当即直接补助。

在塘坊，我们对农民享受新农村合作医疗制度的情况进行了调查。村里一位姓赵的建筑工人就是新农合的受益者。2009年起他就患了慢性肾功能衰竭，一直在郴州市人民医院透析治疗，每年都要花费五六万元。开展合作医疗前，他全部都是自费，几乎借遍了所有亲戚朋友，仍无力支付昂贵的医药费用，一度准备放弃治疗。幸好实行新农合制度，他每年能报销一部分费用，勉强能够支撑下来，但日子过得很艰难。2009年县里实行肾功能衰竭等特殊疾病门诊治疗按照住院报销，于是老赵就选择当地卫生院门诊进行腹膜透析，每季度医药费都汇总报销一次。由于实行了医改，乡镇卫生院用的都是基本药物，全部零差率销售，加上又是按住院标准报销，每次都基本报了百分之七八十。药费少了，报销多了，他现在每年个人只要自付几千元就行了。手头渐渐松了些，紧锁的眉头也渐渐舒展开了，他的病情似乎控制得更好了。现在他又点燃了希望之火，重新扬起了生命的风帆，正筹划着开一家小卖部维持生计，还要当合作医疗义务宣传员呢。

总之，塘坊村的合作医疗随着宜章县新农合的发展得到了加强。新型农村合作医疗制度在塘坊村成熟和完善的过程中，参合农民受惠的面和受惠的程度都得到了不断加强，他们参合的积极性大大提高。在2012年，塘坊村农民参加新型农村合作医疗的有1065人，占到全村人口的99.5%。因此，新农合受到了塘坊村农民群众的普遍认可，当然仍存在一些薄弱环节，主要体现在部分表册、票据填写不规范，导致部分参合信息不完整，给参合农民报账带来不便；有时存在漏报免费参合人员的情况，导致应免费参合的对象未参合，无法享受合作医疗待遇；少数定点医疗机构仍存在乱用药、乱检查、乱收费等现象。另外，村干部还反映，由于2012年新农合农民个人缴费标准是近期才确定的，今年4月份对协议参合对象进行代收缴参合资金时，是按照原来每人每年30元的缴费标准执行的。所以对协议参合对象需补代缴20元/人；对“补代缴”不成功的农户，按每人每年50元全额收取现金。收费标准的改变引发了部分村民的不满和忧虑，他们担心缴费标准每年会越来越高，到时候就付不起了。根据这个情况，村里表示要及时召开动员会，通过各种形式大力宣传发动和发放宣传单，积极消除群众的疑虑。

面对这些问题，可以从以下几个方面加强监管，规范运行，不断完善新农合制度。第一，加强定点医疗机构的监管。定点医疗机构要切实加强内部管理，根据疾病临床路径，建立健全疾病检查、治疗、用药、收费等方面的规范制度和自律机制。卫生部门要结合新医改和国家基本药物制度的实施，重点做好新农合基本药品目录、限制补偿诊疗项目、目录外自费药品、入院报告登记、随机查房等制度的落实。要完善费用控制目标管理考核机制。要加大定点医疗机构的稽查力度。第二，严格做好新农合基金的监管。确保基金安全和有效使用是建立新农合制度的关键。财政、卫生等有关部门要建立健全财务制度，强化资金存储、基金拨付管理。要加强对基金的监管，做到专户储存、专款专用、规范运行。要落实三级公示的监督机制。严格落实责任追究制度，对挪用、滥用、贪污等行为，要依法查处。审计部门要加强对基金的管理和使用情况进行审计监察，确保基金的有效使用。第三，不断促进新农合制度的完善。一方面，要不断完善补助政策，努力满足农民群众的医疗保障需求。加强新农合制度与农村医疗救助制度的有效衔接，不断完善五保户免费住院政策，扩大重大疾病救治范围。另一方面，要加强塘坊村与各个村庄、乡和县级卫生局的沟通、协调，与县重点医疗机构签订协议，希望乡政府做好医院信息管理系统，新农合信息管理系统，与县、市级信息平台对接，不断扩大市定点医疗机构实行即时结报的范围，方便农民群众报账，扩大普通门诊村级定点范围，方便参合农民门诊看病。第四，要开展大范围宣传。实践证明，要想万家灯火，必进千家万户。新型农村合作医疗惠民利民，但要激发老百姓参保的积极性，就必须大范围开展行之有效的宣传。一是应讲透政策入脑入心。可以采用发放宣传资料、政策问答卷，实行电视、报刊、巡回等方式立体全面宣传，把政策讲明讲透讲到老百姓的心坎上。二是培训骨干可进村入户。可以以乡镇劳动保障员为业务骨干主体，以传帮带的形式培训村组协管员，打造一支会讲、能做的城乡居民保险队伍，同时聘请义务宣传员上门服务，让新农合政策家喻户晓、妇孺皆知。三是引导群众应保尽保。可以通过全方位、多渠道宣传发动，切实解决特殊困难缴费群体的实际问题，让村民真正感受到政策恩惠，切实享受到政策实惠，提高参保积极性。

新型农村合作医疗制度，是新形势下解决“三农”问题、提高农民健康水平的一项重大决策，是执政为民的具体体现，是保障群众健康的现实要求，是统筹城乡发展的迫切需要。农村是最大的区域，农民是最大的群体，实践以人为本、执政为民，就是要为农民办实事、办好事，为群众谋利益、谋实惠。当前，塘坊村看病难、看病贵的问题仍然存在，因病致贫、因病返贫现象仍然突出。因此，进一步完善新农合制度，在制度的设计、运行、监管上不断优化，提高新农合制度的运行效益，让广大农民从经济上真正得到实惠，这是逐步缩小城乡差距、促进社会和谐的重要一步。

（四）社会救助

社会救助是我国社会保障的核心内容之一。它包括城乡居民最低生活保障、灾害救助、医疗救助、农村特困户救助、五保供养、失业救助、教育救助、法律援助等内容。当前我国社会救助事务日渐紧迫和突出，社会救助制度亟待规范和完善。实践证明，全面建设小康社会，必须城乡一体，全面建设具有中国特色的社会救助体系。

宜章县以民本财政为导向，不断增加财政投入，积极给贫困群众打造“贫困有所济、孤老有所养、灾祸有所救、疾病有所医、居住有其屋”五把“保护伞”，为贫困群众遮风挡雨。该县突出完善城乡低保和五保供养各项制度，积极帮助贫困群众解决基本生活问题。该县把城乡低保对象救助标准分别提高到了每月 175 元和 40 元，农村“五保”供养标准提高到每月 80 元。2009 年全县共为 15373 名城乡贫困群众发放低保金 857 万元。为增强“五保”老人的集中供养能力，县里投资 1570 万元建成了面积达 6700 平方米的县社会福利中心和 9 个乡镇敬老院，并将在三年内陆续建成 18 个乡镇敬老院。目前，该县供养“五保”老人有 3672 人，其中集中供养 471 人，城乡“五保”供养体系基本建成。

塘坊村的社会救助起步相对比较早，主要包括农村最低生活保障、五保户供养和大病救助。经过多年的探索，塘坊村已经积累了很多经验。2010 年宜章县出台了《宜章县最低生活保障制度汇编》，规范了社会救助申请、审核、审批、动态管理和分类施保的工作制度。规范操作程序，坚持“三审二评三榜”。即村居委会初审，评议、一榜公布；乡镇民政办再审，评议、二榜公布；县民政局审批，三榜公布；再次，严把审核质量关，申请、审核、审批程序规范，工作全过程坚持阳光操作，自觉接受社会各界人士的监督，使低保工作做到公开、公平、公正。另外，低保实行动态管理，每季度复核一次，每年年审一次，应保尽保，该退必退。具体说来，村民申请五保、低保的程序是相同的：（1）农户自己先写申请，由村支书、会计等相关干部进行调查，调查属实后签字；（2）村里开评议会议，审核申请人员家庭情况是否符合条件，并需要党员、组长、村干部、人大代表、乡代表等平时威望比较高、比较公正的村民代表 20 人以上在评议资料上签字，以表示同意某家庭纳入低保；（3）村里将这些村民的申请资料和评议资料上报到乡里的民政办，由民政员到村里再次对该申请人家庭状况进行实地调查，是否上报的资料符合县里发放的五保、低保的申报标准；（4）如果核定符合条件，户主需要照相；（5）到乡里领两张表，分别是《低保审批表》和《入户调查表》，户主填写家庭基本情况并签字、盖章；（6）资料从村里送到乡民政办，一般间隔一个星期，目的是在村里将户主情况进行公示，看是否有人举报，然后再在乡民政办公示一个星期再送到县里，等待审批；（7）户主自行办理账号。

20 世纪 70 年代，集体经济时期，宜章县主要的保障对象是“五保户”、“灾户”。通过定期、不定期地给“五保户”、“灾户”发放包谷等粮、棉袄等衣物来对他们实行救济，保障主要通过实物来实现。由于当时的经济发展水平比较低，资金有限，基本不采用现金救助。当时，塘坊村享受社会救助的人数比较少、保障范围窄。加之集体经济时期物质比较贫乏，所发的实物也以满足农民最基本的生存、生活需要为限。农村联查承包责任制实行后，原有的以生产队为单位的低保形式逐渐被政府所取代。通过县里对农村救济制度进行改革，社会救助实行了有偿扶持办法，从根本上改变了“春发粮、冬发棉，春节之前发油盐，花开花落一年年，仍然未过贫困线”的被动局面。

通过多年的发展，莽山瑶族乡的社会救助事业也有了长足的进步，从2011年7月份开始，莽山乡的低保、五保户共完成了87%。伴随着莽山农村社会救助事业的发展，塘坊村的农民最低生活保障工作也取得了很大进展。塘坊村地势高，海拔都在600米以上，交通的不便使得塘坊村非常闭塞，而且塘坊村是过山瑶的聚居地，相对于山下村庄的八排瑶要困难许多。因此，政府对塘坊村的村民都比较照顾。现在，塘坊村农民享受社会救助的范围有了较大扩展，而且其标准也随着物价水平的增长有了很大的提高，不仅有实物，还有资金援助。目前，塘坊村的低保总共分两个等级：一级困难户，每人每月可享受150元的生活补助；二级困难户，每人每月可享受95元的生活补助。主要针对常住农业户口、上年度家庭年人均纯收入低于全县当年农村居民最低生活保障标准的，重点救助对象是因病、残、年老体弱、丧失劳动能力以及生存条件恶劣等原因造成生活常年困难的农村居民。而五保户的主要对象为无法定赡养、扶养、抚养义务人，或者其法定赡养、扶养、抚养义务人无赡养、扶养、抚养能力，无劳动能力和无生活来源的农村老年、残疾人和未成年人。五保户的供养标准是160每人每月，目前，塘坊村共有6个五保户，其中5个是孤寡老人，1个是孤儿。这些五保户可以凭借湖南省民政局发放的五保供养证，住院费免交，同时也免费享受新农合和新农保。

在塘坊村，我们坐着村民的摩托在乡间小路上辗转了5公里，走访了一对老夫妇的家庭。这对老夫妇无儿无女，居住在一个低矮的窝棚里，十分昏暗，光线就是从房顶的缝隙中透出来的光，全村早已经通电，家家户户都有电灯，他们却由于没钱而点不起灯。老人的眼睛有病，看不清东西已经很多年了，却一直没有得到医治。而且老大爷的左脚不便，加上坐骨神经痛，行路艰难，蹲下去好一阵子才站得起来。这个家，只有1间低矮破旧的泥砖瓦房。旧房有百年历史，瓦顶到处是“天窗”。他们有6分田，全靠托耕，得点粮食，靠政府救济生活。按照村里五保户的补助标准，他们每人每月可以获得160元的生活补贴，可老大爷因为看病一年花费很大。虽然他们可以免费享受新农合的优惠政策，但由于新型合作医疗只报销住院的部分费用，老两口健康的主要问题仍然没法得到实质性的解决，一些了解他们实际情况的村民希望政府对像这类农民的救助力度更大些。

在塘坊村的调查中，我们发现村民普遍认为低保、五保政策体现了党和国家对农民的关心，是个好政策，而且村民对其申请程序也比较认可，基本体现了公平、公正的原则。但同时，我们也看到一些问题，比如在低保家庭中，食品是最主要的消费，农村低保家庭的生活仅限于温饱水平；医疗消费少，在走访的低保户中，他们每年几乎不吃药，有病也扛着；身上穿的衣服比较破旧，质量很次，有的连最起码防寒保暖都无法做到。低保、五保户的家庭耐用品比较少，其日常生活消费只能维持最低水平。另外，农户的家庭收入难以界定。由于农民收入日趋多元化，其中农产品自给部分、务工收入和转移性收入等具有很大隐蔽性，农民的家庭收入难以准确统计。各地核定农户家庭收入时，多为乡村干部粗略估算。由此引发了群众对低保对象识别准确度的质疑。部分农户认为低保对象识别存在行政行为，工作随意性大，科学性不强。许多未享受农村低保的低收入农户认为村干部为其核定的收入偏高，个别地方甚至因此出现干群关系、邻里关系紧张。

对于村里这些情况，村干部也有难言的苦衷。很多村民由于文化素质太低，对于社会救助的内涵都不能正确理解，以为申请了五保、低保就像是领国家工资，每次都会有很多人去民政办要求申请，但是由于名额有限，村里只能让那些真正符合申请资格，真正需要享受国家优惠的人成功申请。村干部反映，有很多残疾的村民，认为自己残疾就可以享受低保的待遇，自己明明有劳动能力，但是故意不去干活；还有的人，其实家里情况还可以，但是突然得了一场大病，经济情况比较困难。其实这几种情况都不符合申报的标准，村干部强调说，五保、低保主要是针对家庭生活持续性贫困，真正没有生产生活能力的人群。因此，这部分人认为自己也有残疾证，也有大病住院证，为什么别人可以申请，自己却不行。

最后导致村民心理不平衡，并因此产生一些矛盾，影响村民之间的团结和村民与村干部的关系。村干部认为，要解决这种情况，要继续加大对村民的义务宣传，让每个人都清楚想要过上好日子，就要自食其力。

农村社会救助是政府履行公共职能，促进社会和谐的重要举措，针对实施过程中存在的一些问题，建议采取有效措施予以解决。（1）进一步统一认识，形成落实农村五保、低保制度的合力。有关部门要以对人民群众高度负责的态度，认真做好申报对象的核查统计工作，努力做到应保尽保。同时，要及时掌握所辖区域内对象的变动情况。针对低保人不实的情况，要加强检察监督力度，保证农村五保、低保制度的良性运行。（2）制定合理的低保对象收入评定办法。核实家庭收入在农村要比在城市复杂得多，事实上根本无法做到“准确”二字。在实践中用村民都认可但又比较模糊的办法来核实家庭收入更具有可行性和可操作性。如采用“参与式贫富排序”方法，即依据农村居民对贫困的理解，将乡村中所有住户按贫富程度进行分类和排序，并进行公示，确定谁是乡村最贫困者。这种方法重视农村居民的民主参与，充分发挥乡村邻里知根知底的优势，采用相互评议方法确保低保对象，不仅具有可信度，而且操作程序简明快捷，其附载的乡村贫困标准，如健康不佳、教育投资不足、缺乏劳动力、缺少家庭经济来源等，具有很高的准确性。在实际操作中，有关部门可参照地方农民生活水平，在调查研究的基础上科学划定低保范围。（3）要大力宣传劳动光荣等社会主义荣辱观，以及敬老扶幼等中华民族传统美德。对无正当理由不参加劳动而造成家庭生活困难的五保、低保对象，要严格控制待遇标准，防止有限的低保经费用于养懒汉；对个别农村居民采用“人户分离”，单独由父母申请农村低保，把子女应承担的赡养义务推向政府的行为，要予以舆论谴责与制度约束。

八、塘坊村的风俗习惯和瑶族文化艺术

（一）瑶族文化艺术概况

瑶族在远古时代就有了民族起源的神话传说。先秦古籍《山海经》就记载了盘瓠神话的原始记录。除盘瓠神话外，反映瑶族远古社会生活的神话，还有《盘古开天地》、《伏羲子妹造人民》等。歌谣在瑶族文化艺术中占有十分重要的地位，源远流长，形式多样，内容丰富：有讲述天地万物起源的创世歌、表现劳动生活的狩猎歌和农事季节歌、爱情歌、祭祀用的乐神歌、赞颂反抗斗争的革命斗争歌等。其中的《盘王歌》歌词长达3000多行，歌名多至数十种，是瑶族人民的伟大艺术珍品。此外，还有如史诗般优美的传说、故事、寓言、谜语、谚语：有的述说历史上的悲惨遭遇，有的歌颂反抗压迫

的起义斗争，有的揭露封建剥削的残酷，有的歌颂爱情的坚贞，有的描述民族风物等。这些都展示了瑶族人民的思想、道德观念和社会生活，具有较高的艺术价值。瑶族音乐、舞蹈与其民间歌谣一样，起源于劳动与宗教。其舞蹈著名者如长鼓舞、铜鼓舞，系祭祀盘王、密洛陀的大型舞蹈。《盘王歌》有 24 种曲牌，唱腔相当复杂。民间流传的生产歌、酒歌，曲调平缓而喜悦；苦歌、哀歌曲调悲痛深沉；情歌欢快动人。现在，瑶族的长鼓舞、铜鼓舞已搬上了舞台，深受广大人民群众的欢迎。瑶族的工艺美术有印染、挑花、刺绣、织锦、竹编等，形式多样，内涵丰富，其中尤以挑花、刺绣出名。

瑶族在长期的历史发展中创造了具有鲜明民族特色的文化艺术，塘坊瑶民在历史进程中，用聪明和智慧，创造了灿烂的风俗习惯和民族文化，并且都有自己的特点。

（二）塘坊村风俗习惯

1. 生产习俗

瑶族生产缓慢，以希望和幻想代替现实。瑶民崇拜诸神：砍山“祭林神”，打猎“祭山神”，播种“祭谷神”，他们崇拜与自己生产紧密联系的自然物。后来道教深入瑶族，境内瑶族师公属茅山教宗派，道教诸神庞杂而无严密系统，加上佛教偶像，造成瑶族信仰的多神崇拜，将太上老君、三清三元、张天师、李先师等道教祖师与瑶族的图腾先祖及与生产紧密相关的风伯、雨师、雷公、电母、土地公公、土地婆婆、五谷仙娘等自然神相提并论，同坛共祭。

生产中塘坊村村民的禁忌很多。

正月十六忌鼠。老鼠是和人们的生产生活有密切联系的动物，它几乎无处不在：家有家鼠、田有田鼠、竹有竹鼠。老鼠偷吃五谷、啃咬家具、毁禾苗、啃竹根、传疾病，晚上还吵得人们睡不着觉。人们非常恨它，于是有“过街老鼠，人人喊打”的俗语成语；但是人们又害怕它，对它无可奈何，所以在与人们生活紧密联系的十二生肖中，它排在第一位，甚至排在为人服务的牛和凶猛的虎之前！为此，塘坊村民的前人便传下了“忌鼠”的习惯。正月十六的前几日大人便叮嘱小孩，十六这一天不准提“老鼠”、“耗子”之类的名字，不准在家中东翻西找，犯了老鼠的讳，否则老鼠们便为灾、作孽。

正月二十忌风。每年正月二十这一天，村民们用三根稻草打结做草标，放在屋角四周，然后再压上石头，任何人都不能动。据说这样风吹不动，这一年就不会有风灾发生。这表达了村民们想征服自然灾害的愿望。用稻草打结压石头很少有小孩子参加，大人们做起来都很神秘。恐怕小孩子吵闹，对防禁“风声”有所不利。

二月初一忌鸟，又称赶鸟，每年农历二月初一举行。忌鸟是为了纪念古代瑶族人民用歌声吸引鸟雀，保住刚播种的包谷种子免遭鸟雀啄食，取得丰收的历史，也是瑶族人告别春节阶段，进入繁忙的耕作时期的标志性日子。在这一天，村民们会将糍粑穿在竹尾上放到田里或土里，防止鸟吃谷子。

2. 生活习俗

(1) 服饰。

①瑶族服饰的历史描述。瑶族服饰文化具有独特的民族特点。如《隋书·地理志》所载，“瑶人承盘瓠之后，故服装多用斑布为饰。”早在汉代，其先民就有“好五色衣裳、衣斑布、色斑斓，对襟齐领，椎髻跣足”的习俗。《搜神记》和《文献通考》又载，“瑶人绩织不及，销以草实，好五色衣服，裁制皆有尾形”，“衣刺绣、亦古雅”，其服饰千姿百态，艳丽可人。据统计，瑶族服装的款式就多达 100 余种，头饰也不下 100 余种。一个民族具有如此之多的款式实属罕见。这与瑶族内部支系的不同和经济基础、生活环境、风俗习惯以及审美观念的不同有着密切的关系。

②挑花刺绣。在瑶山流传着一句趣话：“瑶家姑娘爱绣花，不会绣花找不到婆家。”话虽说得比较绝对，但足以说明瑶族妇女擅长刺绣艺术。的确，瑶家女性，从少女到白发婆婆，都会刺绣工艺。刺绣是瑶族妇女必学的手艺，是一项很重要的技能，也是一个妇女是否能干的重要依据。

少女时期，她们就跟长辈学习执针引线，一般刺绣衣襟花边、花带等常用品种，练习基本功。到了青春期，因为姑娘们进入恋爱阶段，她们必须精心刺绣荷包、香包、头巾等作为送给情人的定情物，以精良的艺术显示自己的才华，博得男青年的赞赏和爱慕。同时，她们还要准备嫁衣等作为出嫁时必不可少的嫁妆。嫁妆比任何刺绣品都要精细、美观，要出嫁时穿着，光彩照人。结婚之后及中年时期，妇女们就给丈夫绣衣边、烟袋等作为贤妻良母的标志。到了中老年，她们除了刺绣日常用品外，最重要的职责是把手艺传给下一代，培养接班人。因此，瑶家刺绣得以代代相传。刺绣艺术活细工粗，陶冶着瑶家女性勤劳、温柔、热情的性格。

但在塘坊村，这一瑶族妇女的绝活却几近失传。当我们向村支书提出要采访村中懂得刺绣的妇女时，支书就告诉我们目前村里的年轻女孩和中年妇女几乎不会刺绣，只有少数几位老人还留有这门手艺。造成这种情况的原因是多方面的。一方面，刺绣非常耗费时间，一件普通瑶家头巾的花纹需要绣二十天左右；另一方面，刺绣无法产生足够多的经济利益，花二十天时间所绣的一块头巾，据我们调查得知，市场价七百元左右，而一个月只能绣一块多，除去布匹、针线成本，盈利情况并不理想。因此，尽管老一辈非常希望将这门手艺传承下去，但是年轻姑娘要么上学、要么外出打工，没有时间和精力去学习和练习挑花刺绣。

为了更进一步对刺绣有所了解，我们采访了赵刘妹老人，老人是村里为数不多的还在坚持瑶族传统刺绣的人之一。据老人回忆自己大概是从 11 岁开始跟着母亲学刺绣，到 15 岁时就完全可以单独出工了。大概在 1940 年以前，无论年龄大小也无论男女，村民们在日常生活当中都是身穿民族服装的，但 1940 年以后，村民只在重大节日或者结婚时才会穿上瑶族的传统服饰，如在盘王节的时候，只有身穿瑶服的人才有资格会集在一起祭祀盘王、唱盘王歌和跳盘王舞等，不穿瑶服的瑶人则是不允许参加的。目前，虽然塘坊村的村民基本上日常生活都不穿瑶服了，但是 60 岁以上的老人却仍旧保留了在走亲访友以及参加重要酒宴时裹头巾的习俗。老人自己平时上山砍柴也会裹头巾，因为头巾可以充当帽子保护自己不被山上的毛草划伤。老人由于眼睛不好不能再做挑花刺绣，只好向还能做挑花刺绣头巾的老人买。据赵刘妹老人告知，瑶族头巾非常难绣，挑花刺绣所用的工具就是平常缝衣服或扣子的 6 号针，绣前没有描图，脑子怎么想就怎么绣，一旦图案绣错了就必须拆掉从头开始，每个人的熟练程度不同，绣一块头巾的耗时也有所不同。鉴于制作刺绣头巾是一件非常费时费力的事情，一般对方会提前打招呼告诉她什么时候需要头巾，然后自己就着手去买做头巾所需的布和红、黄、白色的丝线，3 种不同颜色丝线的价格是 10 元/捆，一捆有 12 根丝线。买来布料和彩色丝线后，必须赶在对方需要的日子前完工，绝不能耽误了对方的事情。

“现在刺绣的人越少越少喽!”老人无奈地叹息。她提到，现在的年轻人都不再愿意学习刺绣，但是到了传统的节日以及举行婚礼时又是必需着民族服装的，所以年轻一代就只能让老一辈给他们准备好。这一辈尚且有赵刘妹等几个坚持刺绣的老人可以为后代提供绣品，但下一辈呢？目前，塘坊村 40 岁以下的女性中已经没有人会刺绣了，这门手艺濒临失传，老人对此感到非常心痛。

的确，一块挑花头巾至少要卖三百元才能收回成本，而一套完整的传统服装转换为商品的话，其价钱在 1000 到 3000 左右。如果挑花刺绣不能在现代市场上寻找需求点和利润点，年轻的村民们只能选择务农、外出打工来改善自己的经济状况，传统手工艺失去了对年轻人的吸引力后必将逐渐失传。我们也想过将挑花刺绣做成莽山等旅游区的特色旅游纪念品，但其昂贵的价格却让很多游客望而却步。然而，如果将工艺简化压缩成本，挑花刺绣又必将失去它原有的工艺和精美质地。加之工业化时代，机器可以代替手工从事各种工作并且降低成本，只要价格合理、图案精美，人们当然愿意购买价格较低廉的机器制品，至于内在的文化底蕴，又有几人能懂呢？在市场化的现代社会，民族传统工艺陷入了两难的境地。如果始终缺乏社会关注，缺乏资金、人力等的保障，在不久的将来，以瑶族传统服饰为代表的少数民族优秀文化只能绝迹于大山深处。我们真的不敢想象，如果蕴含着丰富文化内涵的挑花刺绣失传，瑶族人民将用何种方式传承自己民族的文化与特质？这不仅是瑶族不能承受的失去，也是整个中华民族丢失不起的瑰宝！

因此，我们必须思考：瑶族刺绣的未来在哪里？调研组成员通过对当地景区的游客进行实地采访之后发现，游客来了莽山之后，虽然知道此处是瑶族少数民族的聚居区，但在景区的商店中很少看到有瑶族的刺绣出售。为什么当代人愿意花费成千上万元去购买流水线上生产出来的所谓的奢侈品，却不愿意购买实实在在的手工艺品，或者说瑶族的挑花刺绣可以与时代更为紧密结合从而创造商机？正如那句话所说，民族的就是世界的，我想，不仅仅是塘坊村的瑶家刺绣，所有其他的民族传统手工艺也一样，如果能够与时代相结合，找准切入点，应该是具有无限美好的前景的！

③塘坊瑶族服饰基本样式。在访谈过程中，为了让调研组成员更深入地了解塘坊村瑶族传统服装，赵刘妹老人热情地向我们展示了她做的一套民族服装。

这套瑶服就是当年她特意为儿媳结婚时缝制的。衣服的布料使用了纯黑色、纯红色、纯深蓝色、纯白色棉布以及绘有牡丹花和鸳鸯的红色背景的棉布，以黑色棉布为主，衣服分为四部分：上衣小褂、腰带、下衣裙摆和头巾。上衣小褂的领子一周绣有红、黄、白三色图案，领口镶有一枚银扣，前胸有一块狭长的梯形胸牌，绣有红、黄、白、草绿四色图案，图案周围由内向外依次是用纯白色棉布、纯深蓝色棉布和纯红色棉布缝制的镶边，胸牌周围是用绘有牡丹花和鸳鸯的红色背景棉布缝制的一条悬挂于脖颈的垂带，垂带长度超过腰部的部分被下衣裙摆覆盖于腰间，垂带上部靠近脖颈处有两枚银扣；腰带是用纯红色棉布制作而成；下衣裙摆腰部的横向一周都用纯深蓝色棉布缝制，约有30cm宽，腰部以下的正前方左右两侧各有两个竖向的长条形镶边，靠近腿部内侧的镶边用纯深蓝色棉布缝制，而靠近腿部外侧的镶边则用纯红色棉布缝制。我们注意到，这套传统女式瑶服上的3枚银纽扣是由3个印有“中华民国八年广东省造”字样的银元改造的。瑶族传统服饰上的纽扣都是银扣，有辟邪之意，这种类似钱币、上面印有花纹的银扣制作工艺已经失传，所以瑶民们只能从旧衣服上取到新衣服，或者瑶族姑娘出嫁时母亲把家传的银扣作为嫁妆传给下一代，或者用民国的银元来代替，而现今缝制瑶服只能使用0.5元的硬币来代替了。

④塘坊村着装现状。一些瑶族研究者认为，塘坊瑶族村是民族传统服饰与制作工艺保存得较为完整的地方，然而就是在这里，瑶族传统服饰如今也处于濒临失传的艰难境地。以前瑶族女孩七八岁的时候就会学习传统的挑花刺绣，然而现在随着生活节奏的加快，会挑花刺绣的也大多是六十岁以上的老人，年轻的姑娘媳妇要么上学，要么外出打工，会挑花刺绣功夫的人已经越来越少。在走访调查的过程中了解到，老一辈的村民，还保留着节假日时穿瑶族服饰的习惯，老一辈的村民会拿出自己的瑶族服装穿戴好去参加大型的歌舞晚会或是庆祝仪式。并且老一辈的瑶族服饰都是自己手工制作的，从布料编织到花纹勾勒，都不假手于人；但即使是穿着最光鲜完整的瑶服，也都是脚蹬皮鞋，因为传统的有挑花刺绣的布鞋早在20世纪七八十年代就消失了。随着时代和社会的不断发展，瑶族服饰的制作工艺及制作材料也发生了些许变化。布料舍去了家庭用的手工织布，改用机器织布，同时款式上也逐渐省去费时费力的老款式，改用有较多现代元素和时尚元素的新式服饰。而今，塘坊村青年在准备婚礼时，只能由父母安排瑶族服装必备的黑、蓝、红、白四色布，年轻一辈的村民们对于一套传统服装需要多少各色布料已经完全没了概念。村里的瑶族妇女告诉调研组成员，挑花刺绣所需的各种彩色丝线现在也越来越难以买到。

而年轻一代，则更多选择较时尚的现代装。在年轻一代中，不仅城镇的瑶族妇女穿高跟鞋着时装，就连塘坊村边远山区的瑶寨妇女也身着轻便的现代时装，并在色彩选择上偏向亮色，服装款式也更多样化。但在塘坊村，大多数的瑶族女子都有一套自己的瑶族传统服饰，不过平时并不穿戴，只有在需要盛装出席的节日或活动时才会穿。

（2）饮食

瑶族人民长期以来“火种粟黍活命，麻豆安生”。暇则捕猎山兽以续食。民国时期，仍以山芋、红薯等杂粮果腹度日，还得挖蕨根、摘艾叶等草根树叶度饥荒，谷米很少，贫苦瑶族米饭常年不入口。新中国成立后，瑶人分得田地，特别是居无定所的过山瑶开始定居下来，种植水稻，饮食结构发生变化，均以大米为主，杂粮为辅。瑶人以龙犬盘瓠为图腾崇拜，禁食狗肉。逢年过节普遍吃猪肉，好饮酒，除自酿红薯高粱酒外，还以“竹筒市酒而归”；喜喝浓茶，用砂罐置火上，将茶叶放入罐内滚沸的开水中煎熬，茶汁成胶状。客至敬半杯，饮完再添。

塘坊村的村民种植水稻，日常饮食以大米为主，杂粮为辅。一般村民家日常饮食荤素搭配，多食山里时令野菜或者自家种的小菜。旧时用来果腹充饥的蕨根、红薯、南瓜等食物现在被村民做成不同口味的糍粑，或炸或煮或炒，成了村民的休闲小食。清热解毒的苦笋、味道鲜美的莽山鱼、肉质脆嫩的腊肉、清洌香甜的糟酒和先苦后甘的莽山绿茶都是塘坊人用来招待远方来客的当地特色食品。

村民结婚多办流水席，欢宴连续不断，主客通宵饮酒。此外，不同节气塘坊瑶民饮食也有讲究：三月初三家家户户吃染色糯米饭、杀鸡祭祖；五月端午节喝雄黄酒；八月选良辰吉日吃新米饭，过新米节，祭“谷娘”和祖先等。近年，塘坊村有村民开始养殖竹鼠和野猪，但多贩售给山下景区餐厅。

（3）居住

瑶族在很长时间内，居住在高山峻岭之中的“幽僻之处”，猿猴为伴，百鸟为邻。所居之室，编以草茅，高只及肩，过着“雨水湿床无眠处，妻儿男女哭连连”的悲惨生活，部分定居或同化较早的瑶族，居室与汉族一样。民国时期，大多数瑶族建抖墙屋。新中国成立后，随着瑶族社会生产力水平和瑶族人民的生活水平的不断提高，瑶族人民的居住环境也得到了极大的改善。绝大多数瑶族改为砖瓦房，布局合理，通风良好，采光充足，与当地汉族居住房无异。

在塘坊村，许多高山大岭和偏远的地方也修通了公路，而且路况越来越好。三米五、四米宽的水泥路都修到了家门口。路通了，汽车通了，那种出门就爬坡的居住环境已经一去不复返了。

经过一段绵延的公路，塘坊村的民居展现在我们眼前：石头和泥砖砌成的灰色墙体，木质的门窗，家家户户紧密相连，同时又围绕周匝。一米多宽的石头小巷里，成群的家鸡正在找食，几只强健的狗看有生人进来，也窜到古民居里“汪汪”凑热闹。此时，巷子里不时有老人出入，他们或挑或扛，让这里的民居显得更加苍幽。而居住在高山的瑶族村寨居住比较分散，三三两两的星局在山里，二十来户以上的寨子较少见，一般是几家或独户，村户之距数里或数十里不等，但是周围竹木叠翠，风景秀丽。

（三）塘坊村土家婚嫁丧葬文化

1. 婚嫁文化

崇山峻岭的莽山，古来即为瑶族居住地。如今居住在这里的塘坊村瑶胞，保持着独特的古朴淳厚而又绮丽多姿的民族习俗。

瑶族社会早期实行族内婚制，不与其他民族通婚。《评王券牒》中记载“瑶人”不得与百姓为婚，若有强娶瑶女者，罚“蚊子鲊三瓮，开通铜钱三百贯，无节竹三百根，糠粒金绳三百丈，金鸡屎三百斗”。在族内婚中规定“同姓不婚”，但实施不严。后因与外族接触日多，改为“可招百姓郎”。但“瑶女不嫁百家姓”。到了清末和民国时期，这些规定逐步打破，瑶族男女可与外族通婚，在不同时期婚姻形式演变过程中，“男家女当”的习俗始终贯穿其中。目前塘坊村瑶族人民的婚姻形式有三种：一是招郎上门，男嫁女当，夫从妻居，所生子女姓氏随父随母各一半，但是第一个随妻姓。上门郎与妻子一道赡养岳父母，抚养妻子弟妹，继承岳家财产。二是招女上门，女到男方家落户，男方对女方家父母有赡养责任，对未成年弟妹有帮助父母抚养的义务，亦有财产继承权。三是女出嫁，随夫居，与当地汉族相同。子女姓氏可从母姓，也可从父姓，男女都一样，实行一子（或女）均分，即一人顶两姓，二子（或女）平分，老大随母姓，老二随父姓。

综观塘坊村瑶族的婚姻制度与婚姻礼俗，我们可以看到，瑶族社会男女是非常平等的。对于父母而言，儿子和女儿一样珍贵：女儿一样可以顶立门户，可以传宗接代，一样有赡养父母的义务和继承财产的权利。因此，在瑶山社会，从来没有歧视女孩子的观念和行为，更没有弃女和溺女婴的恶习。

2. **奇特的塘坊瑶族婚礼**

服饰。婚礼期间，所有主宾都要穿金戴银盛装出席。新娘所着嫁妆，应该是其自 12 岁左右就开始学绣的。会不会绣花、绣花的质量高低，是检验一个女孩是否心灵手巧的重要指标。因此自几岁开始，瑶族女孩就必须开始学绣花。但由于目前塘坊村的年轻一代无人继承这门手艺，所以一般新娘的婚礼服装是由家里的老人准备或向别家购买。

送嫁。出嫁的前一天下午，受邀准备送嫁的亲友会准时来到新娘家，新娘家里要准备丰盛的晚餐款待亲友。第二天一大早，侍娘、伴娘就要为新娘化妆打扮。新娘穿金戴银服饰艳丽，格外吸人眼球。由于穿戴特别繁杂，一个新娘装往往要花很长时间才能完成，仅梳一个发型就要好几人帮忙花几个钟头才能做得出。目前新娘一般是上午八点准时出阁，然后鼓乐同起，鞭炮齐鸣，伴娘打红伞挽新娘而行。距丈夫家二三里地时，一支由鼓、锣、唢呐手、侍娘和 10 岁左右男孩组成的 7 人迎亲队吹吹打打相迎，以示尊重和欢迎。离有半里或一里时，夫家又来一队接伞妇女，将送亲人的伞和袋子接过去，侍娘携引新娘于十一点半到夫家厨房拜见婆父婆母，如果超过午时就不能进门，只能等到下午一点半后才能进男方门。

商量酒。女方父母及送亲好友到达男方家后吃过午餐和晚餐并稍作休息后，就开始吃商量酒。男女双方父母分开，男方和女方各派三个代表开一个座谈会，商量是否拜堂，期间男方要准备八个红包给六个代表、媒人和主婚人。如果双方代表同意拜堂，则男女双方准备正式拜堂。

拜堂。村民婚礼必须要先拜媒人和主婚人，中间拜一次，左右各拜一次，中间再拜一次，然后跪拜，这整个过程才算一拜，女方只需低头即可，而拜媒人和主婚人需二十四拜；拜完媒人和主婚人之后，再拜父母，也是二十四拜；然后再拜亲戚，从最亲的亲戚到比较疏远的亲戚，从六拜到三拜不等。所有客人都拜完后，新娘在侍娘的帮助下洗脚，进洞房。

用餐。吃门板饭、流水席。酒宴不论桌数，用长方条桌和摊板在厅屋上方左右及左右沿墙置席，先招待送亲来宾，然后依次招待其他来宾，有酒量的人要陪着刚来的客人不下席，一批批轮番欢宴，连续不断。晚上拜堂后，主宾皆不睡觉，通宵达旦，饮酒至天明，新郎新娘亦不例外。婚宴上不用辣椒和青葱之类，以示新娘之纯洁。瑶族群众的婚礼格外重视双方的主要亲戚，就餐时需要按辈排序。新郎和新娘的父母在婚礼上有特定的用餐。在拜堂时，茶盘上摆着的那四块猪肉就只能由新郎新娘享用，意味着吃和气饭；新娘父母吃的则是约有半斤重一块的瘦猪肉，俗称“肚子疼的肉”，女儿是母亲身上的一块肉，嫁了出去，自然是要补回来的。当我们和瑶王谈起当地的婚嫁文化时，他笑着对我们讲起这些习俗的来源。

赡养。塘坊人会把女婿当成自己亲生的儿子待，女婿也要郑重其事地从岳父母家里背一个香炉回来安放在自家的神案上，把岳父一家所有先祖都当自己的先人进行祭拜。从此以后，女婿不但要赡养自家的老人，而且还要赡养妻子家里的老人，承担妻子家里所有红白喜事的开销，也会和妻兄妻弟一起从妻子家里分割先人留下的财产，就是真正意义上的一人顶两房。生了孩子以后，他们要把最先出生的孩子随母姓。

师公和吹鼓手。当地群众对给他们主持宗教仪式的人称之师公。在婚礼中，师公实际就充当着一个婚礼主持人的角色，他引导新郎新娘祭拜先祖拜媒公拜客人，指导主家安排客人的座次。师公和吹鼓手一样，先一天就必须入场。吹鼓手的工作量很大，迎亲、做宗教仪式和客人用餐时都必须不停地吹吹打打，以烘托气氛。但他们和媒人一样，都是义务劳动。

（四）塘坊村瑶族节日文化艺术

1. 起春节

每年农历三月十一日举行，为瑶族纪念先祖在七贤洞会稽山刀耕火种、开山辟岭的春耕纪念日，意在催春，求禾苗茂盛。

据瑶王邓万寿描述，每年到了这个日子，塘坊村老一辈的长辈会提前很多日子着手准备这个节日，上山采集一些庆祝节日所需要的野菜，同时也会带着捕猎工具上山打猎。按照以往的传统，是必须要宰杀一头野猪作纪念之用的。由于之前山林还没开发，人烟罕至，因此经常有村民能够在山中捕猎到野猪等各类野味，祖上历来也是用捕猎到的野味来开展这个纪念活动的，亦有从自然中来，到自然中去的意思，感谢大自然给瑶族同胞带来了如此多的物种，希望上天在接下来的一年中，能够继续照顾瑶族同胞，风调雨顺，五谷丰登。但近年来由于山林的环境遭到了一定的破坏，山中的野味开始逐渐减少，因此，目前村民一般都是宰杀自家饲养的家猪来纪念起春节了。

到了起春节这天，村里的老老少少，全都盛装出席，带着自家祭祀所需要的物品，齐聚盘王庙。这些物品主要有，自酿白酒，一块纯正的瑶家腊肉，以及祭祀所特需的绿叶青枝等。村里还会组织一批敲锣打鼓队，专门为祭祀活动敲锣打鼓，以示对上天的敬重。

活动正式开始前，会由村委会主任向村民宣读一份祭祀书，主要内容就是向年轻的一辈瑶族同胞介绍本节日的由来、意义等相关内容，希望老一辈的瑶族能够传承发扬这个文化，此举是民族文化传承发展的重要环节。然后由村委会主任宣布祭祀活动开始，村委会首先代表整个村落，向上天进行祭祀。此时，锣鼓响震天，大家齐鞠躬，然后口中用瑶语齐声喊着一些类似祝福保佑的话语。待三鞠躬后，村委会主任宣布，自行祭拜，大家伙就开始自行祭拜了。拿着自家所准备的祭拜物品，一家老小手持青枝绿叶，不断挥舞，口中用瑶语不断说着祈祷的话语，希望风调雨顺，五谷丰登。

当天的祭春活动结束之后，晚上回到村落，村里人会举行小范围的文艺聚会活动，住的比较近的一些村民小组会自发组织起来，聚会会餐，唱歌跳舞，好不热闹。

2. 团圆节

每年七月十五，瑶族人民都要举行还盘王愿活动。为什么有团圆节？为什么盘王还愿？这是一段悲壮苦难的漂船过海历史所形成的节日和礼仪。

原来的过山瑶并不居住在这里，而是居住在遥远的江浙地带，属于古越人的一支。其先祖盘王因保家卫国有功，被招为驸马，生下六男六女，赐盘、沈、包、黄、李、邓、周、赵、胡、唐、雷、冯十二姓。隋唐年间，瑶人因捕鱼失火，乘坐十二只船，背井离乡，四月初八下海，海上遇风浪漂了三个多月没靠岸。于是瑶人跪船头，向盘王先祖祈祷："保佑我们渡海上岸吧，以后我们每生一个孩子都向您老人家奉献一头圆猪。"言毕，风平浪静。"盘王差遣五旗兵马"，佑护着十二姓瑶人上了岸。"七月十五下船来到广东南海岸。"因此，这一天又是瑶人历风浪之险后，举族生还的团圆日。随之成为瑶族一年三个节日之一的"团圆节"，并在这一天履行所许之愿——在荒莽的沙滩上建起茅棚一座，履行还愿之仪，谢祖酬恩。

以后在瑶族社会，每生一个孩子都要举行"传灯接代"的还愿祭祀，或集体举行谢祖活动。这一祭祀和习俗一直延续至今。这是瑶族社会生生不息的还盘王愿祭仪制度，也是瑶族男子神圣的成丁仪式。

在塘坊村，几乎每个村民都知道这个故事，据村民邓万学跟我们说，从他们小的时候，父母就跟他们讲很多关于祖先的故事，因为关于团圆节的故事涉及到每个人，当他们出生的时候，父母就要还愿，感谢上天让他们的孩子平安降临到人世上，此时是必须要进行祭祀活动的，杀猪宰羊肯定是少不了的，新出生的小孩还会受到村里最年长者的祝福以及洗礼，传言必须要经过年长者的洗礼，婴儿才能健康成长。

而到成年之日，塘坊村也会组织还盘王愿祭仪制度，这天，也是瑶族男子神圣的成丁仪式，同时也是纪念瑶族先祖六男六女受封婚配，团圆成亲之日。村民邓万学给我们描述了这么一段，当天，每家每户都会上山采来藤条和黄姜叶，各家都会准备好香火。晚上，全村在今年成年的姑娘们和小伙子们会在手臂、腰和腿上用藤条缠满姜叶，头戴斗笠。年长的妇女们在姑娘和小伙子身体的这些部位点上香火，列队向村中的年长者和祖先叩拜，然后舞蹈。拜毕后便成群结队地穿过村里的每一条巷子，到每家每户中向灶王爷行礼，祈祷每家每户都平平安安。如果途经村里的菜园，还需绕菜园一周。最后，大家会聚集到村外的河边，将身上的藤、姜叶全部扔进河里，这群成年的少男少女们就到河里洗手洗脚，同时泼水嬉戏。有些没有跳入河中嬉戏的年轻人，就在河边燃放鞭炮助兴。待大家玩够了之后，大家伙就坐在河边，开始对歌，古老的瑶族民歌开始在河边响起。待到夜深之后，大家便纷纷回到自己家中，团圆节也就过完了。

村民邓万学回忆道，每年的团圆节可真是热闹极了，自己成年那年，也兴奋地准备并参与整个庆祝活动，现在回想起来，实在是很叫人留恋啊。邓万学也是在那年的团圆节上认识自己的现任妻子盘青花的，从相识到相知，最后到相恋，瑶族的传统节日给了他们很多机会。邓万学也非常诚挚地邀请我们调研组待到今年团圆节的时候来到塘坊村，和村里的小伙子小姑娘们一起参加团圆节。

3. 盘王节

瑶族盘王节又称为盘王还愿，是瑶族同胞纪念始祖盘王的盛大节日，迄今已有 1700 多年历史。据了解，盘王节已被国家文化部列为非物质文化遗产，成为南岭地区盛大的传统佳节和独具风味的文化活动，也是湘南、粤北边界人民欢叙亲情、共促发展的平台。

盘王还愿于每年农历十月十六举行，瑶民为纪念先祖盘瓠抗敌御海，受封为“盘王”。宜章县莽山瑶族还盘王愿传承人邓万寿便世居塘坊村。通过采访瑶王邓万寿，调研组也对还盘王愿的整个过程有了进一步的了解。

第一部分：请神拜圣，奉献牲礼。

举行还愿仪式之前首先要选取一块空地搭起一个宽大的棚子，作为还盘王愿的圣坛。棚子用木头和竹子做支柱，用茅草和杉皮做顶，四周用竹编席子围住。在还愿圣坛中写三副对联，分别是：

·盘王开天地奏青果福缘善庆，伏羲置人伦唱曲吹弹古穿今

·祖宗招兵千年盛旺，奉还良愿万代兴隆

·金炉不断千年火，神坐高台万普顺

愿坛的竹墙上要挂上纸绘的神像，村民们称作“满堂众圣”。还愿圣坛安放盘王神位，神位下放一个长条桌作为供台。墙上的神位依次为：莲花伏朵、龙凤花厅、托盘圣帝、阑散花园、红罗花缎。供台上还要放八双连杯酒碗、台盘脚下放一缸米酒。

供桌上需供奉一头肢解的猪：一个完整的猪头，猪头上裹覆网油，猪前腿要摆在猪头的两边。后腿挂在墙上神位的两边，左边挂一条连着猪尾巴的猪背脊肉条。猪背脊象征着妇女“炯碰”，祈祷子孙发达。

供桌两旁各要摆放36筒糯米糍粑，每一筒糍粑上都插上一面三角形的彩旗，师公称“36朵花”。

参与盘王还愿的祭师和祭祀人员有主师公、师公、徒弟、歌娘、四少男四少女、造钱童子以及锣鼓、笛子、唢呐手若干人。还愿祭祀一般为期三天。师公以歌、吟诵和道白等艺术形式回顾历史，讲述瑶族的起源和来历。歌颂盘王的业绩，追忆前辈。

第二部分：围堂一游愿。

在还愿圣坛外的一块空地上，用稻草垒成几米高的金字塔形状，这是还愿程式的又一场所。

还愿的第二天，主师公需打着彩旗，带领大家从还愿圣坛走出，向天地神灵作揖行礼后，来到稻草堆旁。村民在师公的引导下，围绕稻草变换队形，进行“围堂游愿”圣仪。同时进行合唱、领唱或对唱，然后继续回到室内愿堂。

在盘王节期间，除祭祀盘王外，家家户户还要打粑粑、酿酒，迎宾会友，

相互祝贺，胜似过年。

1986 年，郴州地区首届盘王节在莽山瑶族乡政府所在地组织大规模的庆祝活动，全区各县市民族乡都有瑶族代表参加，并选派传统歌舞队演出。1988 年，县内各瑶族乡村选派瑶族代表，参加在郴州市北湖公园举行的郴州地区第二届瑶族盘王节活动。莽山瑶族代表在庆祝会上表演歌舞节目。同时来自美国、法国、英国、加拿大、泰国、日本等国的专家学者参加郴州地区瑶族学术研讨会，专程到莽山乡进行考察。

迄今为止，莽山已成功举办了三届盘王节，每年的农历十月十六日，郴州市各地数千名瑶族同胞齐聚宜章县莽山瑶族乡，共同庆祝盘王节。在每届为期三天的盘王节里，还举行了民族地区农产品展销、民族歌舞晚会、瑶族地区社会经济文化发展研讨会、篝火晚会、莽山乡建乡 50 周年庆典、莽山瑶族风情游览等系列活动。瑶族本民族三个节日都杀牲祭献。其他节日，随乡入俗，与当地汉族相同。

（五）塘坊村瑶族的舞蹈文化

瑶族的舞蹈与狩猎、农事和祭祀等有着密切的联系。塘坊村瑶族流传下来的舞蹈有长鼓舞和花棍舞。

1. 长鼓舞

长鼓舞所用的长鼓大小不一，大的长 2.4 米，口径 0.2 米，用 6 对彩绳系在鼓的两端，鼓槌为沙包；小鼓长仅为 56 厘米，口径 6 厘米。长鼓舞的动作一般有 36 套，复杂的有 72 套。根据表演内容又可以分为制鼓、造房、生活、自然景观模拟、祭拜等。

长鼓舞的表演有基本的特点，一是身姿讲究屈膝、稳健、有力，无论高桩矮桩都要两腿弯曲；二是体态要曲、拧，换位身姿必须要曲，长鼓贴身，拧身而过，动作不宜过大。长鼓舞的音乐以唢呐为主，以奏鼓为辅。用鼓大小视场合而定。

2. 花棍舞

花棍舞是由播不雕多舞演变而来的，花棍舞基本忠于生活原貌，但有一些艺术加工。花棍舞一般根据所要表达的内容不同在不同的场合进行演出，它的动作表现的一般是行礼作揖、除草、种树、丈量、安栋梁、盖屋顶等。

村民通过简单但是又通俗易懂的动作表现以上各个场景。

塘坊村的村民纯洁质朴，经常在从事农活、节庆日的时候歌唱起舞，同时也爱热闹、爱帮忙，只要有村民家摆酒，大家会自发为其舞蹈而不收取任何费用。

（六）塘坊村瑶族文化艺术的保护与传承

塘坊村96%以上的人口都是过山瑶，作为郴州市宜章县的主体民族村，塘坊村肩负着挖掘整理、保护传承瑶族文化的历史责任，任重而道远。就当下塘坊村的瑶族文化艺术而言，当地政府在国家非物质文化遗产保护政策的指导下，做了许多实效性工作，拟定了许多有针对性的措施。

首先，在对塘坊村瑶族风俗文化非常了解的李坤秀老人的倡导下，正组织编写过山瑶族志，而且老人已经拟好了提纲，并且着手写作也已经初见成果；其次，在民族文化遗产的保护传承方面，塘坊村积极配合县级有关部门，对瑶族民间传统文化进行调查，并积极申报保护名录；同时，他们还通过召开民族民间文化传承人座谈会、举行瑶族民间歌谣、舞蹈培训、组建民间文艺队、开展节日活动和民族文化交流、加强民族旅游开发、组织民间体育活动、加大非物质遗产保护资金力度等形式来传承瑶族民间传统文化。

以瑶族歌谣为例，自当地政府组织相关民族音乐工作者对这一人文事项进行发掘、保护以来，大量流行于市井，以休闲娱乐为主要目的的原生态曲目，便得到了大量舞台公演机会。以此为基础，以邓万寿为代表的创作人员，还创作出了一批在全国范围内得到同行工人和专家好评的剧目。

除此之外，随着时代的进步，特别是随着世界范围内“非物质文化遗产保护”概念的深入人心，使得包括塘坊村在内的、各地瑶族文化艺术的保护传承事业，进入了如火如荼的实质性时代。塘坊村当地政府认为，只有有了好的传承途径和展示平台，培养大量新生代传承人，塘坊本土具有良好社会影响和肥沃民族民间文化土壤的瑶族民间艺术，才能够找到真正的保护传承途径，因此，当地政府采取了许多实在而又有针对性、可持续性的举措。当地政府成立了民间艺术团，在瑶王邓万寿的带领下，艺术团成员到各地参与演出活动，进行得有声有色。

瑶族文化底蕴丰厚，系统完整而独具特色。虽然当地政府、塘坊村村委及瑶王邓万寿做了大量工作，但面对瑶族深厚的民族文化，仍处于杯水车薪、捉襟见肘的境地。由于塘坊村在民族文化挖掘整理、保护传承工作中缺乏经验，没有专业人才和资金匮乏，工作开展十分艰难。“在对瑶族传统文化的重视方面，相关部门还没有很好的将其融入到旅游开发中，没有把民族文化作为一项重要的社会事业来抓；瑶族文化的弱势，主要原因是缺乏资金投入，导致传承困难。”相关人员如是说。

例如，塘坊村的瑶家刺绣文化濒危。通过调查我们发现，现塘坊村40岁以下的妇女中已经没有人会刺绣，他们所需的节日盛装都是由老一辈做好的。按照这种情况，随着老一辈的老去，塘坊村的瑶家刺绣文化将彻底消失，政府应该在这一方面加强保护措施。

总之，塘坊村的瑶族文化艺术保护与传承工作还有待进一步提升，只有在当地政府为主导，当地百姓为主体，发掘地域传统为特色，师徒传承为基础的整体宏观调控下，塘坊村瑶族传统文化艺术的保护与传承工作才能有所成效，才能引起国内外诸多学者、游客、商贾等来自各个行业领域的深切关注，这里的传统农业经济也将向以文化经济为龙头、旅游经济为突破口，二者有机结合的模型转变。塘坊这座瑶家土寨，才能阔步走向世界民族文化艺术之旅的前沿。

在保护和传承过程中遭遇瓶颈的不仅仅是瑶族文化，整个中华民族的传统文化都在逐渐消解。年轻人对本民族的历史了解肤浅，对本民族灿若群星般的历史人物知之甚少，对本民族的民俗、节日、语言、文学及其他门类的艺术少了前人的热情和挚爱；很多中老年人也异化了自己的人生观和价值观，这不得不说是一个非常严重的社会文化问题。一个民族要长盛不衰，就要建立自己的强势文化，要使自己的文化处于先进状态，希望我们年轻的一代能够理性对待外来文化，同时，保护和坚守住中华民族传统文化的家园！

第二部分　农户

九、主要从事农业种植和养殖的农户

（一）养殖竹鼠的领头羊——邓开凤家

邓开凤家住在酸枣坪，属塘坊村6组，该组地理位置偏僻，道路蜿蜒崎岖，至今尚有2.2公里的通组公路未通畅。在没有修建通组公路的地段，乱石嶙峋，地势险峻，几步开外便是峭壁悬崖。在广州等大城市逐步取缔的摩托车却是6组居民主要的交通工具。2012年7月4日上午9点半，在村支书赵观友的安排下，村里的5个年轻小伙子骑摩托车载调研组成员一行来到了邓开凤家。由于路况不好，我们坐在摩托车后面是一路颠簸，加之路边悬崖带来的恐惧感，这一路上可谓是"提心吊胆"。

知道我们上午过来调研，邓开凤早早就已经在门前等候我们了。看到我们后，他热情地把我们领至家中，并用自己种植的绿茶沏上茶水招待大家。这时我们注意到，邓开凤家中设施简陋，但是电视机、电冰箱、电饭煲还是有的，客厅的正堂上还挂着一幅为老人庆祝60大寿的巨大红色寿幅。邓开凤今年36岁，瑶族人，小学文化程度，个子不高，略胖，待人热情。弟弟盘新华30岁，小学文化程度，个子中等，略胖，不大爱说话，性格腼腆。邓开凤的父亲盘王保老人今年已经60岁高龄，老人家头发花白，有点驼背，行走也有些缓慢，但身子骨却非常硬朗，眼睛也炯炯有神。令我们诧异的是，邓开凤兄弟两个都是未婚的单身青年，这个家里没有一个女主人，而是父子三人一同生活。

村支书赵观友告诉我们，邓开凤父子三人都为人纯朴，待客真诚，听说我们今天要来，昨天晚上直到凌晨两点还在溪水旁边为我们捉石蛙。石蛙是深山密林里生长于山涧溪流的一种野生蛙类，只在傍晚时才爬出洞穴，夜深时便逐渐返回洞穴，天亮后则很少在洞外发现其踪迹，其肉质细嫩鲜美，营养丰富，并且具有清热解毒、滋补强身等功效，食用价值及医用价值均非一般，现在已经很稀少了，瑶族农户家通常将石蛙作为迎接贵客的菜肴。支书赵观友还告诉我们，6 组的酸枣坪、7 组的田寮以及 12 组的竹坪还有很多很多同邓开凤兄弟两人一样没有结婚的男青年，原因就是这 3 个组地理位置偏僻，通组公路不通畅，生活条件不大好，女人们都不愿意嫁到这 3 个组里的人家去。

在与兄弟俩的交谈中，我们得知邓开凤家是莽山瑶族乡第一家养殖竹鼠的农户。2003—2010 年，弟弟盘新华一直在长沙一家食品厂里做仓库管理员的工作。打工期间一次偶然的机会，他从网络上了解到竹鼠养殖的一些相关信息。竹鼠又称竹馏、芒狸、竹狸、竹根鼠、冬毛老鼠等，属哺乳纲啮齿目竹鼠科竹鼠属，因营养价值丰富，目前已被大规模养殖，成为具有经济效益的养殖产业之一。目前竹鼠养殖规模较大的基地分布在广东、广西和贵州地区，市场上规模化的竹鼠养殖发展还不到十年，发展空间很大。这些信息对盘新华触动很大，他立即联想到塘坊村的山里就时常有野生竹鼠出没，那么塘坊村的气候和生态环境肯定适合人工养殖竹鼠，既然竹鼠的经济效益高，养的人还非常少，他便寻思着干脆辞掉工作在家乡和哥哥一起养殖竹鼠。

2011 年 7 月，兄弟俩在山上抓了几只竹鼠，又在宜章县养殖场采购了 10 多只竹鼠尝试着养殖。兄弟两人分工明确，弟弟负责提供养殖的信息资料，哥哥负责养殖工作。在完全没有技术指导的情况下，兄弟二人自己摸索，逐渐总结出了一些养殖竹鼠的心得经验，然后他们便开始四处筹借资金来大量地采购竹鼠。他们首批买进了 70 只竹鼠，一雄一雌的一对竹鼠要花费 600 元，而修建养殖池大约花费了 8000 多元，购买饲料大约花费了 2 万元。邓开凤告诉我们，竹鼠以玉米粉、麦麸和竹子为主食，玉米粉的价格大约为每斤 1.2 元，麦麸的价格约为每斤 1.1 元，竹子则可从山上采掘到，各种费用加起来总共花费了 4 万多元。弟弟盘新华告诉我们，虽然竹鼠养殖前景较好，但是现在最为棘手的就是资金问题。因为购买竹鼠以及饲料要投入不少钱，他们的竹鼠养殖刚开始起步，还没能收回成本，导致了现在入不敷出的局面，这让兄弟两人伤透了脑筋。

访谈过程中，哥哥邓开凤很高兴地带调研组成员参观了他们养殖竹鼠的场所。我们看到他们养殖竹鼠的场所就是两间约25平方米的简陋屋子，里面有很多用砖砌成且表面用水泥硬化的约1.2×1.0×0.8m大小的圈舍，圈舍的中间又用砖隔成了两舍，间壁墙上留有一口，一间做内室，另一间做饲养场地。圈舍里的竹鼠一个个都毛茸茸、肉乎乎的，它们躲在光线很弱的角落里，好吃好睡，一听到有人靠近了，就没头没脑的乱窜，显得非常不安，样子很是憨厚讨喜。当问及如何养殖竹鼠时，一向不大爱说话的弟弟此时却活跃了很多。他告诉我们，竹鼠喜欢在安静、清洁、干燥、光线适当、空气新鲜的环境中生活，它们夜间活动比较频繁，活动规律可分为活动周期和休息周期，而且生性喜暖，生活温度为-8℃~35℃，最适温度为8℃~28℃。因此，气候条件对于竹鼠养殖是相当重要的。冬天的天气寒冷，温度很低，竹鼠不易存活。此时，哥哥邓开凤会把养殖圈舍所在的屋子严严实实地密封起来，保持最佳的温度给竹鼠过冬，根据他们摸索的经验，竹鼠生活的最佳温度在30℃左右。由于竹鼠是夜间活动的动物，因此应当白天少喂食，晚上多喂食，一日要三餐，一只竹鼠每天大约需要进食一两玉米粉。竹鼠数量的增加主要靠购种和繁殖，雌性竹鼠一胎最多能产五个鼠仔，存活率较高，而在挑选雌性竹鼠时，主要是看它的产乳量和肚皮的光滑程度。弟弟盘新华还告诉我们，他家的竹鼠数量最多时约有300多只，后来因为疾病等原因死了很多，还有一些则是自己挖洞逃跑了，现在总共只有108只了。

在问及竹鼠的市场价格和销路时，哥哥邓开凤告诉调研组成员，竹鼠主要用于食用，也有很大的药用价值，精瘦不腻的竹鼠卖的价格会更贵。竹鼠的市场价一般约为50~60元/斤，行情好的时候甚至能卖到100元/斤。竹鼠的销量也不成问题，反而是有些供不应求。莽山大酒店等一些较大的酒店要求邓开凤家保证每天至少供应两只竹鼠，但他们目前的竹鼠养殖规模尚不能满足这样的供应量。交通闭塞又阻碍了小商贩们对竹鼠的采购。邓开凤兄弟两个正在筹划着扩大竹鼠养殖规模，以与大酒店建立起长期稳定的供销关系。邓开凤家还没有网络，主要是靠手机上网搜寻需要的竹鼠养殖技术资料和市场信息，并通过短信或电话与厂家和经销商进行联系。

鉴于邓开凤家是莽山瑶族乡唯一养殖竹鼠的农户，乡政府对此也十分重视，多次来视察慰问，并计划将竹鼠养殖推广开来。但是，目前邓开凤兄弟两人还没有取得乡政府对其实质上的资金支持和技术支持。兄弟俩也考虑过向政府申请资金支持，但由于不了解申请的程序而最终未果。

在调研过程中，我们了解到邓开凤一家生活其实并不富裕，是比较拮据的，但这样的家庭却用百分百的热情与真诚来招待客人。我们深深地感动于老人家为我们辛苦捕捉美味的石蛙和自家河塘喂养的河鱼，感动于兄弟俩宰杀了一只价值150元的竹鼠和一只老母鸡。这些已经是这个简朴的家庭所能拿出来招待客人们最好的食物了。我们被邓开凤一家人纯朴的情感温暖着，也非常想要帮助他们。塘坊村通信不畅，没有互联网，也没有介绍养殖技术的书籍可供阅读。调研组成员决定给他们寄来一些竹鼠养殖疾病防疫方面的书籍资料，并建议邓开凤兄弟两人与莽山大酒店等签订融资协议，将取得的资金用以改善养殖条件和扩大养殖规模，然后再按照对方要求的供应量将竹鼠以低于市场价格的折扣价销售给资金提供方，以分期偿还借款本金和利息。这样一来，既解决了融资难问题，同时也能够与大客户建立起长期且稳定的供销关系。兄弟两人在听完了调研组的建议后，认为确实是一个好办法，他们表示会努力尝试一下。

（二）茶叶种植户——盘云生家

2012年7月8日13点39分，经过了两个半小时的山路跋涉，我们来到塘坊村最偏僻的12组进行访谈，我们采访了村民盘云生。我们到盘云生家时，他和老伴刚刚吃完午餐，正在家里坐着闲聊。当我们向两位老人说明来意后，老两口很热情地招呼我们坐下。一阵寒暄之后，我们就开始了工作。

老人告诉我们，他们一家是村里的老住户，祖祖辈辈都是住在这里的，所以虽然这里的路不是特别好走，一到下雨天就基本没有办法出门，还可能会遇上泥石流、滑坡等自然灾害，但是他们从来没想过要离开这里。老人有三个儿子四个女儿，现在均已成家，大女儿嫁到了××村，二女儿就嫁给村里5组的小伙子，三女儿和四女儿都嫁到了××村，四个女儿都主要在家种田。大儿子盘天贵在广东韶关务工，做树木采伐的工作，二儿子盘天富，主要做的也都是采伐的工作。两个老人现在带着两个孙子，一个四岁，一个三岁，都是三儿子盘天明的小孩。盘天明以前也是在广东打工，做的也是伐木的工作。说着说着，三儿子正好回来了，当问到他在广东打工为什么后来又选择回来家乡了。他说，在广东伐木一个月的工资不过一千多元，城市里生活压力又大，还要惦记着家里的老人和小孩，工作得也不安心，于是还是选择回家了。塘坊村有很丰富的森林资源，尤其是竹子，于是老三就靠着砍伐竹子为生，如果天气和路况允许，每天就去山里砍竹子，砍下来送到12组的有运木材车的地方送去给要买竹子的老板，这样下来大概一天能赚个70~80元，算下来一个月平均也有1300元左右的收入，赚的钱比在城里务工并没有少很多，但是却能呼吸着新鲜的空气，吃着自己种的绿色食品，还能在家照顾老人和小孩。老人告诉我们，他们的生活开销主要都是三儿子在负责，大儿子和二儿子基本没怎么管。

在采访过程中，我们发现他们住的房子还很新，虽然只有一层，可是收拾得很干净。通过询问得知，以前的老房子就在后面，由于雨水多和年代久远，已经塌掉了，但是目前没有钱能重建。现在住的房子是前年建的，总共花了7万多元，其中差不多一半的钱都是借的。这几年通过努力已经还了一部分了，现在只剩一万元的外债。村里很多人修房子都会借一部分钱，主要是找亲戚借，互相借钱是不需要收取利息的，也没规定还款日期，债主有急用了就告诉他们，他们就想办法还一部分。这种非常原始的借贷方式反映出塘坊村村民的纯朴和互相之间的信任，这种情况在城市里是非常少见的，更多的是为了一点小利益，朋友亲戚之间闹得非常不愉快。

在谈话中我们了解到，两位老人家里有四亩田，现在在家除了带好两个孙子外，还会种点水稻、红薯和茶叶。水稻和红薯主要是用来自给的，茶叶主要卖给县里和乡里的人。竹萍的海拔高，凉快，特别适合种茶叶，这里出产的茶叶叫云雾茶，茶质非常高，是附近出产的茶叶里最好的，用村里堪比矿泉水水质的泉水泡出来的茶叶格外香，只是村里的变压器被偷了，家家户户都没有电，不方便烧开水给我们当场泡茶喝。三儿子告诉我们，他们采了生茶以后，就送去乡里加工，五斤的生茶大致能炒出一斤云雾茶，为了避免这么好的茶叶在送去加工时被偷换掉，他们一般是交给自己熟悉的人拿去加工，支付每斤五元的加工费。虽然竹萍很偏僻，交通也很不方便，但还是有不少人为了云雾茶特意到竹萍来收茶叶。在村民家里买云雾茶大约是80~100元一斤，生茶的价格是10元一斤，按五斤生茶炒成一斤茶叶来算，一斤云雾茶的成本大致是55元，村民每卖一斤茶能赚25~45元，这也算一笔不小的收入。由于这里出产的茶叶好，土壤和气候都合适，所以也曾经有过商贩到过他们家说要在这里建个茶叶基地，但后来又没有下文了。我们建议三儿子，与其等着别人来家里收茶叶，不如自己主动出击，把茶叶拿去乡里卖，还能卖个好价钱。尤其是在莽山国家森林公园门口，游客多，并且都是有一定经济能力的人。云雾茶属于莽山的特产，游客应该会很乐意买，再说家里有摩托车，可以直接开到莽山脚下。这样就又能为家里多增加一些收入。三儿子说他会认真考虑我们的建议。他还带我们看了加工过后的云雾茶，虽然简单地用塑料袋装着，没有任何华丽的包装，可是一打开茶香就扑鼻而来，不懂茶叶的我们也很想品尝品尝这长在大山里的优质茶叶。

全家的收入主要是靠三儿子赚的和卖茶叶的一点钱，年收入大约为 1.5 万元到 2 万元。这些钱除用于家里衣食住行的一般开销外，有时候老人家还不免看病，虽然现在都有了医疗保险，但是有一部分费用还是要自己承担的，除此之外，买种子、肥料这些也是一笔不小的开支，每年大概要 1000 ~ 2000 元。这样算下来，一年的支出大约为 1 万元，所以一年下来也余不下来多少钱。

谈到将来的打算，老人最希望自己身体健康，这样就还能再为家里多做些贡献，能把两个孙子亲手带大，让他们正常接受教育，能多种点茶叶，多赚点钱，把房子建得更漂亮些。

（三）莽山茶叶种植户——刘金明家

天刚下过雨，空气中晕染着泥土和青草的气息，我们在雨后初晴的下午去拜访了茶叶种植户刘金明一家。刘金明家坐落于 5 组的山间平地上，刚翻新的水泥房在住宅区中显得尤为显眼。我们刚去的时候是刘金明的妻子朱烨接待了我们，朱烨热情地将我们迎进屋，赶忙为我们端茶倒水，我们婉言相拒，但朱烨说："这是我们家里自个儿种的绿茶，新鲜的，尝尝。"

绿茶装在普通的白瓷杯子中，更显得茶的清幽明澈，阵阵茶香扑鼻，茶入口略苦，但苦后则是一股甘甜，茶香也一并沁入心脾，萦绕在口鼻喉舌。这便是苦尽甘来吧。我们连连称赞是好茶。喝过茶后朱烨领着我们到了屋后的一间贮藏室，这里，刘金明正在炒茶，见我们来连忙停下手里的活计，但又关心着火候。

刘金明家就两口人，他和老伴朱烨，在提到孩子时，两夫妇脸色不郁，我们也不好深入地往下问，后来还是刘金明告诉我们儿子刘成 17 岁外出打工时在工地上发生意外不幸去世，而一旁的朱烨早已泪花闪动，我们赶忙转移话题。两夫妇现在主要靠经营茶叶为生，山上承包了两亩地，说着还指给我们看。莽山的气候适合茶叶的生长，莽山的绿茶长势特别好，出的茶鲜嫩味道好，他们将新采摘的茶叶炒熟装袋拿到市场上卖，收益不错。在我们问到是否与承包商签订合同时，夫妇俩说，刚开始是有将茶叶提供给经销商，让他们帮我们包装销售，我们拿提成和原料钱，但久了后，我们就发现可以自己包装。其实茶叶的包装很简单，我们生产的茶叶都是不经其他特殊加工和处理的。包装袋也好买，封口什么的也容易，茶叶也不容易过期，所以后来我们就尝试自己包装。有时我们还会将刚炒熟的新鲜茶叶直接卖给客人。

在我们问到茶叶价格时，刘金明回答说一袋茶叶 30 元，我们当时就提出茶叶价格会不会太贵。刘金明笑着说，“这不算贵，好茶叶就值这个价，再说这一包茶叶可不少啊。”莽山绿茶确实只有在莽山才有得卖，我们前去的调查员下定决心一口气买了 200 元的茶叶，刘金明还特地给我们优惠价。

再后来的闲聊中，我们还了解到刘金明在闲暇时期还到山上去抓过猴子，捕过野猪之类的。“以前年轻，天不怕地不怕的，凭的就是一股气，现在年纪大了，再让我去抓野猪，我可不敢了。”老两口现在的日子倒也过得实在滋润，今年的年收入不少，就将房子又翻新了一遍，从老人的话语中，能听得出对茶叶种植的热爱，对生活的热爱。

莽山像这样的茶叶种植户不少，但像刘金明这样还做副业，并且做得挺成功的却不多。刘金明除了种茶叶，还养猪。猪圈里白白胖胖的猪睡得正香，对我们这意外的访客毫不在意。刘金明说闹禽流感那会儿养猪挺能赚的，现在的收益不如从前了，但反正闲着也是闲着，何不找点事做。

（四）大学生生态养猪致富户——赵逢溪家

经过半个小时的路程，我们来到塘坊村 7 组，准备拜访大学生“猪倌”赵逢溪。由于事先没有打招呼，只能一路打听过去。村民似乎对他很熟悉，很快指准了往猪场去的路。

经过一片树林，我们来到目的地，却心生怀疑：怎么没闻到臭味？门口一看，这里果然有几十头小猪，见有人过来，都抬头张望。一个村民告诉我们，这个村以前几乎家家养猪，但从没见过赵逢溪这种养猪的法子，一点臭味都闻不到。赵逢溪的这种新法子，被称作生态养殖法。

走进养猪场内，偌大的猪场内十分干净，我们发现，在总共10排的猪舍内，地面都被精心设置成几道斜坡，猪的粪便顺着斜坡，很快流入埋在地下的排污管道内，再通过排污管道导入正在建设的沼气池内。赵逢溪说，这是自己和岳父亲自设计的，岳父是建筑行业出身的，造猪舍和沼气池当然不在话下。赵逢溪大哥的妻子一直在里面忙碌着，几十头圆滚滚的小猪崽们舒服地在厚厚的秸秆末堆上拱食打滚，看着一头头可爱的小猪崽，赵逢溪神采奕奕地谈起了他的创业路。

2001年，赵逢溪毕业于湖南大众传媒学院，在学校他学习的是软件工程，在深圳工作了几年，感觉没有什么发展的空间，于是决定回家创业。“行行出状元，我相信在这一行也可以干出事业来。”赵逢溪自信地说。可是创业之路并不平坦，一开始就遭到母亲的反对。她说，养殖业投入大、风险高、收益低，再说好不容易将儿子送上了大学，以后在城里找个工作，比待在农村强多了。赵逢溪的脾气也倔强，谁也说服不了谁。而赵逢溪的父亲很开明，支持儿子的选择。于是，赵逢溪凭着一股青春的锐劲，大胆尝试，勇于创新，走上了生态养猪之路。

赵逢溪的岳父将家里的十来亩荒地交由女婿，并鼓励他好好干。2010年初，赵逢溪从种猪场购买了50头种猪进行自繁自养，从那以后，他几乎每天都“泡”在养猪场，亲手喂猪、下料等。经过自己的不懈努力，小猪崽们都在健康地成长。因为这是实验期，养猪场的规模不是很大，而且也犯了不少糊涂。赵逢溪说，刚开始由于没经验，不知道猪的粪便是个宝。因为猪每天的进食量和排泄量都很大，一头母猪一年排泄量约为4吨。传统的养猪方式中，养猪户把猪的排泄物进行厩肥处理，有的甚至直接排放到水域中，这就加大了废水废气的排放。随着生猪渐多，猪粪也多了，造成了严重的环境污染，尤其是夏天，猪粪臭哄哄，蚊蝇闹嗡嗡。当时，村支书无奈地直摇头。为彻底解决猪粪污染问题，他和岳父建了一个几十平方米的沼气池，形成整条生态养猪链条。赵逢溪告诉我们，通过建沼气池，将猪排出来的粪便进行循环利用，变废为宝，产生的沼气经过管道给保育舍供暖、照明，这样，猪过冬保暖都用上了“管道沼气”。而沼气池所剩的池渣是难得的肥料，可以用来种果蔬等。“没想到曾经让我们头痛的猪粪也变成了宝，家里做饭全靠它，只要拧一下开关就行了，既不用烟熏火燎，还保护了环境，真是既省钱省劲儿还讲究卫生。”一谈到猪粪变废为宝的循环养殖时，赵逢溪的妻子高兴地说道。

最近，赵逢溪一直都在研究外地生态养猪的先进经验，对河北省的一名养猪状元的科学方法，他非常感兴趣，他给我们介绍说，这个人很聪明，在猪圈里用米糠、锯屑、稻谷壳按比例混合，并加入一种EM菌，做成了50厘米厚的垫料，猪排泄出来的粪被垫料掩埋，水分被发酵过程中产生的热气蒸发，猪粪尿经过EM菌发酵后，被分解转化，不仅没有臭味、没有污染，垫料还可作为猪的零食。而那些垫料还是上好的有机肥料，可以用来种菜。更重要的是，这样还符合猪的生活习性，猪喜欢到处拱，这些垫料可以让它们随心所欲地拱来拱去，并且每头猪都有足够的空间。猪过得舒服了，再加上自配的饲料，长得格外快。

在赵逢溪家里的墙上，挂着一张《常见猪病诊治图谱》，这可是赵逢溪的“至宝”，平时碰到猪病方面的问题，他总能在图谱中找到解决办法。赵逢溪说，隔行如隔山，刚开始以为养猪很简单，但事实并非如此。刚开始，赵逢溪从猪场买的种猪，由于技术方面的问题，半个月后死了几只，让他心疼不已。为了提高饲养技术，除了购买书籍给自己充电，赵逢溪还多次向周边养猪专业户上门讨教技术。

当谈到未来的打算时，赵逢溪说，等养猪场的规模慢慢变大，他打算努力探索“公司+基地+农户”的经营模式，与饲养规模在50头到200头生猪的农户保持合作，只要农户按公司要求建设了标准化猪舍，公司即发放相应的苗猪，到猪出栏时再结算苗猪款。苗猪价位也很灵活，根据当时猪出栏时生猪价给养户定一个苗猪合理的价格，公司统一配送饲料，统一防疫，统一提供保健，这样减少了中间环节，大大减低饲料保健药等成本。

由于时间仓促，我们待了不多久就出来了。赵逢溪在送我们的时候说，再过两三年，有机会了你们一定要过来看看，到时候塘坊村肯定会有翻天覆地的变化。我们很感谢赵逢溪大哥的热情，也衷心希望他的养猪场能越来越红火。

（五）竹萍的养蜂户——盘金生家

由于竹萍处于深山之中，很少有外人进入，一旦有什么消息，村里人立马就能够知道。当我们的调研组不经意地路过村民盘金生家时，他便热情地邀请我们进他家中喝茶。当时我们非常地惊讶，在现在的社会中，能把陌生人随便请入家中做客，是多么难得的事情啊。

正好咱们调研组一行正奔赴组长家中，就分了两位组员到他家进行采访，其余人继续干自己手头的工作。我与组长谭盛辉开始了对村民盘金生的访谈。

进入他家客厅，迎面的便是一台34寸的液晶电视。我们顿时就兴奋了，这种液晶电视，别说是在竹萍，就是在整个塘坊村，甚至整个莽山乡，都颇为罕见。盘金生看出了我们的疑惑，“怎么样？这电视漂亮吧？去年年底买的，花了两千多元。”“您家生活过得好红火啊！”我们异口同声地说道。

来到他家后院，盘金生的爱人此刻正在磨镰刀，这会儿正是大中午，待会等天气稍微凉快些，他们就打算上山砍竹子了。盘金生爱人不知道家里来了客人，看到我们进去，也是热情地邀请我们坐下，与我们攀谈了起来。

盘金生今年已经年过5旬，有四个儿子。大儿子已经结婚了，带着老婆孩子在外打工。其他三个孩子初中毕业之后，目前也都在外打工。谈到这，我们道出了自己的疑问，“您的四个儿子都是初中毕业吗？为啥不供他们继续读书呢？”盘金生两口子满脸的无奈，看着天花板，往事历历在目。

当年二儿子读书那会儿，家里小孩多，全家经常是饭都吃不饱，夫妇两就算干活再卖力，由于地处偏远山区，仍旧无法满足家庭的日常开支。二儿子读初中那会儿，每个学期十几元的学费，经常凑不够，一直都是靠亲戚朋友东拼西凑才勉强能够支持。但二儿子学习成绩非常好，经常考班里的前几名，也一直嚷着要继续读书，但家里实在太困难。“一直觉得对不起我家老二，如果那会儿咬咬牙供他继续读书，今儿肯定是大学生吃着公家饭咯。”但二儿子一直是他们的骄傲，不管是在外打工还是家里办事，二儿子总是做得很好。在外打工，属他赚得钱最多，帮家里干活，也是他干得最好，最让父母放心。而且，二儿子也是个能工巧匠，不仅会做木工，而且还会修各种电器，简直就神了。

大儿子、二儿子出去打工之后，家里的情况就好了很多，也完全有能力供三儿子和四儿子上学了。可命运总是喜欢开玩笑，两个小儿子却不喜欢学习，在学校成绩不好不说，还经常惹事，让父母很是头疼，最终只好作罢。初中毕业之后，两个小儿子也外出打工了。

多么戏剧性的一幕啊，二儿子要读书，家里太困难，拿不出钱读书。三儿子、四儿子却又不喜欢读书。但终究还是好的，现在都已经自己赚钱，自己养活自己了。

盘金生一家与塘坊村其他村民家一样，经济来源基本相同。主要是靠砍伐竹子，种植茶叶为生，但夫妻俩比其他人干活更加卖力。其他村民一天干6个小时的活，而盘金生一家干8个小时。因而家里的经济收入比其他村民要高。但真正使得他家与其他村民与众不同的，则是盘金生的绝活——养蜜蜂。

说道养蜂，不得不提到盘金生的老父亲。盘金生自幼比较顽皮好动，小时候更是喜欢跟着老父亲上山。老父亲那会儿是村民中出了名的打猎能手，经常从山上收获回来各种野生动物，比如野猪、野鸡什么的。而盘金生从小就跟着父亲在深山中，从而得到了父亲的真传，不仅有极强的野外生存本领，而且能够使用各种简陋的工具，捕获各种动物。用他自己的话说便是，“你就是现在把我扔山里一个月，我照样活的好好的，我太喜欢大山了。”更令人惊异的是，盘金生从来不怕蜜蜂，被蜜蜂叮咬之处，无任何异样，盘金生本人也无任何感觉，这就为盘金生养蜂提供了天然的条件。

自从知道自己不怕蜜蜂后，盘金生就开始有意地饲养蜜蜂了。起初从深山中摘了一个蜜蜂窝搬到自己家中，放在木板做成的箱子中。然后，便开始观察蜜蜂的生活习性，同时也通过各种前辈的经验，以及学习了一些知识，通过自己的琢磨，渐渐就成功了。从一个蜂窝开始分，今儿分化成两个，两个变四个。到如今，盘金生的家中已经有十多个蜂箱了。此外，他还在山中、河边等各种地方放了很多的蜂箱。“养蜜蜂是有很多诀窍的，只要控制了蜂王，其余的蜜蜂是不会跑的。”盘金生笑着说道。他带着我们参观了这些蜂箱里的蜜蜂，只见无数只蜜蜂趴在蜂箱板上，不停飞舞。我和组长都是第一次见到饲养的蜜蜂，便忍不住仔细地瞧了瞧，差点就被蜜蜂蛰了。

正是依靠着这些蜜蜂，靠卖蜂蜜和蜂王浆，盘金生一家每年能多出好几千元的收入。但他也有自己的顾虑，这些年，随着山里环境的破坏，很多蜜蜂已经采不到当年那么多的蜜了，这样一来，蜂蜜的产量也就减少了。外加自己岁数已高，也没有那么多的精力来管理这些蜜蜂。小孩又在外打工，养蜂这事，估计再过几年，就干不下去了。此外，山里的竹林经过常年的砍伐，已经没有当年那么茂密了，他们现在上山砍伐竹子，都要走将近一个小时的山路才能到最近的竹林，每天来回得两个小时，有时候中饭经常是在山里吃早晨带过去的食物，他们年事已高，干农活也没有那么麻利了。

盘金生一家，每年的纯收入可达4万~5万元。其中，夫妇俩平日里上山砍竹子，每天的收入加起来就过百元。其余靠卖些茶叶、蜂蜜等各种农产品，年收入很可观。最主要是小孩都已经外出务工了，家里不需要很多的额外支出，儿子们经常寄钱回来，主要的粮食作物都是自给自足。因而家庭生活相当幸福，没有什么负担。

盘金生领着我们到了他新建的另一间屋子，是老大结婚的新房。装修得十分豪华，用的都是现代家庭的皮质沙发，外加大理石茶几，整个摆设运用了现代家庭装饰的基本布局，令人赏心悦目。

当谈及目前家里还有什么担忧时，盘金生说道，现在三个儿子都不小了，都到了适婚年龄，三个孩子的婚事，是目前他和妻子最担心的事情。虽然家里条件并不差，但是家庭祖祖辈辈所生长的地方——塘坊村，实属非常遥远的山区，很少有外地人愿意嫁过来。去年三儿子带了一个女朋友回家，家里人也非常喜欢，但最终还是由于家里地处山区，没有答应成婚。“那你们这么有经济实力，就不打算在外面买房，搬出去住吗?”我们问道。“以前还想过这个问题，到后来，根本上就不想了，塘坊是我们祖祖辈辈生活的地方，我们对这里太有感情了，另外，在外面，我们没有田地，也无法砍伐竹子，没有经济收入了，所以，我们不打算出去了。”盘金生微笑着说道。

但夫妻俩依旧对未来充满信心，他们也坚信，肯定会有人愿意嫁过来的，等到将来几个孩子结婚了，他们就不再上山干活了，专心在家带孙子，以安享天年。我们在此，也衷心的祝福盘金生一家子。

（六）综合养殖户——湖南莽山土里八吉农庄

湖南莽山土里八吉农庄位于塘坊村11组附近，承包了村里将近一千亩的土地，租期35年。虽说是位于11组附近，但我们从村支书所在的11组到达农庄所处的深山中，花费了将近一个半小时，全部为山路。其中超过一个小时的时间在爬山，我们一行十几人，在村支书以及乡政府领导的带领下，历经各种困难，终于抵达目的地。

刚到农庄，映入眼帘的便是一排排整齐的猪舍，但令人费解的是，猪舍里全都没有猪，后来与主人攀谈，才恍然大悟。进入农庄的主建筑，我们开始深刻感受到了现代科技与传统农业的完美结合。主建筑前有一条观光走廊，走廊的护栏用的是从山里直接砍伐的竹子拼接而成。前方是一排排的养殖农舍，用于养殖竹鼠以及石蛙。整个农庄的规划相当合理科学，利用所在地的地理优势及其特点，建筑得非常美观实用，顿时，我们调研组一行人就对此农庄产生了浓厚的兴趣。

湖南莽山土里八吉农庄成立于2009年，农庄成立时就已经注册了公司，以公司化方式运作和管理，至今已经是第三个年头了。公司法人代表为刘红霞，郴州人氏。而公司真正的发起人和创始人则是另外两位股东，名叫何勇和周彬辉。说到这，不得不说到公司创立这个传奇的由来。公司的创始人之一周彬辉是莽山乡钟家村人氏，也是创始人何勇的妹夫。周彬辉早年在外做工，又在乡里开了一个早餐店，通过几年的积累，可谓是有所积蓄。但胸怀大志的他并不局限于这些小打小闹，他一直有着更大的抱负。通过多年在外务工以及自己做生意的经验，他强烈地感觉到绿色生态农业将会是未来发展的趋势，生产销售这些绿色产品会获得很大的成功。但多年来这终究也只是一个深埋在心中的想法，一直找不到很好的机会进行运作。

公司的另一位创始人何勇先生，早年毕业于湖南师范大学政治经济系，后来改行做了律师，在郴州以及广东佛山发展，并成功地创立了自己的律师事务所。在外打拼多年，已属小有成就，但城市的喧嚣终究使人疲倦。何勇一直就很想隐退，到深山老林中自建一房子，自己种菜，养猪，安享天年。直到某日与妹夫谈及这些想法，发现与妹夫不谋而合，两人一商计，决定做了起来。为了没有后顾之忧，何勇将自己从业多年的积蓄在郴州市五岭广场周边一口气买下了五间门面，用其月租作为全家日常开支的来源。其余的积蓄全部投入到土里八吉农庄。

2008年，郴州遭遇了历史上最强烈的冰灾。而隶属郴州的莽山林场，所遭受的损失无可估量，无数树木被拦腰折断。也正是这一年，周彬辉开始进行项目的前期考察，为农庄选址。由于他的家乡莽山好山好水好空气，他初步决定把农庄定在莽山。他先后考察了莽山的众多村落，通过各种环境状况的比较，最终将农庄定在塘坊村。塘坊村的占地面积很大，分为13个组，组与组之间间隔的距离也很远，有的小组生活在大山深处，有的小组则生活在山脚下。思前想后，通过专家的测算和调研，最终把地址选在了塘坊村11组。理由便是，此处的气候最适宜，最高的海拔可达1000米。另外，通过气象专家的调查，唯此处的气温比其他村落平均要低2℃～3℃。如此优厚的自然条件，是进行绿色生态农业最完美的保障。

由于整个莽山都没有成功的绿色农庄案例供参考，一切都得靠自己，周彬辉与何勇决定从种树开始，进行先期的项目试验。待种树成功之后，以种植业带动养殖业，进而带动整个农庄经济。可由于种植的树种特殊，待土质化验结果出来之后，发现此处不适宜种植此种檀木，公司决定开始转作其他项目。进而公司又调研考察了一些项目，决定直接进军绿色产品，通过调研湖广两省各地的养殖项目，进行充分研究后决定养殖猪以及中华竹鼠和石蛙。

整个初步规划做好以后，公司进行了项目投资。其中，第一期投入资金30余万元，主要用于公司前期的厂房建设。此外，在公司定址于塘坊村的时候，就已经付了一部分租金，同样也花费了十几万元。随后，公司进行了第二期的投资，包括技术引进，对猪、中华竹鼠以及石蛙的配种，进行各种养殖试验，养殖物种的食物采购，还有公司职工的工资等。目前已经基本完成了这两期的投资，公司运行非常顺利。从目前掌握的情况看，公司的前期资金投入已经达到了100万元，全部由股东自行投入，没有任何贷款或者借款。据了解，公司目前有五位股东，包括何勇夫妇以及周彬辉等。最令我们惊讶的是，公司的股东中，有一位是大学教授，主要负责公司的各种与养殖有关的技术问题。特种养殖之所以稀少而且难以成功，除了对物种的生存环境要求非常高之外，对饲养的技术要求也很高。通过引入高校科研单位的技术支持，把最新最先进的技术引入实践中，而在实践中产生的各种问题又送回高校，进行立项科研，解决实践中产生的问题，这样一种从科研到实践，又从实践到科研的不断反复循环的方式，是现代科技必走之路。通过这样一种方式，将科学研究转化为经济效益，从而造福地方百姓、造福社会。

由于是公司化运作，公司每年年初都会开股东会，大家一起制定本年度的计划，每个月需要进行什么样的工作，各个项目需要达到什么规模、什么指标，都有详细的讨论和记载。当周彬辉拿出那本“年度计划表”给我们看的时候，我们都惊呆了，详细程度堪比科研计划书。

公司目前发展状况以及下一步计划介绍如下：

（1）放养猪项目。前文中提到的农庄猪舍里竟然看不到猪，是因为公司养殖猪的方式与众不同，并非常规的圈养，而是更加科学合理的放养模式。公司已经将承租的一座山用栅栏围了起来，下一步打算建规模化猪舍，然后饲养将近1000头猪。公司所饲养猪的品种也很有考究，并非普通农户所饲养的杂交猪，公司目前所引进的种猪名叫湘西黑猪。此种猪其主要是养殖于湖南怀化，其最大的特点就是肉质好，适合山地放养，但由于其长势慢，目前养殖的人已经越来越少了，此外，此种猪已经被当地政府保护起来了，政府甚至不允许外地人到本地购买它，只限于当地养殖。何勇费了九牛二虎之力，才购买到如今正生长在农庄的四头湘西黑猪。说到农庄里的这四头黑猪，还有个小故事。由于这四头黑猪并非同一批购入，其中有两头成年母猪，还有一对刚出生不久的小黑猪。而两头成年母猪在放养之后不久，就出现脾气暴躁、食欲增大等特点，经过专家初步预测，结果是这两头母猪怀孕了，奇怪的是，目前农庄里所饲养的雄性黑猪并未成年，不具有交配的能力，这两头母猪是如何怀孕的呢？饲养员又经过了一番实地调查，初步得出的结论是与生活在山林中的野猪进行交配。若此推测为真，那么就太有意思了，湘西黑猪与本地野猪进行杂交之后会生出什么样的后代呢？目前由于黑猪正处于孕期，今后会怎样，我们还需后续观察。

除了放养湘西黑猪之外，公司通过项目调查，还决定引进藏香猪这个猪类品种。这两种猪都有一个共同的特点，即肉质比一般猪肉要好，富含的蛋白质成分高。

饲养猪属于技术含量不算太高的项目，关键在于饲养猪的原料。公司通过科学实验，比较了饲养各种原料之后猪的生长状况，最后发明了一种麦麸发酵饲养法。这种方法主要是通过购买麦麸，用自身独特的发酵方法进行发酵后，再来喂养猪。这种方法的优势是节约原料，纯天然无污染，此外，猪的长势很好。目前，所有的前期实验都已经结束，并且取得了非常成功的效果，下一步，就是等着这批猪繁殖下一代，外加从外面大量地购买种猪，以进行大规模的养殖。

(2) 饲养中华竹鼠项目。由于本地竹子资源丰富，因而中华竹鼠在本地的山林非常常见，但饲养竹鼠却并非易事。当地很多农户都尝试着自己养殖，最终都没有取得很好的效果。而农庄通过科学研究，也正在不断尝试着养殖竹鼠的方法，目前已经取得了很不错的效果。公司首先从农民手中收购其从山中捉来的野生竹鼠，然后进行人工养殖，并通过一些方法进行人工驯化，使其从地下活动慢慢的转变为地上活动，随后进行繁殖。竹鼠养殖项目历经三年，目前已经繁殖到第三代了。从头期的几十只，通过不断的优胜劣汰，目前已经达到了数百只。从生物学中的经验得知，野生驯化的动物要留种进行人工养殖的话，从第二代留种最好。因而公司大量留存了第二代竹鼠，作为今后养殖的母种。

竹鼠养殖经济效益非常可观，一般可达八十元一斤。竹鼠繁殖一胎一般可达两到三只，且成活率很高。繁殖周期比较长，一只竹鼠从幼年到成年需要两年时间。而饲养的原料主要是竹子、玉米、稻谷等，饲养的成本也不算高。从目前公司所掌握的情况来看，竹鼠饲养项目已经非常成功了，各种关键性的技术都已经掌握，也比较成熟，就等着大批量地养殖了。

（3）石蛙养殖项目。石蛙养殖项目是近几年刚兴起的新型养殖项目，莽山由于山好水好，当地的河边盛产石蛙。很多村民在河边捕食一下午，一般能够捕捉到5~6斤。但野生的石蛙毕竟数量有限，要想实现长远的发展，将其转化为经济效益，必须进行人工养殖。但石蛙的养殖难度比竹鼠更大。从蝌蚪开始繁殖，最后变态成青蛙，这个一个完整的过程，对饲养环境还有饲养所需要的原料，要求都很高。公司对此专门成立了一个石蛙养殖项目，对各种细节进行了技术攻关。石蛙养殖的难度，关键在于对于其食物的把握。公司通过研究，发现其最适宜的饲养原料为黄粉虫，又称面包虫。此种虫所含的蛋白质程度最高，饲养的效果最好。公司头批引入黄粉虫养殖的时候，由于技术不成熟，头批黄粉虫全部死亡。后来又经过了多次的试验，才最终饲养成功。原料有了保障，剩下的就是饲养技术了。农庄通过对饲养场所的建设，努力做到仿野生养殖，饲养棚里所有的石头、水草均是从野外石蛙真实的生存环境中取得，这样更有利于人工饲养。

石蛙的生长周期比竹鼠要长，一只石蛙人工养殖从出生到长成需要三年时间，而野外自然生长的石蛙，由于食物不充足，生长周期需要4年或更长。

目前整个石蛙的饲养流程都已经掌握，关键性的技术问题也已经解决。此外，黄粉虫的成功饲养，不仅解决了石蛙的原料问题，而且还提供了另外一种绿色高蛋白食物，所谓两全其美。

当谈及石蛙的销路时，周彬辉笑着说，“根本就不用担心销路，目前全国都很少成功的案例，我们有可能是第一家人工养殖成功的，目前很多关键性的技术已经在申请专利了。”

纵观整个农庄，我们看到了新时代背景下的新型农业，将现代科技与传统农业完美地结合。公司从创立的第一天开始，就立足于做绿色生态产品。由于饲养的物种特殊，公司也把自身的客户群定位在高端市场，主要先满足那些收入情况比较高的人群的需求，待到公司开始盈利之后，再通过慢慢降低成本，设立一些能够满足平民需求的绿色食品项目。这种清晰的发展思路给我们调研组一行人上了一课，做企业，除了要扎扎实实地做事之外，一个清晰正确的发展思路也很重要。

要做到绿色全生态，并非易事。特种养殖很困难的一块就在于动物的防疫，一涉及到防疫，难免不让人想到各种疫苗以及药物之类的。而农庄的绿色之所以称为全绿色也正在于此，农庄里所有的动物要是生病了或者需要防疫了，所有的药物都是农庄通过自行研究，利用中药所研制的，而中药的药材就在农庄所处的这片大山中，就地取材，自行加工为药物。听起来多么的不可思议啊，但这就是真实地发生在莽山，发生在塘坊村。

随行的乡政府领导也提出了他们的看法，看到这片农庄发展势头如此之好，领导们谈到了中华老字号，北京全聚德烤鸭。将来农庄所生产出来的绿色产品必须树立自身的绿色品牌，并且很多细节方面可以像全聚德学习，比如为每一个所饲养的动物进行电脑数字编号。最终每一个从农庄中销售出去的产品，都能找到其之前的饲养员以及每日的食谱和健康状况等。要是能够做到这个程度，我们相信，农庄会取得巨大的成功。

谈到公司目前所面临的困难，周彬辉微笑着说，“要说什么实质性的困难，倒也不存在，我们通过这几年的摸索，已经取得了很多的经验。但公司已经成立三年了，至今一直还在投入，没有产出一分钱。目前虽已经取得了阶段性的成功，但真正大的投入还在后面，我们预计，在未来几年，公司的总投入将会达到1000万元，到时候我们会引进投资。不过钱还是不用愁，目前已经有很多的投资者愿意入股了，我们的问题就是挑选哪个投资者入股了。”说到这，大家都笑了，是啊，多好的项目啊，前期的投入都成功了，这会只等着投资赚钱了。我们将来希望看到，在湖南莽山，在塘坊，有这么一家中国绿色生态农业公司，能够进入资本市场，造福股民，造福社会。

（七）药材种植加工能手——赵志勇

塘坊村地处亚热带湿润季风性气候区，属南岭山地的中山地貌，村内山峰陡峭，溪河纵横，峡谷幽深，其独特的气候和山林环境，极其适宜茯苓、金银花、当归等中草药植物的生长。然而，药用植物种植却并没有成为塘坊村极具特色的种植业，甚至是鲜有人种植。赵志勇是塘坊村少有的一位药材种植能手，他的家住在塘坊村2组。

2012年7月6日上午，在村支书赵观友的带领下，调研组成员经过一段水泥公路，只花费了20多分钟的时间，就非常顺利地找到了赵志勇家。他家的住房是砖石瓦房，建筑面积约有65平方米。一走进他家，赵志勇赶忙让座，并热情地拿出利乐包装的菊花饮料，不停地招呼我们品尝。赵志勇1967年出生，瘦高个儿，穿着朴实，表情平静，说话速度比较慢，给人一种纯朴有礼的感觉。赵志勇虽然只有小学文化，但对药材可谓是“博闻广识”。赵志勇一家有四口人，妻子赵小妹在郴州市区的宾馆里做保洁员，有一个21岁的女儿赵媛，在东莞的工厂里打工，还有一个9岁的儿子赵坤，已经上小学了。赵志勇家里有1台电视机、1台电冰箱、1个组合音响、1辆摩托车和3部手机，其中摩托车是他家的主要交通工具。除此之外，家里还有3~4亩旱地，主要种植水稻、茶叶和茯苓。全家2011年的总收入为2万多元，主要是妻子和女儿外出打工以及自己种植和加工药材的收入，其中自己种植药材的年收入有7000~8000元。

赵志勇告诉我们，他本人种植药材已经有10多年的时间了。几年前，他种植过少量的天麻，天麻是一味常用且名贵的中药材，临床多用于头痛眩晕、肢体麻木、小儿惊风、癫痫、抽搐、破伤风等症，但是由于自己没有经验，最终没能成功。除此之外，以前他还代收过黄精，收购价格为1~1.2元，转卖后每斤可赚取三四角。但是，他目前主要种植加工茯苓，其次也种植加工杜仲。

访谈过程中，我们了解到赵志勇家里有几棵杜仲树，长了有10多年了，现在大概有8~9米高的样子。宜章药店收药材的人告诉赵志勇说，杜仲树是我国特有的药用树种之一，以树皮和叶子入药，有补肝肾、强筋骨、安胎、降血压、利尿等功能。另外，杜仲皮和杜仲叶里都含有一种杜仲胶，是各种电器的优良绝缘材料，也是海底电缆的必要材料。赵志勇告诉我们，一棵杜仲树要生长10年以后，方能采收树皮入药，其最佳的采收树皮年限为10~25年，剥皮年限过早的话，不仅质量差而且产量低，其最适宜的剥皮季节为5月下旬至7月初。剥皮时采用环状剥皮法，剥皮长度一般为1~1.5米，剥皮之后要用干净的透明塑料布或牛皮纸将树干包扎后，30天左右新树皮就会全部形成，此时要除去包扎物，等到树生长3年以后又可以再进行剥皮了。相对杜仲皮来说，杜仲叶在栽种3年以后就可以采收了，在树木落叶之前将树叶采下，晒干即可。当问及如何加工杜仲时，赵志勇耐心地说，将剥下来的树皮上过厚的粗糙栓皮用刀刮去，再将树皮展开，内侧相对堆放在平坦的地上，上边要盖上稻草等覆盖物进行发汗，也可以将树皮在沸水中烫一下，然后堆放在一起发汗3～5天的时间。当树皮内侧呈现紫褐色或黑紫色时再取出晒干，晒干后就可以找车运到宜章或郴州的药店里去卖了。每斤干皮可以卖到6～7元，运费由自己承担一部分，剩下的则由药店支付，到宜章来回一趟自己支付50～60元。由于到郴州比到宜章要远很多，而且必须坐大巴车才能去，每次能携带的药材量有限，交通成本比较高，所以自己还是会将大部分的杜仲拉到宜章去卖。

通过赵志勇的讲解，调研组成员了解到原来茯苓像蘑菇一样都是一种食用菌，而不是一种植物，它具有利尿、安神、健脾的功效，能主治体虚浮肿、小便不利、脾胃虚弱、心神不安、健忘、心悸失眠、腹泻等症，人们常吃的茯苓饼、茯苓膏也是用茯苓做的，它也是一种非常好的食疗保健营养品。当问及是如何想到要种植茯苓时，赵志勇告诉我们，在人民公社时期，大队集体种植过茯苓，那时候的种植规模非常大，有几万斤的样子。也就是在那个年代，自己在生产队种植茯苓积累了很多经验。另外，种植茯苓每年也只在种植和收成时忙碌一阵子，并不影响他干其他农活。再加上，几年前到宜章药店卖杜仲的时候他了解到，茯苓的卖价比其他药材相对高很多，想到种植茯苓的投资成本小、产量高、收入可观，他便决定要种植茯苓。

当进一步谈到种植茯苓的过程时，赵志勇一下子变得活跃了很多，从他侃侃而谈中，调研组成员们共同分享了他种植茯苓的心得和经验。赵志勇告诉我们，他使用了段木栽培的方法来种植茯苓，而段木栽培茯苓以松木为主，松树最好选择生长10～15年或者树干直径为10～40cm的马尾松。生长在阴坡的树木比生长在阳坡的树木栽培茯苓效果要好一些。因为阴坡的松树生长的高大笔直，松枝较少，材质适中，茯苓产量较高。阳坡的松树多比较弯曲，枝多材硬，不利于茯苓菌丝生长。同样的道理，长在山下的松树比长在山上的松树栽培茯苓产量要高一些。砍伐松树的时间也是有一定讲究的，每年冬季是最好的时候，一般打春后不能备料，因为打春后水分上树，砍伐的树木接种后容易脱皮，不适宜栽培茯苓。将砍伐或捡来的树木及时剔除枝丫，使松树干燥后锯成约70公分的段木，然后再根据树木的大小开始削皮留筋。树大的削4处左右，树小的削2处左右。用利斧头纵向削去3厘米宽的皮，松木至见白时即可，削皮对削，留皮对留。比如，在木桩的一侧进行削皮，就要在木桩的这一削皮处的对面位置再进行削皮，留皮的方式也是一样的。削皮的目的主要是有利于段木达到一定的干燥程度，而留皮的目的是等到接种以后能有利于菌丝的生长。将削皮留筋后的段木堆码在向阳、干燥、通风的地方，用砖头或石头将段木垫高30厘米左右，堆成“井”字形，堆高1米半左右。料堆顶上用塑料布或者编织袋盖好，千万不能让雨水淋湿段木，更不能让段木生霉，以免茯苓减产或传染病菌。堆码的目的是使段木风干，以防腐烂和虫蛀。一个月要翻堆一次，一般来年五六月份的时候木料就干了，这时的木料就能进行栽培使用了。栽培场地可以选择东、南、西方向的坡地，但不能朝北，坡度在15℃～30℃最好，且场地最好是向阳、沥水、疏松的沙质土壤。栽培时首先要根据木料的形状、大小以及场地的坡度挖造斜面。顺山挖穴，开穴的方式为长条式或不规则式，一般穴要宽10厘米左右，长70厘米左右，深10厘米左右。太深的话，容易积水烂菌种。穴挖好后先适当地撒点白蚁粉在穴里，以防蚂蚁和其他害虫侵蚀菌种和菌丝，大约每亩地1千克左右。然后，就该放木料了。栽培时注意木料的干度不能有裂缝，手摸上去没有粘连感就可以栽培了。如果木料有生霉，可用刀削去生霉部分后用清水洗干净，晾干后再栽培。脱皮的木料不能接种，放木料的一般规律是由山坡下向山坡上逐穴将段木放入穴中，一般一穴为三木，其中较粗的两根木料用来接种，较细的一根木料用来做连接。具体的做法是先将木料削皮处紧靠，缝隙用沙土填好，但不要塞得过紧。下一步就到了接种的环节。最初，赵志勇从市场上购买了可直接用于栽培的茯苓种子，价格是5～6元/袋。由于塘坊村海拔比较高，买来的种子是适合在海拔700米以上地区种植的中、低温型种子。赵志勇说，接种必须要在晴天进行，这样的天气操作方便，不烂菌种，容易成活，不能在阴雨天接种。接种就是在段木一端（最好是上面的一段）放菌种，每穴放入菌种1～2袋，据木料大小、多少而定。一般是将菌种分成两半，不能捏成细块或粉末，然后将菌种合理放在木料顶端，再用小松针盖在上面，每穴段木里要放入一根细的段木，作为连接，使菌丝能够蔓延，然后将段木压紧开始覆土，覆土不能过厚，只需要5～6厘米即可，土要覆盖成书背形状，两边还要打好排水沟，排水沟必须低于木质底部6～10厘米，以防雨水进入苓穴，致使茯苓和菌丝、木棒腐烂发霉。接种后15天内不能淋雨，如果下雨需要及时盖上塑料膜，以防止淋雨后烂种，塑料膜还可以在雨天起到一定的保温作用。栽培后的茯苓菌丝会附着在松木上生长，吸收、积累松木以及土壤中的养分和水分，50 天左右茯苓菌丝就会由白色转变为棕红色，然后大约 70 天左右，便可以“结苓”了。生长期间的茯苓在外形特征上几乎没什么改变，只是会逐渐变大，茯苓表皮里面白色的浆也会逐渐增多。茯苓接种一次可连续收获 3 ~4 年。段木接种后，快的话 4 ~6 个月，慢的话 7 ~10 个月就可以采收茯苓了。一般小的木料茯苓成熟较早，木料大的成熟较迟。生长期的长短除了木料大小这一原因外，主要是受气温、土温的影响。到了采收时期，可以经常翻开土壤检查茯苓是否可以采收。凡是茯苓皮色开始变深，变为黄褐色或者呈黑褐色，皮外裂纹处渐趋弥合，呈淡棕色就可以采收了。凡是手按绵软的，说明茯苓中还是苓浆，这样的就不采收。采收时用刀子割断茯苓，不能伤及木料上的苓皮和树皮，以利于新茯苓的生长，采收完毕后再用沙土盖好穴，原来生长茯苓的地方很快又会长出茯苓。由于茯苓的成熟期不一致，所以采收时应采取“采大留小”的原则，将长大成熟的茯苓陆续分批采收。下一批采收茯苓时，如果木料是白黄色就能继续生长茯苓，采收后将木料埋在土里，继续生长下一批茯苓；如果木料全部变黑或腐烂，就证明不能再生长茯苓了，就需要换木料重新接种。赵志勇说，管理好的情况下，每穴能收茯苓 50 ~60 斤以上，茯苓的卖价为每斤 12 元左右。

除了人工种植茯苓以外，赵志勇还时常跑到山上去挖野生的茯苓，然后将其出售，售价为每斤 6 ~7 元。赵志勇说，自己看到其他人在集市上卖野生茯苓卖得挺不错的，所以自己就也想尝试一下。山上一年四季都有野生茯苓，一般大都生长在比较阴湿的地方，但数量上与从前相比少了很多，与人工种植的茯苓不同，野生茯苓在剥开外皮后，内部呈现淡黄色。一般小商贩们会来村子里收购野生茯苓，然后再将其转卖到韶光，因为韶光人很喜欢野生茯苓。除此之外，赵志勇也会把野生茯苓拿到天塘的集市上去卖。

通过与赵志勇的交谈，我们认为中药材种植一定会是塘坊村一项新的有发展潜力的特色种植业。塘坊村得天独厚的山林环境和气候条件，极其适合发展这一投入少、见效快，能促进农民增收的特色项目。随着生活水平的提高，人们对养生保健也越来越重视，中药材种植和销售必然会有着非常好的市场前景。但是，像赵志勇这样有着很多技术经验和发展意识的村民实在是太少了。我们认为，乡政府应该深入思考这样一个问题，即如何充分发挥塘坊村的资源优势，带动农户发展茯苓等中草药种植加工，并将其尽快形成规模，然后进一步做大做好做强！

十、工商户

（一）超市个体户陈望松家

由于塘坊村所处为深山，村内并不存在商业街道，正是受这个因素影响，塘坊村村民的一般日用消耗品都得来莽山镇采购。换言之，塘坊村的经济发展程度同莽山镇具有密切关系。因此，我们调研队将莽山镇的部分商户也列入我们的访谈名单，其中超市个体户陈望松就是镇上商户的访谈对象代表之一。

陈望松，男，汉族，生于1966年，莽山乡镇麦得乐超市的主人，老家钟家村。家共有三口，妻子黄运花，儿子陈雨。家里分有田地一亩二分八，于2006年二分多田被“7·15”洪水冲走了，至今都没有人管治，现如今它们已变成了一个沙滩，在剩下的一亩多田中七分用来种植了水稻，其余四分种了茶叶。原本种茶叶可以活跃下经济来源，但由于山上的土地属于公家或被外来的老板从公家那里租用不准许随意开垦，而自家分得的土地又受山地有限原因，只种植了四分茶叶。陈望松告诉大家，其实村委会把山地成片外租，并不划算，尽管村委会每年都可以从外商那里提成，但是分到村里每家每户手里的钱却只有100多元，在物价上涨的现在几乎解决不了家庭的任何开支问题。

在采访陈望松之前，我们调研组成员也对钟家村做过部分调研，发现当地的房屋建筑较其他村更先进，然而陈望松给我解释说：“整个莽山钟家村表面看来是最富有的村子，但实际上也是欠账最多的村。村委会我不太清楚，但作为老百姓来说是这样的。你们进村的时候看到的村里那些新房子，实际上大部分人是靠借来的钱建的房子。大伙考虑到房子总是要建的，在今后的日子里或许能够有外来经济收入偿还。我家在钟家村算是困难户了，这几年也是被迫来到外头闯出了一条路——开超市，但村里有些人出来也没有闯出过什么名堂，就只好回到村子里，钟家村拿低保的家庭到目前为止还是蛮多的。现在家里新型合作医疗保险和社会养老保险都参加了，但低保金我没拿，我没有上报。尽管家里条件不是很好，但是我怕名声不好，对儿子到时候讨老婆有影响，也就没有拿低保了。

关于村里的责任分田制度是存在一些问题的。1982 年调了一次田，1989 年再小调了一次田，一直到现在二十多年了都没有再调整过。家里现在既没有地方种水稻，也没有土地种茶叶、搞茶园。真的是要山没山，要田没田，要土没土，有力气也没有地方去使。家里原来分了四个人的田，有妈妈的和两个弟弟的。小调后，因为哥哥参加工作了，特意把他调了出去，就只剩下三个人的田了，现在却要养八口人。他儿子到现在二十多岁，在家里也是没田没土没山的，就是因为从上次分田到现在为止，二十多年了都没有小调或是分田。总的来说，还是当年生女儿越多就越好，女儿外嫁了后，家里留给男孩子的土地就会多些。人口减少了，田土却不会减少的。我们家算是弱势群体，当年家里男孩子有四口，实际分下来的土地就只有两口人的，这一平摊下来，每个人得到的田土也就少之又少了。由于分得的田土少，现在我自己是不敢生多了。尽管我老婆是瑶族，按照计划生育制度我们家是可以生两胎的，但再生一个儿子，一亩多的田怎么去养活家里再多添的一口？

再者就是我岳父家里四个女儿一个儿子，在当时是分了很多田地，但是前些年女儿们都外嫁了。到现在老人都老了，家里是有田地却没有劳动力。这样看来这个分田制度是很不合理的，这是村里大家公认的，但是我们作为农民对于这个问题又没有能力向上级反映，实在是很无奈。”

谈及此处，陈望松让我们务必要记录下这样一个问题，一个历史遗留问题——组长交接是个糊涂账。主要指的是组长转换时候关于账的问题和田的分配问题（二十多年没有调动更新过），再就是茶叶苗子购买引进的问题。

麦得乐超市是陈望松于 2010 年年底从妻子的弟弟（小舅子）手里接手过来的，面积加上仓库共 50 多平方米，一个月的租金是 2500 元，一年下来的租金大概是 3 万元。陈望松告诉我们，其实这个超市算是小舅子支持他的，小舅子给店里的现货评估了本金之后，并没有让陈望松立马付现，而是不要他花一分现钱就转让到了他的手里。陈望松说：“假如当时小舅子要我交付十几万元的现钱，我是绝对付不起的，在这点上我很感谢我小舅子。因为当时这个店也是小舅子从他人手里外借了 6 万元租过来的。”

麦得乐超市以生活日用品为主，以前也卖过特产，例如收购茶叶、木耳、河鱼干然后转卖等，但是感觉效益并不是太好，不仅销量受季节（旅游月份）

的影响比较大，而且进货的价格也会比在天堂市场的进货贵一些，比如一箱片片橘的价格就会比天堂贵1.5元；而一箱啤酒要贵2元。2011年陈望松有收购过茶叶，试营业了大半年，那时候收茶叶要38元一斤，而转手卖的价格是40元，由于收购的成本太高，茶叶打包和缴税后自己根本就没有赚，再到后来因为基本没钱赚就不了了之了。超市的进货渠道是到郴州大市场，有郴州老板直接送到店里。店子基本没有政府补贴，一年下来交的国税（营业税）大概是3000~4000元。一般情况下是不开发票的，除了消费者要求开具发票的时候才会开，这时候才会交3.5%~5%的税。

以前，陈望松家人均年收入是4000元，在开超市后家庭效益总体好了许多，现在人均可以达到20000元了。在开超市之前干的活比较多，有帮别人摘茶叶、养猪、外出打短期工和林业局采伐等；在乡硅厂做电器检修，老婆是中专生，在厂子里做化验；也拿了驾照，开过手动拖拉机，那时候的运输路基本属于碎石泥路，比较危险，耗油大，收入又不大。而且在这种小地方载重没有严格限制，普遍都要超重，不仅耗油大，安全系数也基本没保障，很没前景，经过多方面考虑在开了几年后也就没有做这行了。如今，陈望松的家庭开支恰好是和超市取得的盈利相持平，维持生活花销，其中儿子上学的教育支出是主要的花销之一。麦得乐超市一年的销售额大概是60万~70万元，纯利润是6万~7万元。2011年儿子从宜章一中高中毕业，现在惠州上大学一年级，读的是广东技师学院。每年在大学学费加生活费的花销总共将近三万元，2011年给儿子买了台电脑5000元，还有平常报的学习班，例如考驾照、外语补习班和羽毛球班等，陈望松觉得："只要是我崽上进、想去表现自己的话，作为父母还是会尽量满足他的志向。"

看到陈望松如今的丰裕生活，我们问他早些年怎么没有出来做生意，他说："那时候有很多因素限制，其一我早些年是想去乡委工作，根本没有考虑过要来镇上开店做生意；其二老婆学了裁缝做衣服，在家里做了有4年，并不想出来做生意；其三老婆后来又被民办学校请去代课任教了6年时间。现在看来还是当时各方面受限，没有条件出来。我们三兄弟，爸爸在我两岁的时候就去世了，妈妈从26岁的时候到现在就带着我们四兄妹。哥哥在1984年考学去了长沙林校学习，往返的路费要9块钱，为了节约开销，哥哥连续三年都没有回家，期间的学费和生活费都要靠他自己的奖学金和勤工俭学凑足，而我只能待在家里照看年幼的弟弟。后来，哥哥毕业后国家直接分配到了郴州林业局工作。一九八几年我建了新房子，那时候弟弟还在上高中，还要依靠我来给他交学费及生活上的供养。这样艰辛的家庭状况，实在是不允许我外出打拼。”

关于店子规模的事情，陈望松一家目前暂时没有扩大的意向。通过这一年半的经营，陈望松发现超市生意与景区的关系并不是太大，景区所带来的经济效益大致也就只有20%。其主要原因在于超市距离景区有十五公里，步行过来要四十分钟，而大部分游客来莽山，主要都是直接前往景区，并不会刻意到镇子这边来购物。陈望松告诉我们上边提到的20%的经济效益指的主要是景区饭店要到超市这边购买油盐米酱醋等物资，而并非是指游客的直接消费。再者距离莽山景区有另一个市场——天堂市场，那里的货物名牌和杂牌都有，很多景区老板还是选择到莽山镇来采购，因为这边进的都是名牌，他们对在这所采购的货物的质量比较有信心。

当我们问陈望松对儿子有什么期待时，作为父亲的他告诉我们：“我崽（儿子）跟我和他妈讲，他八年后就让我们享清福，我和他妈什么也不用干，只要带好孙子就好了。其实，我和他妈希望儿子有个完满的家庭，一家子过得轻松愉快就好，再就是在外面可以找份好的工作、专业对口、工资高点，可以受到老板或领导的青睐和提拔，一个月一万元左右就可以了。在住房方面我倒也不强求一定要买房子，外面的房价你们都是知道的，一买搞不好就成了房奴，我崽租一辈子的房子也是可以的，实在不行等儿子老了再回来建一栋。”说到这，陈望松的笑容变得格外的慈祥、甜美，不禁让我们深刻感受到一位慈父对儿子所给予的那份最广博的呵护与期待。在文章的最后，我们真诚地祝愿陈望松美梦成真！

（二）摩托车修理赵瑞锋家

在对会计赵仁保的采访中，我们了解到其大儿子赵瑞锋在镇里开了一修车店铺。据他介绍该店铺开在乡政府对面，一说，我便能瞬时定位，因为每天我们都将在其店铺面前走过好几个来回，之所以有深刻的印象，是因其店铺非常简陋，一座矮小的红砖房，没有任何的装饰。

当天从山里下来，晚上我们便来到了小铺赵瑞锋家，在其店铺门口坐了很多人，但只有一个年轻的小伙蹲在摩托车旁叮叮咚咚地忙碌着，我们还是打断了他的工作，我问："你是赵会计的儿子吗？是塘坊村出来的吗？我们是你爸介绍来对你进行访问的。"确认后得到小伙的同意，但他说他很忙，还有几辆车都还没有修完，我说，没关系，你边修我们边问，可才刚问几句，哧哧的电钻声打断了我们的对话，在短短的几分钟对话里，就打断了几次，我们开始有些泄气了，此时他便说，你先问问我姐，她也有所了解，我们也没办法，只能先和他姐姐聊。

赵瑞锋，男，32 岁，瑶族，初中学历，家共有六人，父亲赵仁保，56 岁，高中学历，现任村里会计，弟弟赵瑞秀 29 岁，只上了小学，外出在广东一砖厂打工，其妻子盘志兰 29 岁，他们育有两儿，大儿赵诗海今年 8 岁，小儿赵诗超今年 6 岁。当我们问及家中是否有人生过大病时，此时大姐的心情十分的低落，据她所说，去年时，她母亲患癌症，一发现便是晚期了，不到三个月的时间母亲便离开了人世。

当我们进入正题访谈关于赵瑞锋经历时，姐姐却不知一二了，我们只好中断了对姐姐的采访，回到了赵瑞锋身上，此时的赵瑞锋仍在不停地忙碌着。

赵瑞锋告诉我们他的店面是在今年五一开始营业的，占地面积 60 多平方米，地租每个月 150 元，到现在为止还未交过房租，因为地是租的，也不知能租多久，所以才建了这所简陋的小房，一是可以节约一大笔建设费，二是也不知能够租用多久，所以建太好也没必要。姐姐住在乡里，也是嫁到塘坊村，但现在老公在林业局上班，因此也就在乡里安了家，姐姐时常都会过来串门。赵瑞锋读完初中后，便未再上学，问到因为自己不愿去读呢，还是什么原因，姐姐回答道，是因为上不起学，家里几个人都在读书，初中毕业后，便外出打工五六年，在这五六年中他做过很多的活。当他谈起这五六年在外面打工的日子，一路的辛酸，虽然不说，但已经在他的表情中感觉出来了。他说，在初中毕业之后去了白石渡做混凝土，每天都特别辛苦，是依靠体力劳动来赚取微薄的费用，做了半年便去了东莞的一码头，在那里搬运水泥，因为个子矮小，力气也小，所以只能干别人一半的工活，其他人能一次从船上扛两包水泥卸下来装车，但他只能扛得上一包，所以工资也只能是别人的一半，每天也就 150 元的样子，但这样的生活实在太苦太累，自己一辈子也不可能待在这，所以待了半年便也离开了。回到家里后，因为自己的文凭低，所以也找不到好工作，被迫无奈又去了梅田，那里煤资源丰富，到了梅田还是出卖苦力，下煤井掏煤，他一说到煤井，我脑子里闪过的便都是什么陕西煤井塌方、瓦斯爆炸的画面，我也不由自主地感慨了起来，赵瑞锋便也回答道，对啊，那是拿命在赌，你以为呢！弓着背把拖车拖进去，装满一拖车煤又要马上拖出去，煤井又深又黑又热，汗流浃背的，每天就在那煤井里来来回回的好几十个来回，那时的腿都感觉要废了，真的是太辛苦了。也干了几个月吧，最后还是决定去东莞进厂子，来到东莞后进了一个五金厂，生产零件，在厂子里待了两年，结识了一很要好的哥们四川小余，小余的哥哥在东莞开了家卖衣服的店子，在那打工时也经常在空余时间跟着小余一块去哥哥店子里帮忙卖衣服，后小余告诉赵瑞锋，哥哥把店面开到北京去了，在北京有几个店面，生意可火了，需要小余过去帮忙，于是小余便离开了东莞。没过多久小余给赵瑞锋打电话，让他也上北京去他哥哥店里帮忙，月薪3000元，赵瑞锋想了想，现在自己在厂子里打工也就千把来元，于是便答应了小余，买好了去往北京的火车票。刚到北京小余又告诉他，换地了，他们都在山西，因为自己身上的钱所剩无几，也不好在北京逗留，便直接买了去山西的火车票，到山西后，小余来车站接的他，来到小余住所，房子里还有好几个陌生人，小余介绍说，都是在这边帮忙的，来到这边后所有的人都对他无比的热情，以至于让他感觉不太对劲，他一直要求去看他哥哥的店面，但是小余一直推脱着，由于小余过分的热情，让赵瑞锋提高了警觉性，向小余借了两百块钱说是买衣服，提出去他哥哥店子看看，结果还是得到了推托，山西古城多，小余便带着赵瑞锋去逛古城老巷了，然后就窜进了一条许多出租房的小巷子里后又走进了一个宅子，宅子里摆放着黑板、座椅，赵瑞锋说道，根据他出社会这几年，一进那房子他便知道是搞传销的，进院子后，赵瑞锋便点了支烟抽，此时便有人员走过来阻止他吸烟，并且还要求他把手机关机。赵瑞锋回答他们，“我出社会这么多年什么都干过，也没听过有这样的要求，我是不可能关机的。”他感到十分的反感，人员开始授课了，教他们如何如何赚钱，怎么怎么卖化妆品，当他那支烟斗还没抽完，他便离开了场所，小余紧跟其后害怕赵离开，出来后赵对小余发了一顿火，要求见他哥哥，小余告诉他，他哥哥也在里面，赵二话也没说便离开了。由于身上仅剩借的200元，要回家的车费需要260元，还差60元，没办法只能留下来打工，赵进了一家砖厂，成了搬运工，在砖厂打了半个月的工赚取了300多元，辞去工作，便离开了山西。

离开山西后，回了趟老家，没办法只能开口向老爸要了车费又外出打工了，来到一塑胶厂，做喷漆工人。我了解过，喷漆对人体伤害很大，他也说了，有的工人做得久的，都直接吐血了，他也没干多久就离开了塑胶厂。后来到一电子厂，进厂时，他对电子方面一窍不通，老板看了看他的简介，他又当过副主管，感觉这小子挺能干的，便得到提拔一升再升，后做到了副主管职位，工资1800多元，在厂子里结识一朋友小民，小民说他会修摩托车，赵瑞锋对修理十分感兴趣，便开始筹划要开始自己创业，在与小民的沟通下，他辞去了副主管的职位，跟小民回到了一六，在一个摩托车修理厂当起了学徒，小民当起了师傅，在一六待了半年后又离开了，当我问到为什么才半年就想要离开一六呢，不是出师都得三年吗，他回答说，老板不好，为人苛刻，之后便又下东莞进厂打了一年工，这回进了一个生产螺丝的工厂，他边说，边拿了几颗螺丝给我看，他说这一年，在厂子里跟这螺丝打交道对他很有帮助，还跟我们分析这螺丝多大的牙，多深的牙距，多硬的螺丝，是什么螺丝，用什么材料做，自己一眼就判断出来。一年后小民自己回永州开了家修理店，邀请赵前往帮忙。赵回了永州，在他店子里帮忙，因为技术还不到家也只能是当学徒，小民每个月都给赵基本工资，在永州干了两年，赵感觉在那没什么发展，首先地理位置不太好，也感觉小民不太会经营，店里从来不存货，当客户需要产品时，再去拿货，这导致经营出现了问题。后赵去了韶关一亲戚家开的修理厂，在韶关进修三年后终于出师，去年赵便回到了当地，开始筹划自己开店了，回来后，因为还是没有足够的资金，便在旁边水厂开机上班，在这半年里，他在水厂上班，得闲便建设现在的那所小房，赵说道，每一块砖都是自己砌上去的。当我问他为什么会选择修摩托车，他说是因为个人的爱好，也从来没有进过技术学校得到任何培训。

这房子建时花了9000多元，其一部分是自己这几年打工、当学徒时积攒下来的，一部分是得到家里的资助，从今年5月开始正式营业，因为熟人、朋友、同学多，大家特别的照顾，生意特别的好，才开业第一个月所有费用就赚回来了，我问是否已经把钱还给了爸妈，他说没有，他现在把所有的钱都进行投资，扩大经营，在这两三个月都进行存货，他告诉我，在这两个多月里，他就已经赚了3万多元了，他说在接下来这两个月就将所有的钱都还清，之后就开始攒钱了，问到对以后有什么打算时，他告诉我们今年把账还清，再买一个小面包车，这是今年的预算，接下来就好好地赚钱，买上房子，到时候把爸妈从山上接下来跟自己一块住，让老人家好好地享享福。

（三）开小商店的赵友兰家

谭小明接到个电话要出去跑活儿，把我们托付给了他的二嫂赵友兰。赵友兰是南方人，小巧的身材，五官分明，能看得出年轻的时候一定很漂亮。她话不多，示意说吃饭的时候再来叫我们，就转身出门忙家事去了。

赵友兰丈夫赵小平和谭小明是亲兄弟，但是因为瑶族给孩子冠姓的习俗两人分别随父母姓。现在两家都在村里才通路的水泥马路边上建的房子，做邻居相互照应着。赵友兰家的两层高的房子前一阵才建好，无论是用玫红色瓷砖全部贴好的外墙装潢还是屋内白墙家具，都显示了这一家子在塘坊村的富足。不过因为厨房还未完工，这家人除了晚上睡在新房里，白天做饭吃饭则在马路对面一个十五平方米左右的简易平房里完成。平房是她家建新房期间过渡用的房子，里面电视机、美的电冰箱、新飞冷柜、电水壶、饮水机等大小家电一应俱全。同时，这间平房也是赵友兰在塘坊 3 组开的小商店。在塘坊村，因为下山的路程较远，几乎每个村民小组都会有一个这样规模的小商店，主要销售日用品和零食。进屋右侧靠墙的一面放了两个木柜，前方置放了两个透明货柜，货柜分区摆满了二锅头、保健酒、和其正、王老吉、红牛、爽歪歪等酒水饮料和一些廉价香烟，小瓶茶油、腌菜等厨房调料，最多的还是基本日用品，如香皂、卫生巾、牙膏牙刷、肥皂、毛巾、洗衣粉、蚊香、伞等，以及孩童们爱吃的小零食，如泡面、饼干、瓜子、花生、冰棒等。

出生于 1975 年的赵友兰只有小学文化。她丈夫赵小平比她长 4 岁，这段时间在 11 组帮村主任建房子，因此我们离开前也没能见到一面。俩人共生育两个孩子，大女儿赵丽丽，1993 年出生，因为成绩不好，初中毕业后就出去东莞打工，并且会贴心地把自己打工赚的钱寄回家补贴家用。儿子赵佳俊，7 岁，正在村里读小学一年级，这个有些调皮的孩子在我们访谈期间时不时窜到柜台后面，要么就是偷摸拿个冰棍吃，要么就是领着几个小孩拿个鱼罐头来尝。赵友兰看见又好气又好笑，告诉我们说儿子太顽皮，一放假就把他送到管教严厉的姑姑家去住了，今天才接回家，每天从小卖部吃糖、冰棒、小零食都要吃个七八块。她觉得在教育方面，当然希望孩子们越来越好，有信心并希望未来送孩子出去上学，也希望外出打工的女儿能回到身边待着。

赵友兰和她丈夫赵小平是 1992 年结的婚。在塘坊村，那个年代他俩是经过了自由恋爱最后走到了一起。婚礼当时是按瑶族传统习俗举办的。双方均穿着瑶族传统服饰，作为“婚宴”的酒席连办了三天两夜。回忆起当时的情景，赵友兰仍然记忆犹新。

说到工作，赵友兰赵小平夫妇并没有像别家农户那样，守着一亩三分田过日子。20世纪90年代初期，赵友兰就在一家硅厂做工，那时候收入最高时可达100多元一个月。后来硅厂倒闭，夫妻二人就一起回到山上砍起了竹子。早几年的时候，两口子又出去塘坊帮别人做工，这回则是帮建筑工地锯木头。小儿子那时候没上学，就把他带在身边。锯木头的收入没个准数，碰到老板好的能达六七十元一天。

丈夫赵小平现在的主业是建房。或许归功于早年在建筑工地上锯木头时的耳濡目染，也没跟师傅学过建房，他就跟别人一起几个人搭伙先盖起了自家四兄弟的四栋新房。赵小平建房慢慢做出了名气，恰逢这几年村里建新房的人家也多，他常常被请过去搭把手。村民自建房的速度很快，一天能赚个百八块钱。此外，赵小平当了六七年塘坊村3组的组长。作为村小组组长，他的主要工作就是“上传下达，联系村民和村支委”，同其他12个村民小组组长一起配合村支书村主任完成村里的工作。例如，乡里给各村发放防火资料，他就要负责把资料发到塘坊3组每一户村民家中；如果村里要商议关系全村村民利益的大事，他就会去参加村委会的讨论会；若是方案的实施在3组受到阻碍，赵小平就要负责起这个“疏通”的工作。除了过年时村里可能发点年货，当组长并不能帮赵小平获得日常收入。

至于赵友兰，她从弟弟谭小明手上盘下了小商店，这几年主要依托这个小商店在家做起了生意。小商店的货品多是她趁赶闹子的时候去天塘或者白沙进的货。问到为何不就近在莽山进货，这个精明的妇人笑着告诉我们，莽山货品种类少价格高，只有走亲戚的时候才会去莽山，否则宁愿做个三四十分钟的大客车去赶天塘闹子。小商店外墙上挂着一个“赣州骆驼”的广告喷绘，上面留了赵小平的电话。赵友兰告诉我们这是她家今年新“开辟”的买卖。赣州骆驼是一个饲料的牌子，夫妻把这个牌子引进来和村里另外一户搞起了竞争。至于顺带卖的农药，在插秧的季节里，一天能卖出个几十元，这也能给家里带来七八百元的收入。此外，赵友兰还在山上卖鸡。因为精力有限，她并没有自己养鸡，而是每次从外面市场上买进二三十只鸡圈养，倒卖给村里要买鸡的人。鸡在山上是卖到了9元一斤，因此赵友兰还为买鸡的人提供了附加服务——杀鸡。

访谈快结束时我们问赵友兰对自家未来的发展有什么展望，她笑着回答："咱刚建好房子，资金也没有，胆子也不够大。我的想法就是待在农村，只要有饭吃就好了，要求不高。"说完麻利地给买鸡的村民收拾好一只鸡，她就又去张罗午饭了。"我们家闺女今天也回来了，在路上"，她告诉我们。真心祝福这一家能就这样和睦幸福下去。

（四）运输户赵李宗家

赵支书带着我们去他的弟弟家，绕到屋后爬上一个小山坡就到了。一排外墙粉刷一新的双层楼房，交谈后才知道我们进行访谈待的这间房是2007年建的新房，而隔壁那幢老土坯房经装修一番后也透露着新意。家里外墙和屋里墙壁都贴着瓷砖，走进屋内，客厅还贴着一个大大的红喜字，小冰箱、小电视、电风扇、电饭煲等现代小家电一应俱全。我们进行入户访谈的时候，这家的男主人都出门做事不在家：父亲赵生金上山去下捕野猪的夹子，女婿则开着他自家买的卡车去了砖厂拉砖。家里只有奶奶赵春妹、妈妈盘江妹、女儿赵洁艳和两个小孙子四代人。

头戴瑶族头巾的老奶奶原本坐在山坡口歇凉，看到我们来就跟着进了客厅，冲她问了声好，她回报了一个灿烂的笑容，旁边有人提醒说奶奶上了年纪听不太清楚，但显然她已经接收到了我们问候并且对我们回以善意。奶奶已经85岁高龄，是村里年纪最长的老人之一，9岁的时候就嫁给了赵家。50年代的时候因为原先居住的滴水寨人口越来越少，迁徙到了塘坊安了家。现在老奶奶每个月不但能领取100元的高龄补贴，还能拿到55元的社保。

细聊下来，我们了解到这家人"复杂"的亲缘关系：老奶奶是赵支书的大娘（大伯母）。原本和赵支书是同父同母亲兄弟的赵生金小时候和他大姐一起被过继到老奶奶家当做亲生儿女养大。赵生金和盘江妹结婚后未能生育，女儿赵洁艳和已经出嫁的妹妹赵娇就是被他们领养组成的四口之家。两个女儿被领养时已经六七岁开始懂事，虽然打小知道自己是被领养的孩子，但深厚的养育之恩依然让这个家充满着和睦。赵洁艳告诉我们说类似她们家这样的组合家庭村里还有三四户，显然，瑶族同胞对血缘并不像汉族那般看得重要。赵洁艳家是两个姐妹，现在的一家之主赵李宗家有三个兄弟，两家实际上是住在一排房子的邻居。两人结婚时赵李宗便作为上门女婿“嫁”到女方家来了。“男嫁女”这在塘坊不是怪事，也不是会伤及自尊的事情。赵李宗说他的父亲当年也是“嫁”到了母亲家里。不管在谁家，男人们都最终承担起了养家的重任，成为家里的顶梁柱，所以一家人生活的状态和别家并无差异。

通过问卷的结果我们发现这家人现在的生活是村里的中上水平，除了2007年建新房的时候有一部分外债，但现在偿还清了。但是早年爸爸赵生金和妈妈盘江妹在家仍然没什么活干，靠外出打工和上山砍树养家。后来在家承包了近十亩农田种植蔬菜运到广东卖，但因为产量一般而塘坊交通不便，这次投入得到的回报还不够维持家里的日常开支。期间，两人也像大部分塘坊村村民那样砍卖过竹子，但近年莽山林场封山，树木不准砍伐，竹子数量有限，这个赚钱的方法也没持久。后来在家开了一个酿酒的小作坊，把酒卖给村里人，倒勉强填平了家里支出。现在父母响应村里的号召按照教给的一些注意事项在家地里种植了一些金银花。倒是农闲时赵生金在山上下的一两个夹子今年夹到过两个小野猪，活的可以卖到二三十元一斤。

2007年赵洁艳和赵李宗结婚后，家里近年来的主要劳动力成了小两口。婚前赵洁艳是在广东一家做电子板的工厂打工，回乡后就在莽山国家森林公园边的天沅酒店做服务员，能拿到八九百元一个月，这在当地算不错的。2006年时赵李宗和他的兄弟回莽山发展，用之前在外打工攒下的钱买了塘坊的第一辆货车。当时是兄弟俩轮流从外面把建材运进村里，再把村里的木材运到村外去卖，来回都不空车。但是一台车两户人家跑，赚来的钱平分就没有多少剩余。兄弟俩后来都想各自搞自己的，就卖掉了第一辆车又各自买了一台车。不过运输最好做的时期已经过去，因为现在找不到活儿干，赵李宗的哥哥又把车卖掉外出打工去了。赵李宗坚持了下来，2011年，这个勤快的年轻人靠转手第二台车以及这几年自己赚来的钱给家里换了一台更大的南骏牌的货车。除了运送村里的木材出去，赵李宗的车经常被附近建筑工地的工程队叫去拉砖拖泥，包车的收费主要是按路程计算。谈起不再外出打工的原因，赵李宗认为他最大的困扰就是学历太低。虽然他开了近六年的货车，但驾照至今都没有去考，科目1的交通规则考试对他来说太难记忆。

赵李宗和赵洁艳都是瑶族，不受计划生育政策的约束，婚后生了两个儿子：老大刚过两岁，老二才出生不到一个月，安安静静躺在妈妈的怀抱里。“未来希望他们两个都能好好地上学读书，”赵洁艳说。她觉得小孩子不能放养，等到家里老大四岁了就要联系村里别家户几个小孩一起送去莽山乡设立在钟家村幼儿园。“要是那边同意有校车来接送孩子就好了。”这是这个年轻的妈妈目前唯一担心的地方。

除了家里的货车，赵李宗家还有一辆方便家人平日的出行的摩托车。因为塘坊村在高寒山区，村民上下山步行花费时间太长，于是和赵李宗家一样，塘坊很多村民平时都用摩托车代步，时间长了他们在山上再陡的坡也能稳当地骑上去。20 世纪 90 年代从莽山进塘坊的公路还没通，唯一方式就是步行走山路。妈妈盘江妹告诉我们说那会儿家里要是有了些收入想添置一些东西，就得赶去天塘乡那边赶闹子。早上六点天还没亮就得出门，走近两个小时的山路到山脚路口，再搭拖拉机或者汽车去天塘。赶闹子买好要买的物什后再倒腾回莽山，到家必然天黑了。塘坊通村公路的修建极大地便利了村民的通行，坐大车走盘山公路稍微绕一点，但若是骑摩托车走小路很快就到山下了。现在下山去天塘乡赶闹子四十分钟就可以到达。

说起我们在来的路上看到很多村民家楼顶看到的两平方米见方大小的蓝色平板，赵洁艳告诉我们说那是 2008 年南方雪灾时安装的太阳能发电板。莽山属于雪灾的重灾区，当时电力全部中断。政府组织、补贴，一百多户村民自己交了两百元就装上了这个发电板维持晚间照明。塘坊村村民的晚间照明发展历史经历了从老一辈靠点枞树油灯、利用小型水力发电机发电、1998 年时村里靠扶贫项目引进一条高压线送电和现在用村里水电站供的廉价电四个阶段。1998 年之前，村里还没通外界的高压电，村民都是花两三百元买一个小型水力发电机，充分利用莽山丰富的水资源，在家盖个水池接个水管，到晚上就开闸放水，水力发电机发的电能供一家人晚间照明、看电视等，但是电压极不稳定。村里通高压电后电价较高，达 1 元 1 度电。现在则因为有两个水电站修建占用了村里的地但收益不分配到村里，所以以提供给村民 3.5 角/度的“便宜电”的形式作为补偿。

因为赵李宗一直在外跑车，此行最遗憾的就是没能跟他碰面好好聊聊。但是我们知道他一定会带给这和睦幸福、四世同堂的一家人更好的生活。

（五）个体经营户范林勇家

很巧合的，采访没几天，我们就在范林勇家开的欣馨楼吃了一顿晚餐，也切身体验了一回他家的服务。玻璃门后就是不大的门面，也是饭厅，摆了三张原木清漆的圆桌，一角的货架摆满了饮料、香烟等货物，同时还有一张简易的面点加工台，范林勇的妻子李洁正在用擀面杖忙碌着。看见来客，李洁连忙热情地端茶送水，递上一张过塑的红色菜单，正反两面各印了两排菜肴，都是些家常菜，也有部分当地特色菜，价格较实惠。点好菜后，李洁就到一楼的厨房去忙碌了。店面正中的墙中央挂着一台 37 寸的数字平板电视，我们边欣赏电视节目，边等待上菜。因为只有一个人忙乎，上菜时间略长，不过依次上来的点心、水果和菜肴没有让我们失望。酒足饭饱后，范林勇一家忙着收拾餐桌，我们趁范林勇小憩的机会与他攀谈起来。

范林勇是瑶族汉子，出生于 1969 年，中等个头，戴着一副眼镜，微微有点儿中年男人的富态，待人热情，言谈之中常常会透出一两句幽默。父亲范仰孝今年 72 岁，母亲张晚菊 68 岁，共育有三子一女，四兄妹和两位老人均居住于莽山。一大家子相互之间距离不过百米，因此经常往来，但因各自工作繁忙，只有在中秋及过年时才会相聚一堂，陪老人家共度佳节。范林勇是老人的二儿子，和妻子李洁育有一女一子，女儿范夏 18 岁，刚从湖南师大附中毕业，准备进湖南大学学习广播电视编导专业，儿子范宇航 8 岁，在宜章县城管三完小就读。

欣馨楼是一栋五层的建筑，俯瞰为梯形，面向街道的厅室面积较宽，后面则只有一间房。楼道在中间，作为前后的分界。这就是范林勇和妻子的经营场所，经营范围主要为餐饮、住宿，范林勇有一部五羊牌摩托，偶尔有人问询还跑跑摩托出租。这栋房子建于 2000 年，原本是三层建筑，招牌上写的是“范林勇照相馆”。二楼与街道在同一水平线上，售卖日常百货，三楼的一间房用于摄影，两间作夫妻二人和女儿的卧室，一楼分别是货仓和厨房。靠着热情的服务和良好的信誉，店子逐渐在本地树立起了口碑。尤其在年关，要提前从郴州提回好几车的年货，年前几天，请来老人和亲戚帮忙，仍然会忙得像热锅上的蚂蚁。

几年以后，莽山的旅游资源得到了前所未有的开发，旅游经济逐渐发展，而街道上的杂货铺日益增多形成的竞争之势，儿子范宇航的出生，以及女儿考上省城初中就读的学费需要，深思熟虑后，夫妻俩毅然决定进军住宿这一潜力很大的行业。

说干就干，2006 年，范林勇请来了工程师傅和建筑民工，自己参与其中成为一分子，先是改变楼层内部的原有布局，一楼用闸门分为客房部和杂货铺，平时收起，有旅客入住时则放下；在厨房辟出一间小房作为自家卧室。同时在原来的天台上陆续加高两层，每层共三个房间，前二后一，均为双人间，三楼则保留原有格局，设置了两个三人间和一个双人间。每间客房配备上数字电视、空调，并单独设有卫生间。打开背对街道客房的阳台门，凉风入室，站在阳台上可以居高俯瞰附近的村庄和远处的山峦，亦可以欣赏楼后的青青竹林。完成这些议论，旅店挂牌“宁静旅社”正式开业。

对于住宿，夫妻俩还真没有半点经验。一开始，接待第一批熟人介绍来的客人时，夫妻俩手忙脚乱。因为没有服务员，女儿被叫来上下奔忙。首次入住的是一对父子，当时房间里还没有配备一次性用品，连拖鞋都没来得及准备，于是赶忙从店铺里拿来一大一小两双拖鞋，牙刷也特地找了一支儿童型的，送去了洗发露，又忘了沐浴露，干脆送上一块香皂……所幸那对父子较为和善，临走时还是很满意。有了这第一次生意后，夫妻俩积累了些许经验，下的功夫也更多了。除了基本配置齐全，还在房间里摆放了小饰品、旅游指南等。常常有旅客下来询问电热水器的用法，范林勇就在每个浴室里都贴上了操作步骤，连开关都做上指示标记。有旅客反映四楼水流较小，范林勇又在顶楼设置了大蓄水桶，四楼装上水泵，加强了水压，基本上没有再出现这些问题。一般大型的宾馆都有停车场，欣馨楼地处山腰，又是公路拐弯处，再加上当地本来就没有多少平地，为了解决有些自驾游旅客的停车问题，范林勇先是考虑了自家和隔壁门前的一小块空地，后来又跟附近的邀月楼宾馆商量好，将旅客的车引至邀月楼宾馆的停车场内停放，由自己支付停车费用。

硬件没有问题了，在客源上，范林勇动足了脑筋。正在上初中的女儿电脑技术不错，家中不久前又刚刚购置一台电脑，于是设想开个网站。买来了教程和软件，页面编辑得差不多的时候一看，建立网站还需要交服务器租金，这个过程比较复杂，只好作罢。范林勇还多方联系熟人，除此之外，与旅行社建立良好的合作使得旅社有了较为稳定的客源。2006 年后，一到周末和法定假期，客房常常被旅行社提前预定。黄金周的时候，每间客房大约在 200 元以上。若是被旅行社订，则基本上从导游手里接过的只有平均每间房七八十元了。经营了一段时间以后，除了清洗被单打扫房间的辛苦，夫妻俩也尝到了甜头，干劲也更足。为了让效益更高，不让客房白白空着，范林勇想出个办法，他找出女儿写生用过的画板，在上面贴上用A3纸打印的住宿信息，开上摩托到景区的主要服务点枞树坝招揽旅客。临近傍晚，有时也能载回一两个散客，或者领回一辆轿车。日益下滑的百货利润和势头正旺的旅店发展，让范林勇和妻子更加坚信转业是一个正确的选择。

不过，这期间亦有不少插曲。就拿店名来说，从“宁静旅社”、“林吉旅社”，到担心不够气派叫上“晓小宾馆”，最后定名为“欣馨楼”，招牌换了好几块。这么一个曲折的过程，也反映出范林勇一方面实事求是地衡量自家旅馆的水准，另一方面又尽量不让不够气派的门面埋没条件优良的内在。好在不论店名如何更替，旅店被夫妻俩经营得越来越顺手，客源也渐趋稳定。另一个坎儿是2007年，由于三楼以上建筑均超出二楼，形成悬空的房檐，几场大雨之后，范林勇发现三楼底部出现了一条裂缝。这可急坏了夫妻俩，一个路过的搞建筑的工人建议找一根木头顶住裂缝，以免出现更大缝隙。范林勇心想，安全第一，就采取了他的建议。谁知这一举将小小的裂缝变成了“大纰漏”，一时间人来人往，人人尽对这根“顶梁柱”充满了好奇，坊间甚至有不怀好意的传闻，说这栋楼房是危房，即将倒塌。原本要入住的旅行团旅客也因提心吊胆而另寻他处了，导游也难堪得负气而走。此时，夫妻二人才为轻易听信他人的信口建议懊悔不已。原本的客厅用作了卧房，此时李洁只能坐在与门面一墙之隔的床上掉眼泪，同时思考着对策。

痛定思痛，范林勇和李洁找来了懂行的师傅鉴定情况。在得到无大险情的回答后，夫妻俩松了一口气，同时和师傅一起制订了处理方案，迅速买来材料，在一二楼之间建造了一道直径一米的基柱，并对楼后的地基进行加固，门面外部两侧各修建了一根直径50厘米的水泥圆柱，由此支撑楼房重量并稳固结构。这件事甚至惊动了县里的建筑监管部门。范林勇拍下整改工程照片，并附上相关数据，提交给有关部门验收后，终于将这场风波平息。2008年，莽山迎来百年一遇的大雪，与外界的联系基本断绝，更不要提游客了。楼顶上积了五六十公分的冰层，所幸的是，房屋并没有出现任何问题。

为了进一步拓展旅店的发展空间，2010年，范林勇一家干脆全盘放弃了百货经营，同时由妻子操刀，进军餐饮。旅客往往有着食宿的双重需求，范林勇和李洁身上的负担更重了。不过由于李洁聪慧能干，几年后，欣馨楼不但能同时接待三桌旅客用餐，而且还开始卖起了早点。这中间的一步一路，都是夫妻俩自己钻研打拼出来的。个中滋味，只有真正起早贪黑、站着都能打瞌睡的人才能体会到。但为了负担起范夏、范宇航姐弟俩在外上学的昂贵费用，夫妻俩仍乐观积极地不懈奋斗着。

近几年莽山发展迅速，大小酒店逐渐林立，竞争激烈，往年的这个时候，范林勇家的客房早已被预订一空，但这几年不同于往年了，除了几个常住的房客，只有在周末才难得有一些熟人介绍来的或是旅行社分来的散客。现在唯一稳定的营生就是卖早点。为此夫妻俩常常要忙到凌晨一点，三点半又不得不爬起来准备，十分辛苦。由于品种多，质量高，口味好，一个早上下来，收入尚可。另外，范林勇的家庭和谐，一家人都健康平安，儿子成绩还不错，女儿也考上了理想的大学，苦中亦有乐。今年，范林勇又在县城宜章看上一处房产，正在进行装修，等到负担减轻后，就不再从事日趋饱和的餐饮行业，而将房子外包出去，一家人此后在县城里生活。

虽然艰苦的日子还要再持续几年，在外人看来，他们已经很成功。事业顺利，家庭幸福，人生还有什么比这些更重要的呢？说到未来，这个既能装空调电视热水器又会吹笛子弹吉他做手工的男人乐观而自信。他相信，用自己的双手不懈地劳动，终究能创造出美好的生活。让我们祝福范林勇一家！

（六）服装店老板刘松兰家

夜晚的莽山小镇是静谧的、宁和的，白日里的喧嚣归于一片宁寂。道路两旁的小店有些已闭门谢客。一路走来，街边还开着的店铺的灯光如一颗颗稀疏的明珠，串起小镇的温馨。

刘松兰家所开的服装店便是这些明珠间的一颗。我们去拜访的时候，老板娘刘松兰正一手抱着年幼的儿子，和店里的顾客聊天，对于店内的生意也并不十分在意。有顾客进门也只是道一句“有没有什么想要的，随便看看”，便去忙自己的事情了。若遇到老顾客，便会聊上几句，小日子过得清闲。

刘松兰，今年33岁，汉族人，小学文化水平，丈夫打打散工，没有固定的收入，自己开了这家服装店，有两个儿子，大儿子11岁，在白沙上小学，小儿子只有4岁，在莽山中心幼儿园接受学前教育。她怀里的小儿子，滴溜着一双小鹿般的眼睛打量着我们这群陌生人，好生可爱。

在交谈中我们了解到，这家服装店的门面是租的，租金每年3000元，小店大约只有十平方米左右，因摆放着各式的衣物使得本不大的小店更显狭小。

店的左首边主要摆放男士的衣物，由于是夏季，多是男士衬衫，靠前一些还有三四岁孩童的衣物，靠后一些挂着睡衣。右边陈列着女士的衣物，样式多样，牛仔裤、连衣裙、衬衫等。店前放置着一个玻璃专柜，柜子里是各式女款高跟鞋和男款凉皮鞋。店内还设置了一个玻璃专柜，里面多是内衣袜子等。除此以外，我们还在店内发现了女性泳装，真可谓是面面俱到。整体来说，这家店主营女装，不论是从比例上还是样式上，女装都占绝对的优势。店主告诉我们这家店其实在2004年就开了，但这期间因为要回家带孩子，忙不过来，就关门修整了一段时间，直到2011年才重新开门。店内的经营许可证到现在还没有办下来，店主从去年就上交了有关材料，到郴州市申报营业许可执照，但由于程序冗杂，有关部门办事效率拖拉，到现在也还没有批下执照。

当我们问到盈利情况时，店主竟然一无所知。“我平时也不记账，也不知道是亏是赚，再说平时来的都是街里街坊的，自然也就不怎么讲价，一般能少就少，我也不怎么在乎这个。”刘松兰笑得云淡风轻。我们愕然于这种没有斤斤计较、精明厉害的经商作风，但同时又感慨于这种独特的经商品格也只有在这种未经繁华铅洗的小乡镇才能见到吧。但这毕竟不是长久之计，既是开店，账本是最基本的要素，不然亏了都不知道。但店主胸有成竹地说道：“亏是绝对不会的，我心里有数，只是赚的不多，一件衣服赚个十几元算是不错的了，有时候只要是能赚个几元钱，便也能卖。”

店主每季度会到郴州市进一到两次的货，如果是夏装一次进货的价钱大约是3000～4000元，冬装会更贵，大约5000～7000元。每进一次货，交通花费很多，来回往返的路费大约要40元。每当换季时，刘松兰便开始犯愁，卖剩下的衣服都成了存货，要压到明年再卖。我们有些纳闷，明年照样也卖得出去，乡镇村里的人应该不怎么讲究潮流。但刘松兰的回答却出乎我们的意料，“现在的年轻人哪个不讲时尚，还有好些个小丫头瞧不上我店里的衣服，非要到县里市里去买衣服。”

我们大致看了一下店内的衣物，其实并不俗气，也没有太多的乡土风，和城里时尚衣物的设计差不多，最大的差别可能就属布料的区别，店里衣物的布料确实没法与城里的相比，而廉价的布料使得衣服看上去低了好几个档次。我想这也是制约因素吧，但低成本的进价确实没法保障高质量。由于店内衣物的多样化，店主又将市场定位为市场全面化，顾客自然男女老少都有，但以女性顾客为主，其中也主要是中年女性为主。中年女性一般是家庭主妇，除了给自己买衣物外还会为家人采购衣物。

关于开服装店的初衷，刘松兰告诉我们，平时在家闲着也是闲着，想找点事儿做，好减轻丈夫的负担。莽山小镇上服装店很少，加上这一家总共只有三家店，发展空间较大，于是便盘下这间门面做起了服装生意。现在刘松兰的服装店算是镇上服装品种最全的店了。另外，她丈夫还在镇上开了一家网吧。我们一路走来，很少看到网吧，镇上年轻人又多，想必生意不错。但刘松兰确是一脸愁容，网吧要交的网线的税太高，镇上虽说只有两家网吧，但生意都不怎么好。

（七）建筑奇才赵良保家

赵良保家位于塘坊村5组，塘坊村5组共有16户，共69个人。离公路较近，交通还算便利。我们徒步到赵良保家时，正值他从钟家村作业回来。他妻子很热情地为我们准备好冰西瓜，这对于刚接受烈日考验的我们来说无外乎是沙漠中的一汪清泉。

赵良保，今年48岁，黝黑的皮肤，憨厚的笑颜，给人的第一印象老实厚道，小学文化水平，自幼爱好建筑，不断琢磨自学成才。已经故去的老父亲当年是莽山乡的书记。母亲是乡里有名的从事瑶族特色刺绣的女士。爱人赵车宜，今年45岁，闲暇时间会出去打打临工，摘茶叶。儿子赵凤华，今年23岁，由于孩童时期贪玩，成绩不理想，初中毕业后就没再往上读了。虽然家庭情况较好，父母也都希望他能继续接受高等教育，但由于自己不上进厌学，选择了外出打工，现在中山的一个工厂中当拉长。

赵良保家有四兄弟，赵良保排行老二。老大，赵天保，今年52岁，家里一共四口人，承包了离村不远的电站，靠卖电盈利。老三在中山打工谋生。老四在东莞的工厂里打工。家里还有两个妹妹，一个嫁到本地，还有一个嫁到了乡里。

赵良保以前靠砍伐树木贩卖木材或是自己制作木头工艺品为生，国家明令禁止砍伐公益林后，就转向建筑业，在自己还没有住房时就开始琢磨着如何建房。1989年开始建房，建的第一所房子是自己家的房子，从设计图纸到建模型打柱子都是自己亲自上阵。曾参与过莽山有名的天沅大酒店的建设，当时是作为学徒的身份工作的，走砖、搭模型、装修，都是那会儿学习到的。

不怕苦不怕累，有时为了以后能单独发展宁愿比别人多做一点工，韬光养晦。目前，塘坊村村委会打算建一栋两层到三层楼房用作办公楼。村里面只有十几万元，通过贷款或者集资等其他渠道筹集了另外的二十多万元，而这栋楼的建设自然也少不了赵良保的施工队。

到目前为止，赵良保已经参与建筑了差不多十五六栋房子。单塘坊村就有六户是他参与建筑的。而村里数一数二的“别墅”——瑶王家的房子也出自赵良保之手。现在赵良保已经有了自己的施工队，有五六个施工队员，自己担任施工队长。揽下活的价格一般是一个平方米50～60元，找他修房子的，多是村里人，一来二去的也就不怎么看重价钱，为人老实厚道。

除房屋建设外，赵良保还参与了莽山的电信塔、旅游区的水库、宜章工业园等基础设施的建设。电信塔的建设本已属于高危行业，五十米的电信塔在赵良保和他的施工队的努力下初具规模，给村民们带来了福音。而旅游区水库的建设则使得矿泉水漂流成为可能。目前，赵良保正在参与县里面的扶贫工程——钟家村饮水工程的建设，该项目总投资35万元。

在与赵良保的交谈中我们了解到建房大概的过程，首先需要赵良保前期垫资，建好之后，验收合格，雇主再将所有的款项支付。“有时候我们会自己垫钱，一开始也担心自己做不来，钱收不回来，但干这一行干久了，心里有了底，也不怕了，再说都是老主顾，信得过。”

他坦言做建筑行业其实很辛苦。夏天建房，高温作业。以前没有机器的时候，都是自己亲自挑水泥，自己和水泥。大热天施工的时候，在县里面会中暑。所以现在的作业时间改成了三点半。这边还是高山，温度还算比较低，到了县城里边，温度则更高，很多人都受不了。现代人保险意识强，赵良保也不例外，一般到外面做工都会买保险。早几天白沙县的一个建筑工人作业时从一楼摔了下来，断了两根肋骨，还好买了保险，不然家里根本承受不起庞大的医疗费用。

赵良保家没有种田，也不从事养殖，家庭主要收入来源于赵良保承包工程所得，也有部分收入来源于种沙树，种植面积六七亩，6000～7000棵，400多一方，是很好的建材。不走样，一级木，优良树种。收入较稳定，往年给外出打工的孩子寄去的费用较多，妻子在家操持家务，没有收入来源，因此家庭的生活开支较大。沙树已经种了三年，一棵树每年最低能长一元。

赵良保的施工队有六个人，都是他一手带出来的。表面上虽是师傅与学徒的关系，但实质上大家在工作中相互学习、取长补短、教学相长。队员们在赵良保的教导下都能自己拉着水泥和砖头自行建设了。起初工程量不是很大，所以五六个人足够，但现在随着承包的业务越来越多，业务量越来越大，目前人手已经明显不够用，做不过来了。

赵良保从年轻时就在莽山打拼，从1989年开始建房，参与基础设施、公共项目的建设，在他眼中的莽山可谓发生了翻天覆地的变化，而与之相关的建筑行业的发展也是日新月异。当年建房，整个房子只需一大块钢材，到了后来，就开始分类，分粗细，分大小。当年建房用一堆的钢材，浪费资源，轻重不均匀，容易产生裂缝，造成房屋垮塌。以前建两层房子都是在建好第一层的基础上再建第二层；现在则是需要打柱子，在第一层铺上钢筋，一层层地向上累积，建筑讲究整体性，四面八方一起来，防震性能更好，结构也更加牢固。也因此楼房越建越高，之前的房子都是一层到两层，现在都是三层四层。在建筑材料上，红砖也逐渐取代了水泥浇灌。水泥浇灌是将沙子、石头、水泥混在一起，待其凝固后用于建材，但水泥需二十四小时才能结固，耗费时间长，用得较少。

建材价格也发生了变化。钢材当年2000多元一吨，目前是4000多元一吨。以前一吨红砖，要30多元，现在从砖厂拉出来是40~50元，一吨红砖需花费200元，装量顶多一车是15吨。1989年，240元一吨的水泥。现在要360元。至于沙子，河里有，自己可以去淘，在此成本可忽略不计。物价飞涨，这工资自然也要跟得上步伐，以前给人家做工40~50元一天，现在包吃包住，100元一天。当年干一年工，能赚1万多元，现在能赚3万多元了。考虑到烈日的炙烤、高危的工作性质，这个价也是合理的。

赵良保的父亲是当年村里的书记，带领大家土改，成了党员，在吏员、岩泉当过干部。“文革”期间，家里小孩多，引咎辞职，回来操持家务。后来政策变化，又到莽山当了书记。父亲知识面很广，谈古论今，了解瑶族文化的底蕴。同时教子有方，当年他的儿子分配工作的时候，有两个名额，别人都私下里劝说他可以动用关系帮他儿子争取到这来之不易的名额，但他为人正直，廉洁秉公，不向官场的潜规则低头，也因为这个，后来儿子们也没有分配到工作。

赵良保的母亲同样是一名中共党员，高小毕业，属于文化人，土改期间在村里面教书。从小学习刺绣，传承自母亲刺绣的工艺，精细、独特。母亲在家操持家务，照顾小孩，为家庭毫无保留地付出了一切。老四为母亲在乡里面买了一栋房子，母亲在那里独自安享晚年。闲暇时间，做做刺绣等手工活，一件刺绣大约四五百元。

他爱人说，现在提倡绿色植物，时兴用人工肥代替化肥农药，不管是自家养殖的猪，还是自己种植的茶叶，都比较绿色健康。这种绿色观念深入农村，尤可见国家提倡绿色环保概念的成效。

现在赵良保一家生活比较幸福，没有什么压力。当年自己家房子开始建的时候，在当时已经算是比较好的房子了。随着时代的发展，村里边两三层的房子开始多了起来。赵良保正寻思着在路边修一栋三层的小洋楼。

（八）莽山大药房经营者林晶家

整个莽山小镇只有一间诊所，村里人要看病很困难，药店也只有两家，而莽山大药房便是其中一家，也是最大、最专业的一家。我们去拜访的时候，女店主正抱着女儿在电脑前看《喜洋洋与灰太狼》，小家伙盯着电脑屏幕乐呵呵地笑，看到我们也不认生，机灵可爱。

药店女主人林晶是二十来岁的年轻女性，从她的衣着打扮及口音可判断出她并不是当地人，她本是郴州人，随其丈夫嫁到莽山，女儿陈思琪活泼开朗。林晶对孩子的教育毫不马虎。莽山当地人多是将孩子送入莽山中心幼儿园，但林晶却有自己的想法。“不论是教育水平还是教育环境，莽山中心幼儿园都没办法与市里的幼儿园相比，我想把孩子送到郴州市去读幼儿园，到时候我妈就跟着去，负责照顾孩子。”

林晶的丈夫陈鹏飞在林业局工作。这间药店是林晶与她的父亲林喜合开的。林喜是一名药剂师，有药师资格证，从事中药加工十几年了，后来公司倒闭，父亲外出打工了。根据国家法律规定，新开的正规药店需至少配备一名药剂师。林喜平时不在药店，只有进货时才来，药店都是女儿在照看。“老父亲虽然药理方面比较强，但电脑什么的完全搞不懂，只好我来负责将药物的批号、价格等信息输入电脑。平时客人来买药，就只需把药品包装上的批号输入电脑。然后药物的信息就全出来了，账也自动记上了，很方便。”

这家药店面积 76 平方米，租金一个月 1200 元，才开了两个多月，看起来像新的一样。当初办经营许可证时，要跑到郴州，手续过程比较麻烦，时间也长。主要是 GSP 认证和食品流通证难办。

其间有一位骑着摩托车、衣衫褴褛的客人进店来买创口贴，脸上带着明显的伤痕。一问才知道是骑车时不小心摔了一跤，衣服全给磨破了。从推荐相关的药物到结账，女主人做得有条不紊，这样一家正规的药店在这个小村镇里着实少见。

女店主林晶告诉我们最近因为流行性感冒，店里的感冒药、石滴水卖得较好，再加上炎热的天气，避暑药品也很受欢迎。由于才刚刚经营，生意的盈亏还看不出来，等到时候开园，随着旅游人口的增多，药店的生意也会越来越好。

“现在社会竞争压力大，之前也开过药店，但由于缺乏这方面的知识有很多不方便的地方。我想去考个药师资格证，也曾经去参加过药师资格证的考试，但没考上。每年都要去上培训班，培训费 300 元，现在每天都会看药理知识方面的书。”林晶说道。

十一、贫困户

（一）贫困户赵柏生家

2012 年 7 月 6 日下午 3 点，在村支书赵观友的带领下，调研组成员来到了赵柏生的家里。他家的住房是黄色土坯黑瓦房，房子还是 1983 年时建成的，距今已有近 30 个年头了。数十年的风吹雨打已经使得这个低矮的房屋出现了很多醒目的裂缝，好像随时都有倒塌的可能。更加令人沉重的是，他家房子正面的墙壁上用白灰弯弯扭扭地赫然刷了 14 个大字——“打好扶贫攻坚战，啃掉贫穷落后根”。一走进他家的屋子，我们感到屋里非常昏暗，而且还有些阴凉潮湿的感觉。此时，赵柏生坐在客厅里一张紧靠墙根的破旧长木椅上看电视，怀里正抱着酣睡的小孙子。客厅的地上摆着一个玩具小汽车，客厅的后面是一间黑洞洞的房间，在房间与客厅连接的通道处，有几根从房梁上坠下来的长绳，长绳子分别与两块旧布的四角处紧紧缝合，就只是用如此简单的方式做了两张极其简陋的儿童“睡床”。其中的一张“睡床”上，一个年龄稍微大一点的小男孩儿也背朝外面侧身睡着。

赵柏生，男，1958年出生，塘坊村11组人，瑶族，初中文化程度，丧失劳动能力，其家中有8口人。妻子赵陈妹，是塘坊村4组人，1955年出生。大儿子赵大江30岁，目前在外面打工，大儿子的媳妇张新兰30岁，广东省乐昌市梅花县人，现在在莽山大酒店上班，是大儿子在广东打工时结识的，嫁到赵柏生家中后生下了两个孩子，大的叫赵韶缘，有四岁半了，在塘坊村小学上学前班，小的叫赵韶俊，才三岁多。二儿子赵仁风今年28岁，还没有结婚，曾经在广东省韶光市打工。三儿子今年26岁，正在劳教所接受劳动改造。

在调研过程中，我们了解到赵柏生家里有四间狭小的房间和一个厨房，有1台很破旧的电视机，1个年代久远的影碟机，1个陈旧的组合音响，1辆摩托车以及1部手机。家里有1亩田地，主要是种植水稻，另外还种植少许玉米和红薯。地里农活儿和里里外外的家务几乎都是依靠自己的妻子，每年种田的收入只有2000~3000元。除此之外，赵柏生家里还养了两头小猪，主要是为了宰杀后用于自家吃肉和吃油腥，平时的蔬菜是自家种的，肉在平时也会买点，家里做饭是用从山上捡来的柴火煮饭吃。家里每年的开支则主要有购买种子、化肥、农药的生产性支出，为大孙子上学前班支付的学杂费以及购买食物的支出，其中购买种子、化肥、农药的生产性支出大约为每年500元左右，为大孙子上学前班支付的学杂费为每年800元。

据赵柏生讲，他身体不好已经有六七年的时间了。7年前，他出去办事情时不小心从山上摔了下来，导致尾椎骨断了5节，腿部也严重骨折，至今他腿上的钢板还没有取下来。但是，孰料“屋漏偏逢连夜雨，船迟又遇打头风”，前年赵柏生又从一六镇加油站的楼上摔了下来，导致脚踝处骨裂，而且由于头部严重受伤而深度昏迷。当时，赵柏生被送去了郴州市里的医院，医生说已经没有办法治好了，快不行了。但是，他的二儿子赵仁风并没有灰心放弃，他经多方打听终于找到了宜章县人民医院新中医院的一位大夫。赵柏生头部里面压迫神经的碎骨头被这位大夫用一种针抽了出来，而且通过连续服用大夫开出的中药，赵柏生在医院里躺了23天后终于醒了过来，但是目前一动脑子想事情时仍然会感到头疼。家里为他第二次住院花掉了6万~7万元，由于参加了新农合，虽然一部分医疗费得到了报销，但是对于这个贫困的家庭来说，报销部分所能起到的帮助毕竟是很有限的。谈及这些不幸遭遇时，赵柏生不停地叹息，并感叹自己太倒霉了，自己的命太不好了，但是，他也非常地庆幸自己能有一个这么孝顺的二儿子，这是他莫大的福气！

调研组成员在与赵柏生的攀谈中得知，他的大儿子赵大江在小孙子刚出生没多久就到外面打工去了，有将近三年的时间没有回来过了，一年到头也基本很少往家里打电话。他的儿媳张新兰对待两位老人非常孝顺，而且吃苦耐劳非常能干。每当歇班休息时，儿媳就会赶紧回来看两个小孩子并帮忙干农活和家务，而且还会买好多好吃的给老人和孩子。2011 年快过春节时，大儿子往家里打来了电话，说他自己在深圳打工而且得了胃病还开刀做了手术，想今年过年时回家。赵柏生告诉我们，他在电话了狠狠地骂了大儿子，责备他丢下两个小孩子不管不顾，出去快三年了都没有往家里汇过钱回来，没有钱过年回来又有什么用！但是，从赵柏生略带难过和自责的眼神中，我们看得出来其实他是非常希望自己的大儿子能够早日回家的，即使回来时身无分文，他也会感到很欣慰，因为这个家需要有人来支撑，他深深自责自己的身体不争气，心疼并愧疚于辛苦操劳的老伴，感动于儿媳的孝敬懂理和吃苦勤劳，心酸于两个小孙子经常说想爸爸并盼着爸爸早日回来。赵柏生的二儿子赵仁风是搞装修的，前几年在韶光打工，在一次施工过程中从楼房上摔了下来，所挣的积蓄也全部都用来住院治伤了，但是那边的包工头没有赔付一分钱，而且至今还拖欠二儿子 200 多元工资没有给。目前，二儿子已经回到家乡宜章打工了，每次回家他总是会给二老一些钱来补贴家用。赵柏生非常无奈和心酸地告诉我们，起先，他的三儿子在莽山瑶族乡开了一个卖东西的小店铺，由于生意做得不好赔本了，还欠了不少债。为了赚钱，他就到宜章县里去跑运输。有一次，有人请他去拉货，而货物却是对方偷来的电话线，并且他们开出了两倍于平时的价钱。他的三儿子害怕不答应拉货而被对方痛打，再加上出于可以多挣钱从而能及早还债的侥幸心理，就答应了为对方拉货。结果，他的三儿子就因盗窃罪名而被抓了，当时他年仅 19 岁，而且被宣判要坐牢长达 11 年，到 2012 年已经劳改有 7 年的时间了。当谈及他的小儿子时，赵柏生更加感叹和自责都是因为自己不能赚钱来创造好的家庭环境，而使自己的孩子不能上学学习文化或者学到一技之长来谋生。如果不是自己的原因，或许三儿子就不会去坐牢。赵柏生说，家里的那辆摩托车就是他的小儿子坐牢前买的，一看到这辆摩托车就会不由自主地想自己的三儿子。赵柏生非常期盼能够及早取出自己腿上的钢板，这样他就能干些活来赚钱了，但是去掉钢板大概要 6000 ~ 7000 元。对于他们这样一个捉襟见肘的贫困家庭来说，这确是一笔负担不起的开销。

当问及是否还有什么兄弟姐妹时，赵柏生告诉我们，他家兄弟姐妹7个，自己排行老二，上面的姐姐和下面的一个妹妹都已经相继去世了，还有两个妹妹和两个弟弟，其中一个妹妹嫁到乡里去了，另一个妹妹嫁到了本村，并且就是瑶王邓万寿的老婆，她家条件比较好，会时常过来探望自己并补贴给自己一些钱。另外，自己的两个弟弟也都是本村的，也会常常过来看望自己，并且在农忙时还帮着下地干农活。赵柏生指着地上的玩具小汽车告诉我们，这个玩具小汽车就是他弟弟的女儿给自己的两个孙子买的。他也非常非常感激弟弟和妹妹们对自己家的帮助和照顾。

调研组成员带着极其沉重和复杂的心情走出了赵柏生的家。临走时，我们也向他捐助了一些小小的爱心。他们一家人虽然遭遇了很多很多的不幸，但是我们真诚地祝愿他们全家能“守得云开见月明”，希望他们一家人能否极泰来，生活得越来越好！

（二）贫困户赵礼凤家

之前我们在对村民情况进行调查的时候，村支书就告诉我们村里还有相当一些贫困户，有一户就是在竹萍，所以我们来到竹萍以后，就赶紧去拜访了12组贫困户——赵礼凤家。贫困的原因有很多种，有的是自己懒惰造成的，有的是天灾造成的。这一户贫困的原因让人更为同情——残疾。户主赵礼凤生于1958年，小学文化程度，从小就在竹萍长大，是竹萍的老住户了，祖祖辈辈都在这里住。家里有三兄弟，老二就在村里，老三在广东乐昌搞树木砍伐。还有个老父亲，已经快80岁了，身体很好，一直和二弟在一起生活。25年前，赵礼凤在开垦新田需要爆炸的时候不小心爆到手导致整个右手残废，户主没文化没技能身体又不健全，没有想过外出打工。家里一共4口人，有一儿一女。户主爱人名叫赵桥美，1957年出生，没读过书，患有妇科病已经多年，不能干太重的活，他俩是别人介绍认识然后结婚的，结婚已经有三十三年了，虽然日子过得苦，但两人感情还很好。爱人懂瑶族的刺绣，但现在已经很难买到瑶族刺绣需要用的布了。

女儿赵吉花出生于1991年，四年前嫁给了同村的小伙子，嫁了之后就在家里种田，有时候也给家里补贴一点。儿子赵光明于1988年出生，小时候发过一场高烧，因为没有钱治最后导致失明和脑子烧坏了，可能是自己身体不健全的缘故，他的性格很孤僻，只和家里人说话，从不和陌生人说话。我们整个采访过程中他都一直坐在旁边静静听着，不说话。在采访过程中我们发现，虽然贫困，但是他们住的房子还不错，询问后得知，这个房子看上去还不错但因为是2006年建的，并且不是用红砖而是用水泥砖和沙子砌的，所以建房总共花费不是很多，大概一万元。虽然钱不多，但为了筹到这些钱赵礼凤也着实花了一番大力气。他把家里的猪卖了，有个做木工的亲戚又补贴了一点，再加上外借了5000元，好歹凑够了建房子的钱。因为缺乏劳动力，家里的收入来源主要靠国家每月给的低保金。赵礼凤家一共四口人，有三个人有低保金，每人每月120元，一个月总计360元，钱定期打到银行卡里，需要自己去取。赵礼凤和儿子赵光明分别有三级和一级残疾证，但是国家没有相关政策补给残疾人，所以一年下来，家里的总收入大概就是4500元，基本都是低保收入。

赵礼凤是个很勤劳的人，虽然身体不健全，右手不能够劳动，但是他深深明白做人一定要勤劳的道理。家里有两亩水稻田、五分土的小菜和一亩红薯，基本都是他在负责耕种，除此之外，家里还养了头猪，实在没钱了就把猪杀了卖，也能有1000元的收入。前几年还能做腊肉卖，一斤能卖三十几元，但是现在没钱养不起猪，所以也就没有了腊肉这部分收入。赵礼凤还告诉我们，有时他闲了会去山里砍竹子卖，一个月大概砍2到3次，要是砍得比较顺利，算下来也能有近200元。除了日常开支外，家里的支出基本是买肥料，大概每年要1000元。

在与赵礼凤的谈话中我们发现，他虽然过得很艰苦，但是他非常自立自强，不仅种田，他还拉锯、修路、养路。当我们问到为什么身体这么不方便还要自己找这么多活干时他很自然地回答：我不想整天在家坐着不劳动，再说我们家这种情况自己都不勤快日子还怎么过。赵礼凤的话让我想到现在社会上有许多人，他们身体是健全的，他们比赵礼凤年轻，但是他们没想过要通过自己的双手来养活自己。大街上随处可见年纪轻轻四肢健全的人在沿街乞讨，对于这种行为，我们也问了赵礼凤的看法，他听到后摇摇头说，反正我不会这样。

问到乡里有没有对他们特别关照时，赵礼凤告诉我们，乡政府的领导有特意来看过他们，他们也很感谢党和国家给予的帮助。这些年如果没有这些特别好的政策，他们一家的日子都不知道该怎么过。现在家里有电视机、电饭煲，冬天冷了就上山去砍柴烧了取暖。总的来说，温饱问题还是基本解决了，但他还是觉得自己的生活比较苦，没有钱花，吃的都是自己种的菜，不能吃别的，没钱买油买烟。当问到如果现在钱多一点，会想怎么过日子时，他告诉我们，首先就是想买吃的，买点平常想吃又没钱吃到的，然后就想给家里人多买点衣服和鞋子，因为已经有两年时间家里没有添置过新的衣物了。此外，他还要买烟抽，他很爱抽烟，但是碍于家里的经济状况总是有所顾忌，所以有钱后想买烟过瘾。因为没钱，他经常待在村里不敢去乡里，如果有要紧事比如买药杀虫，他一个月就下山去乡里一趟，每次去只能花几十块钱，如果没有要紧事，基本就不出去，因为出门一趟就要花钱。赵礼凤的爱人和孩子很少下山，都没出过远门，最远也就到了莽山乡。只有赵礼凤本人因为办残疾证去了一趟县城，这辈子因为没钱，哪里都没去过，也没坐过火车。问到以后老了该怎么办时，赵礼凤表示他根本没想过这个问题，因为现在还有劳动力，也有养老保险。他也没有考虑过儿子结婚的问题，因为知道他将来娶不到老婆，等到他们老了，就只能把儿子托付给他妹妹管。

采访尾声，我们让赵礼凤谈谈对未来的想法，他一直推脱，说反正没钱，对未来就没抱什么希望，没有认真思考过未来应该怎么样。我们不禁黯然，对于贫困的农户来说，未来是遥不可及的，他们因为现实处境的艰难，根本没有心思去想未来，只能努力地把现在过好。

（三）贫困户赵天云家

从村支书家到我们所要去的塘坊村 6 组还有将近 4 公里的路程。虽说只有区区的四公里，但并没有想象中的那么简单。听支书说，前几年这边公路没有通的时候，村民到乡里买点东西得走很远的路程，要是想去乡里赶集的话，早上六点就得出门，等到晚上回来，夜已经很黑了。村里前年开始筹备修建公路，从各方调取资金，外加国家政策扶持。历时一年多，终于修好了这条从乡里到大部分村组的 22 公里的公路。但由于村里情况特殊，又是少数民族地区，过山瑶历来就生活在大山深处。村里有几组村落是在山顶，水泥公路目前还是没有修上去。我们这次要去塘坊村 6 组就属于这种情况。

由于山路崎岖，步行不仅花费的时间长，而且行走劳累。村支书特地吩咐6组组长安排了五辆摩托车载我们上山。因为山路实在是险峻，外加前段时间长期的雨水，山里的路有几处形成了塌方，为了安全考虑，我们一行五人每人单独搭载一辆摩托车。

在历时半个小时的车程中，我们先后经过了两处塌方，道路很窄，需要下车步行，甚至摩托车都是由村民推着走。

到了6组组长家里，迎面而来的依旧是是莽山人的热情，自已家种的纯天然的茶叶果然比外面的香浓。

塘坊6组由于地处高山地带，所生产的莽山云雾茶名声在外。塘坊村由于人均耕地面积严重受限，又不允许开山种植，所以所种植的茶叶并不像其他村落那样的规模化。都是自家小规模的种植，先满足自家喝茶的需要，再对外销售。

组长跟我们介绍了6组所处这片山林所特有的一种自然奇观。即山顶与山下都是烈日炎炎，而山的中间则云雾缭绕，时而会下点小雨。中间这部分所种植的茶叶，即是这有名的莽山云雾茶。如此奇特的自然环境，造就了口感独特的莽山云雾茶。

此外，由于国家大力倡导绿色食品、绿色农业。村民深知纯天然食品的健康可贵，所以，塘坊6组种植及生茶的茶叶，均是纯天然食品，没有使用任何的农药及化肥。

基于以上一些原因，塘坊6组所生产的茶叶，比其他地方的茶叶更加自然、醇香。

在其他调研人员跟组长了解情况之时，我便与坐在我旁边的这位热情的大哥攀谈起来，这位热情好客的朋友名叫赵天云，是组长邓开凤的小舅子，隶属于塘坊7组，今年已经39岁了，看起来却非常年轻，就像二十几岁的小伙子，只有小学一年级的文化。“听到你们今天要来，我推了手上的事，骑着摩托车就跑来接你们了。”每一句言语，每一个动作，都无不体现着咱们瑶族人民的热情、纯朴、好客。

赵天云告诉我们，他家现在一共4口人，爱人盘结花，今年37岁，在家跟他一块务农；儿子赵箭兵，今年19岁，目前在离家不远处的另一个乡镇打工；女儿赵斌燕，现在才刚上小学一年级。家里祖上四代都居住在这里，家里以前主要是依靠种树以及砍竹子为生，后来国家规定林场的竹子不允许私自砍伐，就开始转业，以打零工为生了。

谈到当年砍竹子，赵天云依旧很多感慨。那会每天都会进山砍竹子，将砍伐的两百多根细竹子打包成一捆，卖7元。妻子那会儿跟着他一块，砍一天竹子，可以打包成五六捆，算起来每天有将近40元的收入。而他自己由于身强力壮，每天多的时候能够砍2000根竹子，收入将近70元。小两口干一天的活收入还可以，但由于山区雨季比较多，下雨天就不方便进山了，因而也是靠天吃饭。到后来，国家不允许自私砍伐竹子了，家里顿时便乱了阵脚，失去了生活来源。又因为山区，耕地少，所种植的农作物根本就无法满足一家四口的温饱，更别提对外销售了。因此，家庭开始逐步走向贫困。而真正让这个家庭倒下的，是人类的天敌——疾病。

赵天云的爱人盘结花，今年虽才刚满37岁，却已是经历过三次大手术的人了。就在去年年初，赵天云的爱人盘结花突然感觉身体不舒服，这可急坏了赵天云，因为妻子之前身体一直不错，两口子每天一块干活，特别开心与满足，由于两口子身体都不错，很少进医院拿药什么的，更别提病倒在床上了。爱人说不舒服，立马就病倒在床上了，身子骨很虚弱，可把赵天云吓坏了。第二天就带着爱人到离家最近的宜章县第二人民医院就医。医生通过一系列的检查与询问，终于找到了病因，原来盘结花的身体内有一块直径2公分左右的结石，要治疗这个病症，需要立马进行手术。因此，盘结花就在二医院做了手术。在这长达十一天的住院期间，赵天云想了很多。尤其是当爱人被推进手术室的那一刹那，眼泪就止不住地往下流。他很爱自己的妻子，他决心不管付出什么样的代价，一定要把盘结花的病治好。可由于盘结花的病情特殊，手术恢复状况不理想，医生建议病人转院，于是，赵天云就带着妻子第一次进城了，来到了郴州市第四人民医院。这次是赵天云第一次来到市里，湖南省郴州市。活了大半辈子，一直在乡里的深山里待着，没见过世面，因此，当第一脚踏入郴州市的时候，赵天云非常的紧张和激动。城市的喧嚣给了这位地道的乡里人很多不一样的感觉。虽然以前在电视上经常看到这些都市的场景，但当自己亲身经历后，却有着不一样的感觉。由于赵天云只有小学一年级的文化，很多字都不认识，因此很多问题都需要找当地人询问，可又怕遇见坏人，毕竟兜里揣着给妻子治病的钱，他很为难。赵天云紧张地拦下了一辆出租车，目光谨慎地打量着的哥和周围的路人，的哥见此情形，开始询问赵天云的情况，通过一番谈话，的哥知道了赵天云的情况，“小伙子，没事，咱们郴州人民很热情好客，您只管放心吧。”赵天云开始还不敢相信的哥的话，直到的哥亲自领着赵天云两口子到医院挂号，并亲手把赵天云交到主治医生的手里，赵天云感动得落泪了。“在住院期间，医院的医生和护士都非常的友善，很照顾我们，我到现在还记得当时那个胖胖的女护士，她叫我没事儿不要乱跑，怕我迷路，每次碰到我，都会和我打招呼，还微微的一笑。”是啊，在异乡，能够得到陌生人的微笑，心里的确感觉暖洋洋的。妻子此次的结石手术，治疗前后长达 1 个月，最后终于治好了。一共花费了 10000 多元的治疗费，基本上把家里的积蓄全部用完了。时间又到了去年的八月份，妻子被查出有子宫瘤，需要立即动手术，有了上次的治疗经验，赵天云怕县里的医院治不好妻子的病，便直接带着妻子到了郴州市第一人民医院。这次手术很成功，但前后又花费了 10000 多元，这 10000 多元，全都是找亲朋好友借来的。历经两次手术，妻子的身体状况已经很差了，家里也担上了巨额的债务。可屋漏偏逢连夜雨，去年年底，妻子又因为妇科病的问题，再次住院，一共花费了 7000 多元。

这么一个普通的农民家庭，因为妻子先后的三次手术，前后用了 30000 多元，不仅花光了家里的所有积蓄，还让家庭背上了 20000 多元的债务。唯一值得让人欣慰的是，国家的政策好，赵天云的妻子参加了医疗保险，这 30000 多元的医疗费后来报销近 4000 元，但仍旧是杯水车薪。外加目前大环境的经济状况不理想，赵天云自已也年近 40 岁，又只有小学文化，很多字都不认识，在外打零工也赚不到很多钱，家庭的生活状况非常不理想。

当我们谈到小孩的教育问题时，赵天云更是一脸的无奈。大儿子今年 19 岁，也只有小学文化，读到小学四年级的时候，就失学了。失学之后一直在帮家里做事，跟着父母一块上山砍竹子。就是近几年不允许砍伐竹子，才开始外出务工，但由于文化程度不高，目前在离家不远处的一个乡镇的酒店里务工，每月 1300 元的工资，除了自已的花费外，其余的钱都寄回来，帮家里还债。他说儿子非常懂事，每个月的工资都不会乱花，用钱非常谨慎，也很会照顾父母，但就是苦于自己没有文化。说到这，赵天云眼里眼泪在打转，他说他对儿子有愧。他希望将来儿子能够学点技术，早点成家。

小女儿今年 7 岁，才刚上小学一年级。虽然现在普及了九年义务教育，但每个学期还是得交 100 多元的书本费。赵天云无奈地说道：“当时开学的时候要交的这 100 多元，还是借的呢，那会儿家里真的没钱，不过后来还是还上了。”这着实令我们吃了一惊，家里的经济状况周转太困难了，连 100 多元的储蓄都没有。谈到小女儿的将来，赵天云依旧很无奈，“我们也知道知识改变命运，要致富，要赚钱，肯定是要有知识，但家里实在是太穷了。我们会想办法努力供她一直读下去的，能够送她读大学最好，但如果赚不到钱，那我们也实在没有办法啊。”聊到这，我们都同时停了下来。家里现在情况非常不理想，还欠了20000元的债，深山里的瑶族人民，是最需要党的关心党的支持的啊！

聊到这些年村里的变化，赵天云深有感触。以前，村里没有通公路，外加又是在深山上，生活非常艰苦困难。就拿建房来说，当时如果谁的家里需要盖房子，全村的劳动力都会过来帮忙，很多建材需要人工挑进来，历经两公里的山路。因为路途遥远，因此每天每人只能挑两个来回，因此建房的周期相当长，耗时耗力。地处山区，人均耕地面积严重不足，人均四分田地都不够，所种的粮食是不能满足全家人的基本生活的。养殖业就更别提了，就算能够发展养殖，村里道路不通，运输成本和销路也是很大的问题。

除了食住方面的落后，基础的生活设施更是没有跟上时代的步伐。村里也就前几年才通的电，还是因为这边的自然条件比较好，适合建设发电站，有人投资在当地山区建设了发电站之后，全村才用上了电。没有通电之前，村民都是自行购买小型发电机，通过水流发很少的电，只能满足基本的生活照明。

谈到对未来的想法，赵天云说他今后打算从事种植业，种植金银花。因为听村里人说种这个可以赚钱，有外面的老板来收购。目前他已经尝试着种植了将近两亩地了，但不幸的是，到目前为止已经死了将近三分之二。究其原因，赵天云摸了摸后脑勺，说道，“还是因为我们7组没有通路啊，由于金银花特殊的种植条件，需要在特定的时间内将其种植完毕，一旦超时，金银花很难存活的。而我们7组山上并没有公路，必须到6组这里将其挑进山，而如此长的路程，待到挑至种植地，已经大大地超过了限定的时间了，因而目前尝试种植的金银花才会成如此状况。”说到底，还是这个路的问题。

关于7组的道路问题，赵天云谈了很多。他说很多问题其实归根结底都是道路问题，只要道路通畅了，其实什么都好了，村民也能致富了。就好比小孩的教育问题，村里的小学只能读到三年级，三年级之后，就得去乡里读了。可从塘坊村7组到莽山乡要走将近两个小时的山路，要住校的话又得花更多的钱，家里负担不起。如果路修通了，家里能够赚钱了，就负担得起了。

路修通了，村里的资源能够运到外面卖钱了，村民也就富有了。路通之后，规模种植、规模养殖都成为可能，要致富，都只是时间问题。赵天云最期待的事情就是他们7组能通上公路。我们问他，如果不久的将来，要是真的通上公路了，你们的生活会怎样呢？他高兴得合不拢嘴，要是真的通上了，那就太好了。我们给了他们一点点幻想，我们也希望这不是幻想，在不久的将来，村里能通上公路，大家伙都过上幸福快乐的日子。

十二、其他农户

（一）新农合为赵光贵家撑起了“阳光之伞”

新型农村合作医疗制度作为基层医改的重要内容，虽然在塘坊村只实施了两年，但这项惠及千家万户的“民心”工程，受到了广大农民群众的热烈欢迎和拥护。合作医疗就是好！——这是塘坊村农民朋友们发自肺腑的心声。通过这次调研，我们深刻体会到医改和新农合给农民朋友带来的实惠，亲眼所见、亲耳所听、亲身经历的有关新农合的故事实在是太多太多了，也常常被一个个生动鲜活的故事感动着、感染着。

赵光贵就是一位深深感谢新农合的小伙子，他说：“合作医疗真是我们的救命恩人啊！要不然真的不知道这年该怎么过！现在好了，有了这些钱，我家又可以过几天安稳日子了！”2008年秋收时节，正是农民一年中最忙最累的时候，赵光贵早早准备好了工具，催着兄弟几个抓紧时间去收玉米。可刚到地里，赵光贵就觉得有些不对劲，胸憋得生疼，喘不上气来，一动也动不了。县医院检查结果如同几块重石压在了一家人的心中——赵光贵同时患有胸膜炎、肺结核和乙肝。这几种病难治愈不说，还要花费很多钱。赵光贵至今清晰地记得，父亲告诉他病情时脸上透出的那份无奈。走在回家的路上，一家人第一次觉得几里远的路竟然如此的漫长……

看病，便有生的希望；不看，后果不敢想象。看似简单的一道选择题，但赵光贵却难以做出决定。11亩玉米年收入6000~7000元，除了一家人的日常生活外，还要供女儿读书，一年下来，够花就已经不错了，家里多余的钱一分也拿不出来，看病的几万元从哪里来？头一年，因为没钱，赵光贵就这么挨着，眼瞅着病情越来越重，甭说是干活，就连吃饭都吃不下去，觉得气怎么也不够用，一米七的堂堂男儿体重才100斤不到。可看病的事情一次次提出又一次次否决，原本还算幸福的家庭失去了快乐，赵光贵的妻子狠心地丢下生病的丈夫和六岁的女儿去了外地，再也没有回来。

赵光贵是家中的顶梁柱，全家经济状况由此陷入了困境。父亲是看在眼里，疼在心里，最后，父亲坚持就算砸锅卖铁也要把自己的病看好。在随后的一年时间里，赵光贵一家省吃俭用，四处为他求医治病，花光了所有的积蓄，还负债累累。乡里在得悉赵光贵的情况后，及时为他办了低保。然而，这对赵光贵来说依然是“杯水车薪”。

原本想放弃治疗的他，赶上了好时候。“没想到年初交的几十元，现在成了我们全家的救命钱。”2010年，塘坊村实行了新型农村合作医疗制度，村支书从村委会拿回来一份新型农村合作医疗的宣传资料：“我仔细看过了，最高能报销80%呢，加入的话每人只交10元。”父亲看着看着心里就泛起了希望，劝慰儿子：“要是能报销，现在就办了吧。虽然这段时间不用住院，但是你这病要经常复诊，经常看啊，说不定这新农合真能救你的命，也能救我们全家的命啊!”听了父亲的话，全家准时缴费参加了新农合。可是后来随着制度的不断完善，财政补助增加，个人缴费也提高到了30元。这时，因为每年要花费几万元看病的赵光贵顾虑了，缴费标准从年初的10元涨到20元，这没过几个月又涨到了30元，每一分钱是不是都能用在刀刃上，是不是真正在他们患病时能起到作用呢？不光是赵光贵，塘坊村刚推行新型农村合作医疗时，这也是群众说得最多的一句话，同时也是参合农民最为关心的话题。结果，年末赵光贵因胸膜炎再次住进了医院，两个星期花了9000多元，其中有5000多可以报销，赵光贵全家别提有多高兴了。“以前都不敢看病，每次住院都有一大笔花销，这次是新农合帮了我们全家，为我们省了5000多元钱啊，我们的日子就能好过些!”新农合政策给赵光贵一家带了希望，也增强了全家人为他治病的信心。出院后，赵光贵盘算着还一部分借款，再带着女儿到城里逛逛，让女儿能重新开心起来。是啊！新农合的每一分钱都会用到参合农民身上，最大限度地减轻农民朋友的经济负担。如果没有新型农村合作医疗，不知有多少患病农户还在贫困线下苦苦挣扎。

受益于新农合的赵光贵，现在逢人便说新农合好！为了鼓励全村村民都来参加新农合，赵光贵还把新农合政策编成顺口溜说给乡邻听，“合作医疗就是好，农民看病国家报”、“每天节约 3 分钱，合作医疗保一年”、“能解忧，能排难，家家都有安全感”……如今赵光贵已成为新农合的义务宣讲人。

新农合制度是我国一个庞大的基本医疗保障体系，覆盖面之广，受益人口之多，堪称世界之最。这是党和政府给予人民群众的博大的爱，就像一把健康保护伞，为十亿中国农民撑起了一片晴空。它体现了社会主义的公平与正义，像太阳一样温暖着千家万户，让广大农民朋友沐浴在幸福的阳光里！

（二）生男生女都一样的赵美娇

在大家的印象中，一直都认为农村每家每户都会有好几个孩子。的确，在我们的调研过程中，受访对象所在家庭基本都是有三到四个孩子，在向村支书询问村里是否存在只生一个或两个孩子的农户时，村支书马上就想到了赵美娇。我们一行人沿着小路看到了一幢红砖青瓦房，走进屋内，窗明几净，一尘不染，室内陈设朴素简洁，大方得体。这就是我们的受访对象——赵美娇家。

赵美娇看上去很年轻，询问得知，她出生于 1968 年，文化程度为小学三年级，是地地道道的塘坊村人。她原名叫赵金花，后来有一次乡里做人口调查，她本人不在，而村里平常大家都叫她美娇，所以人口普查人员就直接把赵美娇这个名字登记在册了。丈夫赵有光在城里务工，两人结婚已经 23 年了，因为同是少数民族，可以生两个孩子，所以他们育有两个女儿，大女儿赵倍，22 岁，初中毕业，在广东工厂打工，大女儿很乖，经常打电话回来问候，通常是一个星期就打一个电话回来，这点也是让赵美娇比较欣慰的。二女儿赵优，21 岁，一直在家。说起女儿，赵美娇的脸上并不是洋溢着喜悦，而是有种焦虑，细细询问才知道，这两个女儿都有缺陷。大女儿的眉心到鼻翼长了一个很大的黑色胎记，刚刚生下来时并不明显，总以为是小孩没洗干净脸，后来有一次有个客人来到家里告诉他们这是洗不掉的，是胎记。这个胎记很影响她找工作。面试时，其他条件都基本相同的情况下，她的女儿都被刷下来。我们问她有没有想过采取现代医学美容设备把那个胎记除去，她告诉我们，之前有去县里的医院问过，医生说很难去掉。我们问是如果小时候就去除胎记会不会比现在好。她叹了一口气说，那时候连饭都吃不饱，哪还有钱可以去除胎记。二女儿则是脑瘫，生活根本无法自理，所以只能让她待在家，寸步不离的照顾。当问到原因时，赵美娇表示她自己也不知道为什么两个女儿生下来就会这样，家里以前从未有过这种情况。她表示很担心两个女儿的婚姻大事，毕竟都有或多或少的缺陷，找对象可能也比其他人要困难得多。

当被问到有没有想过要再生一个小孩时，她摇摇头说，党号召我们实行计划生育，总要有一些人带头执行。于是生育第二个小孩以后，她就响应了村里的动员去做了结扎手术。问到她有没有遗憾没有生一个儿子时，她说，我们这里重男轻女的现象很少，觉得生男生女都一样。村里同姓的很多，结婚的两个人很有可能是同姓，所以生下来的儿子跟谁姓都一样。并且这里还有一种很有意思的现象：招上门女婿。家里如果都是女儿，可能就会招一个上门女婿，原因很简单，家里需要一个男劳动力，否则有很多农活女人干起来会比较费劲。这里招上门女婿和江浙等地方不一样，生下来的孩子不一定要跟女方姓，可以随父母双方任一方的姓。所以村里就有这样一个很奇特的现象：亲兄弟不一定同姓。因为有的孩子随母姓，有的随父姓。

赵美娇告诉我们，家里除了她和女儿外，还有自己的婆婆，乡政府给每个老人每个月都有55元的补助。平常她就在家照顾这一老一小，空余时间就去干点农活，家里有1.2亩地。种点水稻、蔬菜，供家里日常饮食。丈夫在外面干活一个月大概能挣2000元，家里的收入主要来源于丈夫的工资。前段时间乡政府的领导到过她家，专门就她家小女儿的情况进行了研究，给她争取到每月180元的低保。我们还特别注意到赵美娇家里的家电非常齐全，有电饭煲、电视机、电冰箱等。在我们的调研对象中，很少看见村民家里有电冰箱的，由此可以看出赵美娇家里的生活和其他村民相比，还是比较富足的。她告诉我们，其实家里当年建房子借了7万元的外债，当初建这个房子的钱基本全是借的，这几年省吃俭用也差不多还清了。虽然家里的固定收入不多，但是由于家里只有两个小孩，不像别的家庭那样开支比较大，所以现在家里每年还能存一部分钱。

她告诉我们，以前村里好多人都抱着生孩子养老的心态，所以都尽可能地多生。现在国家的政策越来越好了，村里的人都办了养老保险，大家解决了后顾之忧以后，就都倾向于少生优生。她现在唯一担心的就是自己的小女儿，怕等自己老了小女儿生活又不能自理，没人照顾。

第三部分　农民

十三、村干部

（一）无私奉献的村支书

来到塘坊村调研之前，大家心里都很没有底。因为塘坊村是少数民族村落，许多风俗习惯我们可能不了解，会影响和村民的沟通。并且这里是比较纯正的少数民族村寨，村民平常都是用瑶语沟通的。我们也担心过语言问题会不会给我们的采访工作带来障碍，不知道这里的村民会不会接受我们的采访，也不知道采访过程中会遇见什么问题。直到我们见到了塘坊村村支书——赵观友以后，我们才真正放下心来。赵支书是一个非常热心肠的人，这次进村调研如果没有他，我们的工作不会这么顺利完成。

进村的第一天，我们从鹏程宾馆出发，沿着山间弯曲的公路，半个小时的车程后，我们来到了村支书家。中等的个头，皮肤黝黑，自信满满，看上去和蔼可亲是我们对支书的第一印象。支书知道我们的来意特别高兴，也给予我们很多宝贵的帮助。当大家还非常茫然，对村里的了解仅限于为数不多的文献资料时，赵支书给了我们很大的帮助，根据我们的人数和村里的具体情况，告诉我们怎样分组效率会比较高，还用自家做的腊肉招待我们。听说瑶族人民待客的最高礼遇就是用腊肉招待，我们一行都感到非常荣幸。

我们对赵支书没有刻意的安排时间采取问答形式采访，而是在这十几天点点滴滴的相处中获得他的相关信息。赵支书全名叫赵观友，生于 1958 年，是地地道道的塘坊村村民。他初中毕业后，一直立志当一名军人，曾经还通过了选拔军人的考核，就差五元的路费去县里进部队了。但那时正值越南战争，支书的父母心疼儿子，害怕他要上战场，因此不同意他参军，坚决不负担这5元路费，支书的军人梦就这么夭折了。支书每每说到这里，都会感叹这是他一辈子最后悔的事情。支书有一个儿子，原本他想让儿子圆了他的军人梦，无奈儿子对参军完全不感兴趣，只向往自由自在的生活。儿子之前在广东工厂里打工，莽山乡的旅游越来越发达以后，每逢5~10月漂流的旺季时，儿子就在景点里当水手。对于儿子，支书说，儿孙自有儿孙福，就让他做自己喜欢的事情吧。支书的军人梦破灭以后，就去参加了技能培训，学会计。学成后，就在村里干会计。干了6年，工作勤勤恳恳，在这期间，他为塘坊村的发展献计献策，积极参与村里的各项活动，他踏实肯干的作风、憨厚的性格逐渐得到了村民的信任，也积累了丰富的经验，为他后来的工作奠定了基础。后来他有机会可以参与村支书选举，但他那时候觉得自己的能力还不够，承担不起全村人的希望，于是就婉拒了，继续在村里干会计。直到2003年，在换届选举中，他以绝对的优势当选为村支书，从此开始了自己为村民奔波服务的生活，一晃已经连任三届了。

当上村支书后，他积极为村里的发展找出路，先后修筑道路，帮助农民创业等，为塘坊村的发展做出了很大的贡献。塘坊村深处山区，交通很不方便，以前都是泥巴路，一到下雨就没有办法通行，而且也很危险，这一点严重制约了塘坊村的发展和村民的致富。村里的资源很多，比如说水资源、竹资源、野生动物资源等，但是没有一条好走的路，这些资源就没有办法转化为财富。于是在赵支书上任后，他下定决心要为村民先解决修路的问题，于是他研究国家对少数民族地区的相关政策，积极向乡里、县里申请，终于，在国家“民族团结进步行”项目以及省扶贫项目的帮助下，前年年底开始了村里第一条公路的修建，并且于去年年底顺利通车。公路共花费390万元，其中还有村里自筹的20万元。路修好以后，为村民带来了极大的便利，也创造了不少的财富。在调研过程中我们发现，许多村民都把砍伐竹子作为自己收入来源中非常可观的一部分，每天平均能赚80元，如果没有这条公路，这些竹子根本没有办法转化为实际的收入。除此之外，村里还兴起了不少养殖户、种植户。塘坊村由于竹子多，所以有一种非常难得的野生动物——竹鼠。竹鼠的营养价值非常高，是保健、美容的佳品。外面有很多人非常热捧这种野生动物，但是之前路没修好，这种资源也没办法转化为财富。自从路修好以后，村里人就开始琢磨着养竹鼠，现在已经有两户养殖成功了，外面也经常有人慕名而来买竹鼠，这里养的竹鼠瘦肉多肥肉少，市价是50~80元一斤，有的甚至能卖到 100 元一斤，这对村民来说也算一笔不小的收入，在一定程度上改善了村民的生活。由此可见，这条修好的路对于塘坊村和整个村民来说，有多么宝贵。

除了修路，赵支书在任期间，还解决了村里的通信问题，他向政府积极申请，让村里 95% 的地方都覆盖通信网络。他还非常支持村里的教育事业，村里唯一的小学也在他的支持下能够容纳越来越多的学生了。

随着塘坊村经济的向前发展，村里的办公条件需要不断的进行完善。经有关部门批准，村委会办公大楼现在已经在修建中了，办公大楼修好以后，村里的各项工作将会更加有序进行，村干部也能更好地为村民服务。

在这些天的相处中，我们能感觉到村支书是一心一意地在为村民谋福利，他的脑中有许多构想，可是都由于种种原因不能在现阶段实现。我们也能真切地感受到村民对于这位勤勤恳恳的村支书的爱戴。如果是我们单独入户调研，村民可能会对我们有防备心理，可能不会特别配合，但只要村支书一出现，他们就会特别相信我们而且会用家里最好的东西招待我们，所以调研虽然辛苦，可是我们一路上感觉很温暖。

问到赵支书对村里的发展有什么展望时，支书感慨道：塘坊村的位置非常偏僻，很不利于经济发展，因此整个村和其他村相比，还是处于一种相对落后的状态，条件不好的村民还有很多。因为又偏僻又穷，村里有很多大龄未婚男青年，有的都 40 几岁了还是娶不到媳妇，还有不少孤独终老。支书说，解决这种问题的根本办法，就是让村里先富起来，这就需要政府对少数民族村落多给予支持，他表示自己的文化程度不是很高，所以国家好多偏向少数民族的政策他也不太清楚，因此他多次恳请我们，回到北京以后如果有机会一定要把塘坊村的情况反映给相关部门。我们也衷心希望这次的调研成果出来后，能够为塘坊村争取到资源帮助村里的发展。

（二）村主任赵志明

塘坊村去年刚修好的那条 22 公里长的水泥公路弯弯绕绕到 11 组一个山头，山头有一个挖平了的大空地，路边立了这条“致富路”的纪念碑。不宽的水泥路再向前延伸，转弯处堆了一些木料、红砖、水泥之类的建材。电话里，塘坊村村主任赵志明告诉我们说这是找到他家的“地标”。顺着小路往下走，没几步就看到了一个大棚，本以为是堆放杂物的地方，走近才发现这个用碗口大小粗的竹子和厚塑料薄膜纸搭建起来的棚子里摆放着木质沙发、茶几、碗柜、饮水机、电饭煲、电风扇等物件，边缘镂空的地方则是用一排竹子隔空架起一块平地以增加大棚面积，西头甚至还用桌子隔出了空间放了两张床当卧室。伴着山泉哗啦啦的流动声和林间婉转的鸟鸣声，我们和赵主任聊起了他的生活和工作。

喝着莽山当地的绿茶，晒得黝黑的主任脸上透露出几分惬意。他指着大棚斜对面的一块空地给我们解释了暂住大棚的原因："那边的房子原本是1986年盖的土坯房。2008年时南方冰灾，莽山属于重灾区。本就是老房，再加上冰灾压坏了房子，屋顶掉出个大洞，老房就成了危房。当年当地民政部门知晓后补助了500元。自家由于积蓄不够，之前一家人一直在危房住着。不过今年雨水较多，住在路边常遇上塌方，房子住着实在不安全，再加上儿子外出打工攒了一点钱，一家人决定把危房拆了重新盖个房子。边上另一间土坯房是1993年盖的，也放不下原来房子的东西，只好搭出这么个大棚子，把家里多余的家具暂时堆放在这里。"

赵主任家共五口人。老婆邓秀兰47岁，务农在家，平日除了操持大小家务事还养了两头母猪作为家里创收的重要来源。今年25岁的女儿赵巧，初中毕业后就南下广东打工，每年会给家里寄回5000~6000元。同样在外打工的儿子赵兵前年结婚还带回来了儿媳妇谭晓非，他俩6月初才回家，准备在家帮忙把房子修好再继续南下。谈到一双儿女都高中未读就外出打工，赵主任也是无可奈何。一方面虽然学校的学杂费不多，但每月至少220元的生活费是这个家庭无法为孩子保证的。读到初中三年级还得去宜章县城读，各项开支大，负担更重。另一方面就是两个孩子学习成绩跟不上，觉得自己读不好书，宁愿外出打工。"我对他们读书还是支持的，但是他们自己不肯读了，以后也不得埋怨我们。"

赵志明17岁初中毕业时在村里的生产队当了2年的记工员。后来分田到户了，就主要以种田、砍竹和发展家庭副业为生：1996年的时候养了三头母猪，后来因为市场价格一直提不上去就卖掉了。农忙间隙会外出打短工，他一般是去附近的煤矿里挖煤以增加收入。现在家里又养了2头从广西买回的母猪，每头母猪每年能得到政府补贴100元，需要上缴保险费12元，如果母猪生病，能视具体情况拿到700元到1000元的保费。母猪需要跟宜章县畜牧局的公猪配种，一年配种两次，每次从山下把公猪赶上山一次 100 元。现在市场猪肉的行情是养大一头上年买的小猪，大概能以 630 元左右的价格卖出。而赵支书家的母猪去年一共生了 22 头小猪，以 290 元每头的价格卖出，大概卖了 6000 多元。并且养得好的母猪猪龄可长达 15 年，除去配种饲料等费用，母猪的养殖虽然不具规模，但是给赵志明家带来比较稳定的收入。

2009 年 5 月，赵志明接替瑶王邓万寿任村主任一职。选主任前村里会先选举产生村支书，由村支书在塘坊的 13 个小组组长、村民代表、19 名党员中推荐三名村主任候选人，再下到塘坊村各个小组中，由经过驻村干部核实的具有投票资格（18 周岁以上）的村民投票，票高者当选。赵志明就是因为当了 20 多年 11 组的组长，踏踏实实做事，赢取了村民的信任，最终以获得有效票 460 票中的 336 票高票当选。之前组长的工作没有报酬，内容较简单，一般是协助村委会落实好每个组村落诸如架电、修路等派工问题。赵主任当任组长期间印象最深的事情便是带领整组村民种了三百多亩的沙树。不过现在那座种满沙树的山头被附近钟家村的人以 4 万多元的价格承租，租期三十年，用来养竹鼠。说起同样当了 20 多年 11 组组长的父亲，赵主任露出了由衷的佩服："我的口才不及我父亲，虽然他当年没上过学读过书，但是在我们组很有威望。"

塘坊村的公章现在由赵主任保管，一般村民需要开具诸如计划生育、上户、医疗保险、学生补助、教育等各个方面的证明材料都需要通过村委会证明情况属实了再加盖公章。平日，赵主任则是跟会计一起配合好村支书管理村里大小事务。管理工作的流程，可以拿正在塘坊村 3 组修建的新的村委会办公楼来说明：首先，支书、主任、会计的"三人小组"起带头作用，拿出一个议案，然后同 13 个村民小组组长一起开会讨论，同意的就签字，通过会议，有 10 人以上同意项目，则村里就基本上要开始实施计划。赵主任认为村民绝大多数都是同宗同族的瑶家人，因此村委工作的展开大部分都能得到村民的支持，很少碰到阻力。而本身塘坊经济发展状况相对莽山其他村较差，村干部之间没有利益上的冲突，通过相互沟通能就工作问题达成一致。

2009 年 11 月，赵主任参加了由中华职业教育社、湖南省扶贫办、湖南科技职业学院牵头举办的"第七期村级专业干部培训班"的脱产学习。学习期间来自全省各地的村级干部分享各自把村里的事业、企业办起来，带动村民致富，为村民服务的先进经验，这让赵主任极大地开阔了眼界，但同时他也发起愁来：相比其他自然条件良好的村落，我们位于高山里的塘坊村条件如此艰难，应该怎样打开局面？

赵主任认为，“要致富，先修路”这句话对塘坊村村民来说十分现实。无论是村民自养的生猪，还是依山砍伐的竹子都因为运输成本高都卖不起好价格，甚至没人愿意进山来拉。村民下山也不方便，逢五、十赶闹子，得早上六点就摸黑下山。因此，能有一条通往塘坊分散的各个村民小组的公路对改变塘坊落后的面貌尤其重要。过去两年，村委会的工作主要是围绕村里这条“致富路”的修建开展。全长22公里的乡村公路于2010年9月动工，2011年12月完工，是靠多方筹资修建起来的：最初通过国家“同村公路”项目修了9公里，后期12.6公里则主要是通过“民族团结进步行”这个项目打报告申请到的资金，此外宜章“一事一议项目”按照对塘坊村公路的项目评分9.3分下拨的9.3万元和村民每家每户按每人200元自发募集到的18万元及各个单位的捐款48万元。加上公路的附属工程，这条路已经花去了400余万元，村里至今还欠承建方20余万元尾款。现在公路两边都是村委会统一安排村里花钱花时间培土、铺排水管等。而因为塘坊在高寒山区，坡度高、泥土松，一旦下暴雨会有小规模塌方，公路上方的泥土会被冲刷下来堵住路，雇佣当地的小铲车清理山道又会增加项目的额外开支。赵主任同其他村干部一样，都将这条来自多方支持自己也花了大量精力体力投入才修好的公路当做自己任内为村民做的大事之一，并期许在不远的将来，这条路能真正把塘坊的丰富资源变成村民拥有的实实在在的财富。

访谈小组成员对赵主任进行访谈的当天，上午他跟瑶王邓万寿一起去乡里参加《莽山瑶族志》编撰启动的讨论会，结束访谈后又要去3组村委会大楼的工地看看工程进度。担任村主任以来，赵志明主要精力都投入到村里工作，基本脱产，除去每个月315元的工资，没有多余的时间给家里找额外的经济来源。谈到工作的动力，他说：“我能在这个位置为村民做出一点贡献就心满意足了。”赵主任干完这一任就准备退下来了，“工作要交给有文化的年轻人来做，希望任期内村委会大楼能顺利建成、金银花基地的建设能走上正轨。”

临走前，赵主任送我们到路口，他憨笑着告诉我们明天村里就会来几个工匠帮他建房子，满心欢喜的样子。

（三）村会计赵仁保

刚到塘坊村，热情的村干部为我们召开了欢迎仪式。在仪式上，我们就已经见过会计赵仁保。他五十余岁的模样，默默地坐在屋子门口，瘦小的身子，太阳晒得黝黑的清瘦的脸上，有一对稍稍凹进去的大大的眼睛。听村支书说，赵仁保的算盘打得极好，思维又极其敏捷，村里大大小小的数据过目不忘。

第二次接触赵仁保是他带我们去家里做客，虽然头发有些斑白，但步履矫健、走路如风，精气神倍儿足。一路上，我们一直感叹塘坊村真是个依山傍水的好地方，溪水清澈见底，树木郁郁苍苍，山峦翠绿。近则蓝天绿树直逼眼球，远则山峦与天际隐约相连，若隐若现，于茫茫烟云之中，显得格外美丽。

一个小时后便到了赵仁保的家里，他非常好客，一直手脚不停地招呼我们，又是端茶倒水，又是拿出自家种的果子，热情淳朴的民风在赵仁保身上体现得淋漓尽致。品着清香的绿茶，我们也和他其乐融融地聊了起来。

赵仁保，1973 年高中毕业，直接进入了教师行业，于 1974 年至 1976 年在民办的塘坊学校教书。由于村里比较穷，那时的小学条件极差，甚至连半截矮院墙都没有，只是几间孤零零的土屋子。赵仁保回忆说，每逢到了冬天，寒风透过破木门呼呼往里灌，碎了玻璃的窗框摇摇欲坠，粗木课桌勉强靠钉子连在一起。师资力量就更别提了，没有老师愿意来这边代课。所以那时，赵仁保就是学校的主力军，他一人担负小学三个年级的语文、数学和体育的课程教学。谈到体育，赵仁保瞬间眼睛亮了起来，兴奋地拿出当年的获奖证书，他很擅长羽毛球和篮球，原先还是村里田径运动会公社的裁判。而且文笔也不错，村里的大小报告、演讲稿、宣传公报，对于赵仁保来说都是信手拈来，没一点问题。

说到这，他眼神流露出一丝伤感，“流光容易把人抛，红了樱桃，绿了芭蕉”。

岁月的流逝已经让他很难再像当年那样在操场上挥洒汗水，昏花的双眼也无法让他顺利看报，近年患上的羊癫疯也给他生活带来了重重困难。我们感到这个曾经优秀的少年定是尝尽了人生酸甜苦辣，他说命运的安排也彻底打碎了他想在城里教书的梦想……

那时家里非常穷，再加上塘坊村天高皇帝远，坐落在一片深山里，交通不便，很少有人能走出这片大山，最后连这个塘坊小学都维持不下去了。无奈之下，赵仁保只得另谋生计。多亏他平日里善留心，自学了一套木工手艺，从1977年开始，就一直找些零碎的木匠活糊口。虽说手艺没那么精湛，但做一些小板凳、桌子、大门等还是像模像样。平日里与他一起做活的还有两位师傅，年龄都比他小，最年轻的是47岁，这个人技术精益求精，可以看着设计图纸做出家具，还有一位木匠叫邓周保，比他小两岁，手艺也不错。可是，乡亲们都喜欢赵仁保心直口快、为人热情朴实的性格，所以找他做活的人就自然多些。赵仁保还告诉我们，村里有个特别的风俗，如果给村民做大门，他们就要给木匠每人一个红包，最少的十元，最多的近百元，80年代，基本没有差别，每人就是两元。然后木匠在收红包的时候必须说些祈福的话，像预祝新的一年风调雨顺、开门大吉、和和美美等，求个吉利。

赵仁保当会计是1987年的事，那时在村民们的心目中，他是比较有文化的人，是村子里的“秀才”。而且他还有个本事，就是熟通算盘，对数字很敏感，那时别人都用13条、15条的算盘，而赵仁保可以双手同时操作17条的算盘。十几年的会计工作让他总结了很多经验，他告诉我们，村里的账很细碎很繁杂，所以好记性不如烂笔头，记性再好，也要笔头功夫勤快，一笔账一笔账记下来，做账就像农民下地，你要做得好做得仔细。村里的事情经常会牵扯到几年前的老账，账做得不仔细，会对以后村里工作造成很多的不便。有时，赵仁保也深感自己的工作压力大。“农民挣钱不容易，自己算错一笔账，不是牵扯到一户的问题，而是关系到全村。”每年年终是赵仁保最忙的时候，但也是他最开心的时候，因为农民们可以分红拿到钱了。

谈到家庭，老赵长叹一口气，脸上充满了无奈之情。因为去年10月份，他的妻子不幸逝世了。当时郴州第四人民医院的检查结果一出来，赵仁保就感觉天塌了下来，当时他双腿发软，站都站不住，真的不敢相信妻子患了胆管癌，而且已经是晚期了。四十多天痛苦的治疗没能留住他心爱的妻子，赵仁保懊悔不已，应该早点催妻子去看病。可是当时妻子总是安慰他说没什么病，过几天就好了，自己真的是大意了。我们听支书说，一般村里人身体不舒服多半不敢去看病，一是没经济能力，二是怕真有什么大病，整个家就都垮了。所以大家都是小病拖大病，大病就听天由命了。从20世纪90年代至今，整个塘坊村40～50岁死于癌症的已经有10多个，他们很多是因为最后掏不起医药费自己强忍着痛苦去世的。不过，赵仁保说，妻子生前在塘坊村是了不起的女人，人品好、厨艺好，擅长待人接物，去世时村里的干部和父老乡亲都来吊丧，这也慰藉了他当时痛苦的心情，他希望妻子的在天之灵能得以安息。

赵仁保有三个儿女，大女儿三十多岁，嫁到了莽山林场，老公是林场的职工，有两个小孩，生活还算平稳。二儿子赵瑞锋去年到广东东昌打工做了两个月的修理工，学了点手艺，现在在乡政府门口修摩托，生意还不错，最高一天能有200元的收入。提到二儿子，赵仁保心里一直放心不下，因为他现在已经30岁了还没有成家。其实这是塘坊村一个很严重的社会问题，30岁以上的单身汉有四十多人，主要是由于塘坊村所处位置实在不方便，经济条件又差，很多女孩都要嫁出山沟沟。小儿子赵瑞秀28岁，在家务农，种田、茶叶、水稻和一亩金银花，有两个小孩，生活也能勉强维持。

最后，赵仁保说，虽然艰辛，但生活仍要继续。现在村民们都在努力把日子过好，过红火，他也不能拖了后腿，明天还是很美好的！

十四、瑶族文化传承人

（一）瑶家传统文化薪火传承人——瑶王

月亮光光照山川，铜镜光光照大众。

大州买的光油伞，行来伞底好遮阳。

响亮的歌声、铿锵的节奏、优美的声线，瑶家歌谣给人清新、质朴的感觉。瑶人的歌很多都是歌颂自然的，较之讲究技巧的现代音乐，瑶歌仿佛有一股穿透力，给人一种回归自然的感觉，我们可以从瑶胞的歌声中感受到行云流水，享受到鸟语花香。

瑶族是中国最古老的民族之一，充满了神秘色彩。在漫漫历史长河中，瑶族人民用自己的聪明与智慧，创造了丰富多彩而独具特色的民族文化。这些底蕴丰厚的民族文化也是中华民族传统文化的重要组成部分。瑶族人没有自己的文字，他们用瑶歌、长鼓舞和刺绣等瑶家特有的传统文化记录历史，表达情感。

但是，随着社会的不断发展、岁月的流逝和文化的变迁，散落在山野乡间的传统文化——民族语言、歌舞艺术、民间工艺等，面临现代化浪潮的冲击，古老的瑶族文化濒临失传，即将湮没于都市时尚文化的大潮中，人们越来越难听到那婉转优美的瑶歌了。抢救、传承靠谁？靠这个民族的自我觉醒以及一批一批的文化传承人。

塘坊村有着深厚的民族文化底蕴，有着丰富的歌舞艺术，有着精美的刺绣工艺，可是目前面临的不是蓬勃发展的景象，而是令人堪忧的逐渐失传的状况。面对此情景，有自觉当此重任的本乡本土瑶人——瑶王邓万寿，他高擎着传统文化的旗帜将薪火传承。

邓万寿，生于1966年，中共党员，瑶族，现居于莽山瑶族乡塘坊村8组。他自幼便受到瑶族民间艺人的熏陶，从而喜欢上了传统技艺，便萌生了能成为民间艺人典范的新芽。于是，从八岁起，邓万寿在读书的同时便跟着长辈学瑶歌、打花棍、长鼓、山歌等民族风俗活动。到17岁时又跟着赵镇南、盘先志、邓国标等老师公学习瑶族的传统文化——还盘王愿祭仪、唱盘王歌，习“播不雕多”舞。在多年的习艺过程中，他勤奋好学，曲不离口，艺不离手，到哪里都能听到他的歌声。山歌、情歌、婚嫁歌、祭祀歌、武术及“过火练”绝技他都熟练了，还成了当地传统社会婚丧礼仪中最年轻的司仪。通过几十年的学习修炼，瑶王有幸在1986年第二届盘王节正式登台表演。1990年，邓万寿当选村小组组长，期间又向师公赵镇楠拜师学艺。

当现代化浪潮涌进瑶山，青年们不再对瑶歌瑶舞感兴趣时，瑶王深感惋惜。出于对本民族传统文化的热衷与责任，为了能把传统文化很好地保留、承传并发展，并且由于有扎实的表演功力和传统技艺，他呼朋唤友，组织了二十多个青年学艺传艺。在他的张罗下，莽山乡土艺术团于2004年成立，瑶乡同胞终于拥有了一个自己的艺术团队。乡土艺术团专门习授传统的歌舞艺术和还盘王愿礼仪。团员们白天生产，晚上和雨雪天习艺。他将徒弟们招到自己家中管吃管住，让其安心学艺，认真排练。用自己家种田养猪积攒的钱办艺术团，这份奉献精神可叹可嘉！

邓万寿这个生长在莽山瑶族乡塘坊村斋公坑瑶寨里的中年民间艺人，于2005年上了中央电视台，他组织的乡土艺术团的歌舞节目也得以在央视演播。从此莽山瑶族的传统歌舞随之传扬四方。2005年，他任职村委主任，工作三年后至2008年，加入了中国共产党，而后竞选县人大代表成功。眼下兴旺的莽山旅游业为他的理想插上了翅膀，一旦有需要，他就立刻从田土中抬脚上岸，领着他的队伍奔赴表演场地，为游客献上原汁原味的莽山瑶家歌舞。

瑶王非常热情，这也是自我们调研开始我所发现的塘坊村村民共有的特点。一谈到瑶族的民族文化，诸如山歌、还盘王愿祭祀仪式等，瑶王就滔滔不绝，文化的来龙去脉讲得头头是道，还时不时给我们来上一段，并且招呼我们观看他们表演的录像。

塘坊村居住着的过山瑶，几十年前还是游耕游猎的民族。他们在生活中创造的歌谣有“过山音”，他们所唱的歌词曲调带有越音、闽声、粤调（往往不同于今天的生活语言），反映出山的内涵，演唱时有跳动感和起伏感，常用的颤音能产生一种哀婉的情绪。瑶歌的旋律普遍沉重、哀婉、悲凉（这与天下瑶歌相同），这是与以往苦难的迁徙历史相关联的，是在风雨沧桑的历史变故中遗留下来的永恒调式。迁徙途中的山川风物、艰辛历程、历史事件都尽入歌中。歌声伴着人生的历史，这是迁徙岁月中异地他乡的语言留存在歌舞中的证明。因此，歌谣是瑶人历史的同路人。

同时，塘坊的瑶歌又有自己独特的行腔唱法，非常古老。到现在，几乎是亘古未变。诸如调式、歌词、音阶、节奏等。尽管外面的文化瞬息万变，但是塘坊的歌谣却依然故我，没有被其他民族所影响，没有被时间所销蚀。即便到了现在，塘坊瑶人在唱到自己的歌时，都会说：“老辈人就是这么唱的。”古老的“拉发”调和“艾迪”腔，仍然荡漾在茫茫林海中，依旧流传于子子孙孙中。

还盘王愿祭祀仪式分为还愿请神、拜神圣歌头起、传灯挂档书、盘王出世歌、盘王起记之春秋等18个程序。还愿请神需要立过家主，上传兵马，下坛兵将，伏江盘王圣帝，武隆司命灶君，宅堂土地，宗祖家先，众位公王，元宵歌娘，行师宫将等。拜神圣歌头起，由拜师圣唱歌引歌娘来唱歌，各种倡导“光木做梳来引游。今夜引娘出唱游，手拿笛子引娘头，郎在湖南妹在？妹在贵州双泪流，东海鲤鱼西海京，日知今夜得交？”

瑶族文化博大精深，是靠民间艺人世代心传口授来传承；瑶族文化虽然丰富多彩，但从全国来看，由于起步较迟，瑶族文化尚处在弱势地位。且瑶族的传统文化只散存在部分老人和少数民间艺人当中，并且由于社会经济的发展，瑶族群众思想观念改变快，生产生活方式变化巨大，加上受现代强势文化的严重冲击，瑶族传统文化赖以生存的地域自然环境和人文环境逐渐消失，瑶族传统文化失传速度在不断加快。如不及时进行抢救挖掘整理、保护传承，瑶族文化将随着老人和民间艺人的过世而消失，塘坊村瑶王邓万寿对此感到非常担忧。

瑶王更是特意提到了吹木叶。到目前为止，以前瑶族非常流行的吹木叶在塘坊村已经失传。吹木叶就是吹树叶发声的意思，是苗族、布依族、瑶族、侗族、壮族等少数民族单簧气鸣乐器。吹木叶的传统由来已久，隋唐时代的九部乐、十部乐中就有；从五代时期的古墓中发掘出来的石刻上，也有吹木叶的雕像。以前瑶人随手采摘一片树叶就能吹奏，音色优美、音乐动人、独具风采，但现在塘坊村已经没有人会吹木叶了，意味着吹木叶这门文化艺术在塘坊村已经失传了。

另外，瑶王所组建的乡土艺术团也因为经费来源不足，发不出工资，团员们没有基本生活保障而解散，每当提及此事，瑶王所流露出的失望的表情很是令人心痛，重建乡土艺术团，保护和传承瑶族民间文化，以文化旅游带动塘坊的经济发展，让村民过上更好的日子……瑶王的志向很远大，理想很丰满，为了更好地发展本村的文化旅游，提高本村村民的生活水平，瑶王甚至拒绝了其他地区的邀请，放弃了高薪的工作，只为了留在本村，为村民造福，相信有这样为大家着想的瑶王，塘坊文化的保留与传承及经济的发展指日可待。

塘坊村96%以上的人口都是过山瑶，作为郴州市宜章县的主体民族村，塘坊村肩负着挖掘整理、保护传承瑶族文化的历史责任。当然，近年来，为了保护和传承民族文化，当地政府也做了不少努力。

首先，在非常了解塘坊村瑶族风俗文化的李坤秀老人的倡导下，政府正组织编写过山瑶族志，并且老人已经拟好了提纲，写作也已经初见成果其次，在民族文化遗产的保护传承方面，塘坊村积极配合县级有关部门，对瑶族民间传统文化进行调查，并积极申报保护名录；同时，他们还通过召开民族民间文化传承人座谈会、举行瑶族民间歌谣、舞蹈培训、组建民间文艺队、开展节日活动和民族文化交流、加强民族旅游开发、组织民间体育活动、加大非物质遗产保护资金力度等形式来传承瑶族民间传统文化。

瑶族文化底蕴丰厚，系统完整而独具特色。虽然塘坊村村委及瑶王邓万寿做了大量工作，但面对瑶族深厚的民族文化，仍处于杯水车薪、捉襟见肘的境地。由于塘坊村在民族文化挖掘整理、保护传承工作中缺乏经验，专业人才和资金匮乏，工作开展十分艰难。“在对瑶族传统文化的重视方面，相关部门还没有很好的将其融入旅游开发中，没有把民族文化作为一项重要的社会事业来抓；瑶族文化的弱势，主要原因是缺乏资金投入，导致传承困难。”相关人员如是说。

在保护和传承过程中遭遇瓶颈的不仅仅是瑶族文化，整个中华民族的传统文化都在逐渐消解。年轻人对本民族的历史了解肤浅，对本民族灿若群星般的历史人物知之甚少，对本民族的民俗、节日、语言、文学及其他门类的艺术少了前人的热情和挚爱；很多中老年人也异化了自己的人生观和价值观，这不得不说是一个非常严重的社会文化问题。一个民族要长盛不衰，就要建立自己的强势文化，要使自己的文化处于先进状态，希望我们年轻的一代能够理性对待外来文化，同时，保护和坚守住中华民族传统文化的家园！

（二）瑶族传统服饰和挑花刺绣艺人——赵刘妹

2012 年 7 月 8 日，调研组一行在村支书赵观友的带领下，沿着崎岖不平的山路徒步跋涉了两个多小时后才来到了赵刘妹家所在的竹坪。当到达村口时，映入眼帘的是一横排白色的土坯黑瓦房，房屋后面是蜿蜒的青山，房前有清澈的溪水流过，阵阵微风吹动竹叶，太阳的光辉把溪水点缀得波光粼粼，塘坊村山水的秀美在这里被诠释得格外动人。正当我们在惊叹这令人如痴如醉的美景时，恰好迎面遇到了刚从山上捡柴回来的赵刘妹老人，只见她头上戴着一块非常漂亮的瑶族头巾，身穿一件蓝灰色碎花布衫和一条黑色棉布裤子，脚穿一双军绿色的帆布鞋。看到我们后，她热情地向我们打招呼并把我们带到家里，用自家种植的绿茶来沏上茶水招待大家，而我们对她的近距离访谈也就此开始了。

赵刘妹，女，74 岁，瑶族，能流利地讲瑶话，塘坊村 12 组人。老人家长得很瘦且个子不高，头发花白了，但身体却相当的硬朗，而且耳不聋眼不花，看起来根本不像 70 多岁的老人。老人家家里八口人，有一个儿子叫赵天罗，1978 年出生，已经结婚生子，儿媳叫赵林，在深圳打工，孙子叫盘辉，7 岁，已经上小学。另外，还有四个女儿且都已经出嫁了，其中有两个嫁到了莽山，两个嫁到了本村。她的家庭收入主要有四个来源，一是来自她儿媳外出打工，二是来自承包的两亩水稻和几亩竹林，三是自己做挑花刺绣的手工艺收入，四是从2011年开始领取的政府补贴。所有这些收入算起来，一年大概有2万~3万元的收入，她对这种状态并不是很满意。

通过赵刘妹的回忆，我们得知老人家幼时家境贫穷，在家中排行老大，下面还有6个兄弟姐妹，因此很小就开始学做家务并照料弟弟、妹妹，而开始学做瑶服和挑花刺绣则大概是从11岁起的样子，当时村子里包括自己母亲在内的很多瑶族妇女都会挑花刺绣，自己就诚恳地主动找会做的人来教自己，到15岁的光景时就完全可以单独出工了。老人家还说，大概在1940年以前，无论年龄大小也无论男女，瑶民们在日常生活当中都是身着瑶服的，但1940年以后，人们只在重大节日或者结婚时才会穿上瑶族的传统服饰，如在盘王节的时候，只有身穿瑶服的人才有资格汇集在一起祭祀盘王、唱盘王歌和跳盘王舞等，不穿瑶服的瑶人则是不允许参加的。另外，在结婚的时候，男女瑶服就分别是新郎和新娘必备的“西服礼服”和“婚纱”。目前，虽然塘坊村的村民基本上平时都不穿瑶服了，但是60岁以上的老人们却仍旧保留了在走亲访友以及参加重要酒宴时裹头巾的习俗。老人家自己平时上山砍柴也会裹头巾，因为头巾可以充当帽子保护自己不被山上的毛毛草草划伤。很多老人由于眼睛不好了，自己不能再做挑花刺绣，只好向还能做挑花刺绣头巾的老人买。赵刘妹老人说，瑶族头巾非常难绣，挑花刺绣所用的工具就是平常缝衣服或扣子的6号针，绣前是没有描图的，脑子怎么想就怎么绣，一旦图案绣错了就必须拆掉从头开始，每个人的熟练程度不同，绣一块头巾的耗时也有所不同，自己一般用20天的时间就能绣好一块头巾，每条头巾可以卖700元。鉴于制作挑花刺绣头巾是一件非常费时费力的事情，一般对方会提前告诉她什么时候需要头巾，然后自己就着手去买做挑花刺绣头巾所需的“京青布”（当地一种手工染织且颜色蓝得发黑的棉布）以及红、黄、白色的丝线，3种不同颜色丝线的价格是10元/捆，一捆有12根丝线。买来布料和彩色丝线后，必须赶在对方需要的日子前完工，绝不能耽误了对方的事情。

在访谈过程中，为了让调研组成员更深入地了解瑶族传统的挑花刺绣，赵刘妹老人还热情地向我们展示了她做的一块即将完工的头巾。在这块头巾上面有彩色丝线绣成的各种图案：八角花、箭镞、鱼和人的抽象符号等。这些美丽精致的图案令我们惊叹不已，我们看到挑花刺绣的主要针法是十字绣法，但是与兴起在欧洲而目前流行于都市的十字绣显著不同的是，瑶族的十字绣是双面十字绣，正反两面都是花纹，这样缠在头上的头巾从各个角度看都非常美观。细密精美的图案做工非常复杂，同样与欧洲十字绣事先描好图案、做好方格的方法大相径庭的是，瑶族挑花刺绣不用描图，数丝而绣，而挑花的图案又大多是对称图形，这意味着刺绣的妇女必须靠底布的经络来确定针法。村支书赵观友说，由于工序繁难，一个熟练的瑶族妇女不做农活光做刺绣的话，一年也就只能绣出五六块头巾。

当赵刘妹老人看到我们对她即将完工的头巾有着非常大的兴趣后，她很高兴地又找出了一套非常漂亮的传统女式瑶族服饰给调研组成员中一个名叫梁迎娜的女孩子试穿，老人家说这个女孩子长得很像她远在深圳打工的儿媳，她的儿媳一年到头难得回来，过年回来的话在家顶多住半个月就得又要远走他乡打工去，7 岁的孙子很想妈妈，时常做梦梦见妈妈，甚至还会在做梦时哭醒。这套瑶服就是当年她特意为儿媳结婚时缝制的。衣服的布料使用了纯黑色棉布、纯红色棉布、纯深蓝色棉布、纯白色棉布以及绘有牡丹花和鸳鸯的红色背景的棉布，但以黑色棉布为主，衣服分为四部分：上衣小褂、腰带、下衣裙摆和头巾。上衣小褂的领子一周绣有红、黄、白三色图案，领口镶有一枚银扣，前胸有一块狭长的梯形胸牌，绣有红、黄、白、草绿四色图案，图案周围由内向外依次是用纯白色棉布、纯深蓝色棉布和纯红色棉布缝制的镶边，胸牌周围是用绘有牡丹花和鸳鸯的红色背景棉布缝制的一条悬挂于脖颈的垂带，垂带长度超过腰部的部分被下衣裙摆覆盖于腰间，垂带上部靠近脖颈处有两枚银扣；腰带是用纯红色棉布制作而成；下衣裙摆腰部的横向一周都用纯深蓝色棉布缝制，约有 30cm 宽，腰部以下的正前方左右两侧各有两个竖向的长条形镶边，靠近腿部内侧的镶边用纯深蓝色棉布缝制，而靠近腿部外侧的镶边则用纯红色棉布缝制。我们注意到，这套传统女式瑶服上的 3 枚银纽扣是由 3 个印有“中华民国八年广东省造”字样的银元改造的。赵刘妹老人说，自己从剪裁布料到挑花刺绣，再到手工缝制完成一套女式瑶服，一般要耗时将近半年，其中仅仅绣领子、胸牌以及头巾就分别要花费 10 天、20 天和 30 天。瑶族传统服饰上的纽扣都是银扣，有辟邪之意，这种类似钱币、上面印有花纹的银扣制作工艺已经失传，所以瑶民们只能从旧衣服上取下用到新衣服上，或者瑶族姑娘出嫁时母亲把家传的银扣作为嫁妆传给下一代，或者用民国的银元来代替，而现今缝制瑶服只能使用 5 角的硬币来代替了。

另外，在闲暇之余赵刘妹老人还会进行一些刺绣创作，用老人自己的话说就是，反正闲着也是闲着，自己就随便绣一些东西来打发时间。我们很有幸地看到了一块老人家自己创作的新娘盖头。据老人讲，古时候瑶族男女结婚之时，新娘子也是要佩戴盖头的。如今，在塘坊村会挑花刺绣的老人中，也只有赵刘妹老人一人会绣传统的新娘盖头图案了。老人家在祖辈传下来的新娘盖头图案的基础上作了一些改造，并在盖头四周缀上了一些自己剪裁的流苏和买来的装饰品，使其具有了一些现代流行元素和气息。但是，当被问及头巾以及盖头上各种传统花纹图案的寓意时，老人家已经解释不出来，她只知道祖祖辈辈的瑶民穿戴的衣物上都是这样色彩斑斓的手工刺绣。

调研组成员在采访了瑶王邓万寿和查阅相关资料后得知，瑶族的语言已经流传了千百年，而瑶文则是在新中国成立后在政府的主持下被研究出来的，这种自上而下的文字并没有在整个瑶族中普及，对于瑶族这样的少数民族来说，本民族的文化、历史甚至信仰图腾很大程度地保存在口耳相传的歌谣、传说和服饰里。瑶族头巾上的花纹看似平常，却是民族传说与信仰的一种隐喻在瑶族的传说里，远古时期的平王与高王是两个部落的首领，每次部落之间发生冲突，实力弱小的平王总是吃败仗。万般无奈下，平王出了告示，族人中只要谁能取高王首级，就把三公主许配给他，然而竟无一人敢揭皇榜刺杀强敌。这时，平王身边的一条叫“龙犬”的狗叼下了告示并潜海到了高王的属地，龙犬浑身的毛皮色彩斑斓，高王一看异物来朝心想定是吉兆，于是欢喜地把龙犬留在了身边。在高王一次宴会醉酒后，龙犬咬下了他的首级并叼着潜海回到了平王属地。平王又喜又愁，喜的是大敌已除，愁的是如果兑现诺言，自己的女儿就要下嫁于狗。正在平王准备反悔时，识大体的三公主花英答应出嫁。让花英喜出望外的是，龙犬在晚上就变成了一个英俊的小伙子。花英请求丈夫不要再变回狗形，于是龙犬告诉花英唯一的办法就是用朝堂上的金钟将他罩在下面用火蒸七天七夜，这样龙犬就能变成人形。公主听后马上照做，在第六天的时候，担心丈夫被蒸死的公主再也按捺不住揭开了金钟。这时的龙犬还剩耳朵没有进化完，所以戴上头巾做掩饰。这个龙犬化身而来的英俊青年就是瑶民世代崇拜的祖先盘瓠，后代尊称为盘王。盘王与三公主花英生育了六男六女，十二个孩子被分封到十二个县，有了盘、赵等瑶族十二个主要姓氏。瑶族头巾上的挑花图案里，十二支箭镞代表了瑶族十二县，也寓意着瑶族是狩猎民族，箭镞簇拥的四方图案则是盘王的权力玺印

“盘王印”的象征。传说中瑶民的伟大先祖由狗进化而来，这体现了狩猎民族对狗的图腾崇拜。没有本族文字的瑶族人正是借助高度概括的图形来传承和记忆，并始终围绕自然崇拜和祖先崇拜以及巫术思想派生出种种有意味的刺绣图纹。正如黑格尔所言：“每种艺术作品都属于它的时代和它的民族。各有特殊环境，依存于特殊的历史的和其他的观念和目的”①。我们认为，刺绣纹饰是识别瑶族族群的标记，它是在不同阶层的社会需要和生活利益中反映出来的艺术价值，同时刺绣纹饰也是解读瑶族文化心理的密码，这主要源于瑶族居山游耕的生活体验和对自然生活的独特感悟。

一些瑶族研究者认为，莽山瑶族乡是民族传统服饰与制作工艺保存得较为完整的地方，然而就是在这里，瑶族传统服饰和挑花刺绣工艺如今也处于濒临失传的艰难境地。以前，瑶民在瑶族女孩七八岁的时候就会教其传统的挑花刺绣，然而现在随着生活节奏的加快，会挑花刺绣的也大多是60岁以上的老人，年轻的姑娘媳妇要么上学，要么外出打工，会挑花刺绣功夫的人已经越来越少。瑶民们也只在参加婚宴和庆祝盘王节时才穿传统服饰，即使是穿着最光鲜完整瑶服的新郎新娘，也都是脚蹬皮鞋，因为传统的有挑花刺绣的布鞋早在20世纪七八十年代就消失了。而今，瑶族青年在准备婚礼时，只能由父母安排瑶族服装必备的黑、蓝、红、白四色布，年轻一辈的瑶民们对于一套传统服装需要多少各色布料已经完全没了概念。莽山的瑶族妇女告诉调研组成员，挑花刺绣所需的各种彩色丝线现在也越来越难以买到。

在调研过程中，我们了解到瑶族服饰制作费时费力，一块挑花头巾至少要卖300元才能收回成本，而如果一套完整的服装转换为商品的话，其价钱也在1000元到3000元左右。如果工序繁复的挑花刺绣不能在市场上寻找到需求和利润点，年轻的瑶民们只能靠选择务农、外出打工来改善自己的经济状况，传统的手工艺失去了对年轻人的吸引力之后必将逐渐失传。有些调研组成员提出将挑花刺绣做成莽山等旅游区的特色旅游纪念品，但其高昂的价格却让大部分游客无法承受，然而，如果将工艺简化压缩成本，挑花刺绣又必将失去它原有的工艺和精美质地。在市场化的现代社会，民族传统工艺陷入了两难的境地。如果始终缺乏社会关注，缺乏资金、人力、物力的保障，在不久的将来，以瑶族传统服饰为代表的少数民族优秀文化和精湛工艺只能

① 黑格尔．美学（第1卷）[M]．朱光潜，译．北京：商务印书馆，1979：346－347.

静悄悄地绝迹于大山深处。我们真的不敢想象，如果工艺繁复却蕴含着丰富文化内涵的挑花刺绣失传，瑶民们将用何种方式传承自己民族的文化与特质？这不仅是瑶族不能承受的失去，也是整个中华民族丢失不起的瑰宝！

（三）瑶志发起人——李坤秀

“李坤秀”的大名早已灌入我耳，早在我们来莽山第一天，在乡政府查看的第一手资料中一张《关于誊写莽山“过山瑶”族志的请求报告》映入眼帘，倡议人李坤秀。待我们上山后，我迫不及待地想要采访此人，在支书的指引下从支书家的右后方穿过一条石子小路，花费不到5分钟的时间，我们就来到了李坤秀家，可惜的是，本人不在家，据说是回娘家探亲去了，没办法，我们只能第二天再来了。

第二天，我们早早就上了山，在支书的亲自带领下，又一次穿过那条石子小路，来到了李坤秀家，支书老远的就用方言吆喝一声，大概问是否在家，只听见二楼的隔间里传来了一个男人的应喝声，随后支书便让他下来，说要对他进行采访。我们走进李坤秀家，房子虽是土坯房，但是电视、冰箱、电饭煲等生活所需的用具一应俱全。

在他的应喝声中，我发现原来是男的，但这对昨天隔壁邻居说的，他回娘家了而感到不知其解，在我们的交谈中，我又了解到李坤秀为汉族，却又是《关于誊写莽山“过山瑶”族志的请求报告》的倡议人，种种的疑问勾起了我强烈的好奇心，让我更加想去了解关于他的一些经历。

李坤秀老人今年63岁，穿着朴实，头上已有些许白发，但看起来仍然很精神，戴着一副圆框眼镜，表情平静，说话速度比较慢，给人一种很儒雅的感觉。李坤秀初中毕业，在他那年代算是有点文化的人了。妻子赵运姣，今年57岁，只有小学文化水平。他们育有两男一女，大儿子李赵庭现33岁在南昌打工，小儿赵李宗32岁，跟着父母住在一起，也还未成家。家里总共一亩多地，1.1亩地种上了姜，其为老人的主要收入来源。小儿患有好几种疾病，胸膜炎，乙肝，肺结核，现在家待着养病，什么也做不了，光去年医药费就花了3万多元，这对于一个普通家庭而言，这笔支付是非常困难的，问到去年家庭总收入为多少时，他说-4000元，过年都没过下来，都是借的钱。关于这3万元的医疗费，想到现在的医保能报销85%算算也不要出多少钱，可此时老人越发地激动了，他才不以为然呢，在乡里看病可报销85%，到市里报50%，最初时去岩泉医院检查病情，钱是花费了许多，但是却老检查不出病情，后才转入到市里的医院。此时老人对医保存在着两大不满：

第一，乡镇医疗水平不过关，意识不够高，国家需要培养高新技术的人才到基层来。

第二，医保报销比例不合理，每个阶层报销比例不一，越往高层报销越少，正是因为患有重病，才会去市里的医院看病，然而病情越重，报销的比例却越低，农民承受的压力则越大。

老人家说得确实非常有道理，在基层医院看病，一般也只是小病，也花不了多少钱，但去市里看病了，说明你病情严重，需要花销的费用也越大，对于一个贫困的家庭而言，需要支付起这么一大笔的手术费是非常困难的，借用老人的话就是说，钱空了，人去了，到最后什么也没了！因为一场疾病而家空的这种现象在农村是普遍存在的，但我们在指出医保所存在的不足时，我们也不能否认医保给人们带来的好处，也的确减轻了人民在医疗费用上的负担，这是大家不可否认的，只希望它能够不断地更完善。

当我们问及医保每年每人上交费用时，老人却说不清楚，他告诉我们他们每年都是代扣的，国家每年都会发放土地补助、粮食补助等，而上交的医保费用便直接从国家发放的补助里面扣除，具体每个人多少，他们也不知道，有时补助没扣完，还有剩余，但有的时候还不够，他在早几年去领过钱，但从前年开始就没有去领过钱了。我还问到关于参加养老保险每月55元补助费用时，老人家告诉我们费用也是打在卡里面，自从去年11月份取过一次后，便去信用社贷款了，贷款后便没有领过，一直没签订委托手续，因此在村里头领不着，信用社也不发，即便发下来的补助一直也没有领取过，到现在村里也没给处理过。

老人感慨的是，现在年纪大了精神状态也没那么好了，文化也只是初中读了一年的人，基础也不够好，现在感到非常的吃力。我惊讶地问道，只读了一年的初中，却组织起来写瑶志！老人回答我们，话说起来就长了，从1973年移居塘坊，作为一外来人口却组织起来给塘坊瑶族写瑶志，老人回忆道，原本其老家是一六镇的，生活条件相当的好。当我问到，那你又为何愿意入赘到瑶家呢！他说在六七十年代时，他家成为了阶级斗争的牺牲品，那时为了生存才来到这里，来这后，通过几十年的相处，这里的村民相当的热情，十分地帮助他，将他视为教授一样看待，虽然只有初中水平，但是在当地来说便属于高文化的人了。因此在村里受到村民的爱戴，凡是村里的红白喜事或者报告都请他来写，他也从来都没有当过村里的任何干部，但在村里却起了非常重要的作用。问到对村里还有什么贡献时，他说到，他提倡组织修建祖庙，在塘坊村既没有祠堂，也没有门楼，所以这庙是必不可少的，每年瑶族的盘王节，都应该让大家集中在庙里举行，保持瑶族独有的文化特色，要得到社会公认，莽山有个塘坊，莽山有个过山瑶。也正因为想到这，便想要写本书来记录过山瑶的一切民族风俗，作为展示瑶族文化的一个工具。但他只有初中水平，连很多字都不认识，也不会写，这书该如何写下去呢？老人还提出请求，因为很多的图纹样式都已经失传了，他说希望能得到贵校的帮助，能够提供一些图案、花纹、图腾的解析，这些图样分别象征着什么和含义是什么。对此我向老人提议，过山瑶分布于全世界，当地政府可倡议所有的过山瑶同胞们一起前来撰写。但我的提议遭到了老人的拒绝，他说，莽山过山瑶具有莽山本身独有的特色，在花纹上、图案上都有所不同。说到这，老人家便拿出了一整套瑶族服装给我们观赏，老人介绍到，这刺绣是一针一线刺上去的，做工非常精细。

过了会儿老人从房间里取出一个笔记本，是他为写这本书写的初稿。我大概看了看：

第一章：第一节，以过山瑶为开言，由此形成过山瑶。第二节，土肥水足的莽山来自西面八方的迁民。第二章：第一节，共同的信仰在盘王节聚会时逐步形成统一的各种族规民约。

……

老人大概已构思好了整本书的几大章节，但是因为各种原因与精力有限，进程十分缓慢，也还未得到政府的支持，自己的水平也有限，因此也十分的困难。

我们由衷地希望老人能够如愿地撰写出这本莽山瑶志，也更希望能够有更多的过山瑶同胞给予更多的帮助。从老人对莽山瑶志寄予的期望来看，老人对莽山有着强烈的感情，希望借助这本志来让更多的人了解莽山的文化，将瑶族的文化发扬光大。从老人激动的叙述中，这份纯炽的感情尤显突出。但我们也知道这并非一日之功，以目前的人力、物力条件来看，这本书的完成还是有一定难度的。

十五、经商能手

（一）企业家谭书茂和妻子谭慧莲

每个成功的男人背后，总有一位默默无闻的女人。土生土长于塘坊村的谭慧莲正是这样一位默默无闻、令人称道的美丽女子。

谭慧莲，塘坊村人，今年39岁。家里一共五姐妹，大姐在莽山林管局工作；二姐是莽山的私营企业家，经营一家筷子厂；还有两个弟弟之前一直在跑运输，后跟随自己的丈夫在房地产公司就职。2000年之后，均搬至县城。其爱人谭书茂，系郴州固帮房地产有限责任公司董事长。两人相识相知相爱于塘坊村，谱写了一段美丽的爱情故事，后来便一同创办了如今的郴州固帮房地产有限公司，成就了一番事业。

要谈到两人当年的爱情故事，还得从当年谭书茂的基层工作说起。

谭书茂，1991年从郴州商校毕业之后，分配至宜章县建设局工作。1992年，伟大的改革开放总设计师邓小平同志“南方谈话”之后，全国人民又掀起了一股为社会主义、共产主义奋斗的浪潮，随着这股热浪，各大干部纷纷投入到社会主义的建设中来。谭书茂同志正是随着这股浪潮，主动要求下基层工作，遂被分配至莽山乡人民政府，作为基层干部培养。那时候的莽山乡还没怎么开发，又属于少数民族地区，风景区根本还不存在。人民生活非常困难，很多村落连基本的乡村公路都没有，只有一条条危险的山路。谭书茂分配至莽山乡后，一心要为莽山人民做贡献、谋福利。后县政府决心开通莽山乡塘坊村至道洞村的村级公路，谭书茂主动请愿，作为干部骨干驻扎在塘坊村，与莽山乡政府副书记等数人，成立了修路指挥部。当时村委主任为谭水秀，支书则是邓礼才，现任塘坊村支书赵观友时任村会计，都是修路指挥部的成员。而当时的指挥部地址就设在村主任谭水秀家，故事也就发生在这里。

那会儿，谭书茂的妻子谭慧莲1992年初中毕业之后，村里的小学缺代课老师，于是谭慧莲便回到家中，在村里的小学代课。

由于有一屋子指挥部的人在家，母亲经常忙不过来，谭慧莲每天教完课回家还得帮家里干许多活。两个年纪相仿的年轻人，都怀着一股艰苦奋斗的热血，每天朝夕相处，慢慢的也就产生了感情。

那会谭书茂刚刚下到基层，对基层的情况不是很了解，而村主任除了要忙指挥部修路的事情之外，还有很多其他村里的事得操心。因此，前期介绍基层情况的事就落到了村主任的女儿谭慧莲的身上。谭书茂刚下基层的时候，就是谭慧莲带着他走遍整个村落的，他们一同探访民情，一起联络指挥部的建设事宜。前期的接触，让两个年轻人对彼此都产生了好感。

到后来，修路的事开始正式启动，双方都投入到了紧张的工作当中。据谭书茂回忆，整个修路过程历时将近两年，到1993年底，道路基本开通。那会儿条件十分艰苦，甚至都很难用言语来形容，通俗一点，便可称作跋山涉水，翻山越岭，披荆斩棘。那时改革开放才十几年，国家现代化程度不高，根本没有任何机械参与施工，靠的都是土办法，用农具挖山，用扁担挑土，这些谭书茂当年都干过。最令谭书茂印象深刻的便是，那时国家对炸药雷管管理不严格，而要开山修路，在没有重型机械的条件下，就是靠炸药将山炸开，然后人工用锄头将路填平整。从省城运一车炸药回来，是非常危险的。他那时年轻气盛，更没有什么安全意识，就是一心一意想要把路修好，双手抱着雷管就从省城到了塘坊，现在回想起来，依然后怕。

基层工作条件相当的艰苦，由于干活劳累，外加饮食跟不上，短短的几个月，谭书茂就瘦了十几斤。谭慧莲看着非常心疼，于是，每次吃饭，都会帮谭书茂盛比别人更多的饭。有时候谭书茂觉得吃不饱，谭慧莲就私自下厨，帮他加餐。日子一天天过着，两个年轻人的感情在修路的过程中也越来越深。待后来路修好之后，谭书茂就回到了莽山乡人民政府工作，任办公室主任。谭慧莲则依旧还在村小学代课。此时，两人相隔十几里的山路，谭书茂平时工作十分繁忙，待到周末，他一般都会在周五的下午下班后，赶20多里的山路到谭慧莲家中，到家已经将近凌晨1点了。“那时没有交通工具，只能步行，每个周五的晚上，我就坐在村口等，直到看到他的身影，那会儿每周一次的会面，是我们感觉最幸福的时刻。”谭慧莲后来回忆说。

这样的日子持续了将近一年多，谭书茂看到自己的爱人如此地喜爱学习，便将自己参加工作之后的所有积蓄拿了出来，送爱人到郴州建筑中专学习。爱人毕业后，两人领取了结婚证。

谭书茂的政坛生涯也蒸蒸日上，1995年，他从莽山乡政府调至宜章县建设局下属的城建开发公司，任党支部书记。直到2002年，开始下海经商，成立了宜章县博桂圆房地产有限公司，后改名为郴州固帮房地产有限责任公司，任董事长。后来通过成人高考，也拿到了哈尔滨工业大学建筑学的本科文凭。目前，谭慧莲负责整个公司的财务，任财务总监，而谭书茂则负责整个公司的运作。夫妻俩搭配干活，看着自己亲手创办的公司慢慢成长。

回想那段在塘坊村的岁月，谭书茂依旧感慨万分，“对塘坊而言，这是我工作的第二站，是我的爱情生根发芽的地方。塘坊永远都是我曾经战斗过的地方，这里有属于我和我爱人的各种甜蜜的回忆。条件固然艰苦，但着实很快乐。修这条路，收获最大的还是娶到了我的好老婆。”那会儿在一个指挥部修路的战友，后来也都成为了县里各单位的领导。如当时负责修路的技术员谭小明，如今已经是县建设局局长。当时负责整个指挥部的莽山乡副书记，如今也是现任政协的秘书长。一段美好的基层岁月，成就了一批人，这些在基层历练过的人，终究都有这么一股实干的精神，这段基层经验，成为了他们日后最美好的回忆。

当谈及工作之后有没有关注塘坊村的发展时，谭总说道：“我们那时一块在指挥部修路的战友都很关注塘坊近几年的发展，尤其是我本人，已经是半个塘坊人了，又是在外经商，塘坊村有什么事需要我们帮忙，我们都会尽自己最大的努力。去年底修好的塘坊村水泥公路，在筹资方面，我们尽了很大的努力，才最终使得这条路修好。”从村支书口中我们也得知，谭总对家乡的贡献很大，由于之前一直在政坛，与县里各方的领导关系都很熟络，村里需要联系各方领导解决各种困难，都是一直找谭总解决，塘坊村很感谢谭总。

谭总现在已经成为了一名企业家，也是小有成就。对于塘坊村多年来的贫困，谭总谈了自己的看法。首先，就莽山乡本身的地域形式而言，莽山历来有“九山半分田”的称号，即形容某个地方山多田地少。事实也的确如此，对于塘坊村而言，人均耕地才4分田。对于家里人口稍微多点的家庭，村里所分的田地根本不能满足全家人的需要。村民除了日常耕地之外，主要是通过砍伐、打猎以及挖野菜为生，这些都是初级的农业活动。对于一直无法致富，除了耕地不足之外，还有就是交通闭塞。村里1994年底才全通公路，但路况相当复杂，一般车辆很难进入。此外，由于是少数民族聚居区，有传统的民族习惯以及自身文化，历来对教育不太重视，思想观念比较落后，因而无法跟上时代的步伐，甚至根本就没有致富这种理念。要想致富，除了要将交通放在首要位置之外，更需要重视教育，教育乃发展的根本。另外，要想发展本地的村庄经济，必须要建立在本地的原生态环境基础上，因地制宜，加快发展。

谭总自身作为一名成功的企业家，目前也正在筹划在塘坊村建立自己的企业。初步的想法就是就地取材，利用当地众多的竹林，发展竹制品深加工产业。此外，由于塘坊村瑶族占95%，而瑶族逢年过节最喜爱的食品就是自己熏制的瑶家腊肉，谭总对瑶族腊肉也深有感情。当年修路那会儿，最可口的菜便是此道瑶家腊肉了。谭书茂决定将瑶族自制的腊肉进行产业化的加工销售。“凤凰的腊肉能够做成产业，做成品牌，咱们瑶家的腊肉为什么就不能?”但目前依旧还处于一个萌发阶段，要真正付诸实施，需要考虑多方面的因素，我相信在不久的将来，咱们美丽的塘坊村会出现一个个企业，展现出新世纪的新姿态。

（二）跑运输的谭小明

塘坊村在高寒山区，各个村民小组的分部比较分散。从前路没修好的时候，从这个组到那个组有时要翻过几座山头。调研组分为三波分别去不同的村民小组做访谈，村支书前一天帮我们联系的是塘坊3组的村民。清早在去3组的路上，成员们就碰到了特地开着自家摩托车来接我们的谭小明。载着我们沿着山路弯弯绕绕，时不时还要减速避开前些天因为暴雨造成的小面积滑坡地带。不到十分钟，我们就到了谭小明家。谭家是一栋砖瓦结构的二层小楼房，隔壁则是谭小明大哥赵小平才建好的新房。进门客厅很大，虽然电视机、音响组合、风扇、冰柜等现代化小家电和沙发、方桌等家具一应俱全，客厅还是显得有些空旷。房子较新，但屋内各个房间的门一看就是有些年头的木门。房间整体上干净整洁，只是堆在墙角装着粮食或者饲料的麻袋被老鼠咬开了几个洞。

谭小明招呼女儿把客厅桌子上的文具、作业收好，给我们倒上清茶，就坐下聊起来。跟大部分晒得黝黑的塘坊村民相比，眼前的谭小明白净、斯文，显得比实际年龄36岁年轻很多。虽然是汉族人，谭小明还是会说一口流利的瑶语。他有三个兄弟一个妹妹，五兄妹的姓氏就跟塘坊其他家庭一样，老大随母姓赵，老二就随父姓谭，以此类推。早年外出打工，谭小明的户口迁至广东坪石，属城镇户口。爱人是塘坊村12组的村民，两人属于自由恋爱，生女儿时才19岁，未达法定结婚年龄不能结婚，也没办成准生证。后来给小孩补户口又得花六千多块钱，负担有点大，所以越拖越久，至今家里7岁的女儿和2岁的儿子仍未上户口。女儿现在就读于塘坊村小学一年级。孩子有些贪玩，数学学不好，只有初中文化的谭小明叹气说："我也不会教。对村里的教育情况不是很了解，小孩能读就让她读。"谭家以前养过几批猪，一批能卖上两三千元钱。现在男主人主要跑运输，女主人打理家庭事务，精力不够用，就只养了3头猪，还种了些茶和菜供自家吃。

初中毕业后就外出打工，谭小明起先在坪石的一家水泥厂当学徒，两年后厂子倒闭就回宜章来给别人做了几年工，直到2005年才开始跑拖拉机拉活干。因为有拖拉机，每次回家的时候方便从山外进些简单的货品，谭小明也是第一个在村里开起小卖铺的。虽然生意一般，也能赚个两三百元。只不过后来运输跑起来以后没时间经营，就把小商店转给了大哥赵小平家。村里很多人都知道这七年里谭小明家跑运输先后换了5辆车。2006年的时候靠借钱，他买了人生中的第一台拖拉机。那时候跑运输的活儿多，买车的钱很快就回本并还清了债务。于是2007年、2008年，谭小明又先后买了两台二手拖拉机。2007年谭小明开着拖拉机在进山的路上出过一次车祸。因为下雨路面打滑，拖拉机失去掌控往山下冲去，幸好当时在车上的谭小明和他母亲都及时跳了车，才没发生大事故。人没事，车子却报废了。到了2009年，谭小明卖了之前的老车，重新买了台全新的大拖拉机。通常，他早上4点钟起来跑车，白天一天在外主要是给邻近乡镇的一些厂子、工地或者私人拉货物或者建筑材料，晚上9点多再回家。那时候村里水泥路没修好，太差的路况让谭小明跑得很是辛苦。他一般只在天晴的时候往外跑活儿，下雨就待在家。天色太晚没赶得及回家的话，就得在路上过夜。路遇下雨时，山路泥地开车会打滑，也只能让车子停在原地，自己先回家。待停雨再去车那儿铺上一层沙子，好顺利把拖拉机开回家。运输这个工作的不规律性终究让年轻的谭小明患上了胃病。因为前两年运输的工作挺好做，一个多月前他酝酿着举债近五万元共花了六万多元买了一辆4100型号的动力福田货车。"我都还没来得及把驾照考了，现在只有个农机驾照"，谭小明说："我跑运输的话主要就是按照路程计重收费，以前一个月平均下来纯收入可以有千把块钱。现在村里的路修好是方便我跑运输了，但发愁的是最近市场行情没有前两年好，没那么多活儿可以干了。”

谈到对未来的设想，谭小明说如果有钱的话，想在塘坊当地搞个企业或者办个特种养殖场，养莽山鱼养竹鼠、牛蛙这些莽山当地特有的动物。现在他在12组岳母家的路边已经承包了一个鱼塘，但因为没有养殖经验，仍处于摸索阶段。没有太大投入，他只在河里捞了些鱼苗，放在塘里养。谭小明说：“现在主要是我小舅子在帮我管理，我自己买了些养殖技术方面的书，已经开始自学了。”随后他又指着窗外的山头说：“整个这一片的竹子最多可以运50车。其实种竹子还是可以来钱，因为管理很容易，不需要投入太大的精力。但我家因为户口问题没分到什么山地，所以也没法种了卖。”如果能有十多万元投资的话，谭小明说他就会引进一个做石棉瓦的厂子。一来石棉瓦销路很好，二来生产过程不会污染环境。而且因为村里地界上修了水电厂，水电厂供给村里的电比外头便宜很多，这对主要用电生产石棉瓦的工厂来说是绝对是利好消息。即使塘坊这边地理位置偏僻，运输成本会增大，但是相对起来电费的优势完全可以弥补这部分的支出。

正聊在兴头上，谭小明的手机响了。他说天塘乡那边有个工地打电话过来让他去帮忙跑活儿，从这里去天塘，山里小路出去四十分钟左右，绕安全的大路出去的话则要近八十分钟。谭小明脸上带了些歉意，把我们交给了他的大嫂照顾，关照我们一定要在他那儿吃个午饭再走，便风尘仆仆地出门了。希望这个看似腼腆实则精明的塘坊人未来能够跑出一片天，把他的设想一一变成现实。

（三）“瑶王”邓万寿的金银花致富梦

广茂的山坡地上，一株株金银花竞相绽放，黄白相间的小花在阳光下闪闪发光。仔细看那一朵朵的花，从绿茎伸出长长的小棒，顶端散开，一边是弯弯的独瓣，如一只小拇指，另一边是四片小花瓣连在一起，如合拢的手掌，不见指缝，中间探出五根细细的花针，优雅如仙女随意伸出的玉手，芬芳被阳光氤氲，空气中带着一丝丝甜香……

看着花繁锦簇的金银花，我们心中十分欣喜。热情的“瑶王”邓万寿一边给我们讲述他种金银花的经历，一边采摘一些花朵，说要煎水，让我们也品品金银花的香甜。采摘时，“瑶王”给我们介绍金银花都是成双开放，两朵虽散开两边，其根相连，轻轻摘下一朵，另一朵也跟着掉了下来，我们这才明白了古人为何把金银花说成“有藤名鸳鸯”了。感触之后，我们也学着他摘花，双双将其捏在一起，双双摘离绿茎。

“瑶王”告诉我们，金银花别名金银藤、忍冬。忍冬科，忍冬属，半常绿缠绕藤本。花生于叶腋，花期6～7月，初为白色，后变黄色，8～10月间果熟。金银花原产我国，性喜阳，耐寒性亦很强，秋末老叶枯落，叶腋又簇生新叶，凌冬不凋，故有“忍冬”之名。金银花及嫩叶可泡茶饮用，有祛暑解毒之功，是夏季理想的保健饮料。

品着村民自己制作的金银花茶，真是沁人心脾。我们围坐在“瑶王”身边，饶有情趣地与他分享金银花的致富梦……

2011年，“瑶王”邓万寿的叔叔和乡镇气象局局长外出办公时，发现塘坊村的气候、地质特别适合种植金银花，因为这里光照充足、雨水丰富，坡地以砂质土壤为主，排水性好。于是他们从贵阳的一家公司购买了1600多株金银花，每株3元，把花苗引进了村里，先由邓万寿带头，40户村民试点种植。

刚开始，村里采取的管理办法是政府买种子，村民只负责种植，可是弊端随之而来。因为这种奖罚不明确的体制使得村民积极性和责任感很难得到激发，他们整个精神状态都比较涣散。面对这种情况，“瑶王”茶不思、饭不想，召集大家共同商议解决办法。最后，“瑶王”提出，村里实行“我出钱，我负责”的办法，村民自行购买种子，自行培育，一来保证了金银花的质量，二来也培养了村民的商业头脑。销售方面，村里和贵阳公司可以签订合同，公司以保护价包回收，保护价一般比市场价低几个百分点。对于“瑶王”提出的建议，大家都点头称赞。

现在村里就实行“我出钱，我负责”的办法，村民自行购买种子，自行培育，一来保证了金银花的质量，二来也培养了村民的商业头脑。销售方面，村里和贵阳公司签订了合同，公司以保护价包回收，保护价一般比市场价低10%，邓万寿认为这个价格机制是比较合理的。

虽然现在金银花种植只是实验期，村民顾虑重重，但邓万寿信心满满，非常肯定引进的新品种金银花的优势。比起本地的野生金银花一年只开一次花，木本树形金银花通过嫁接一年可以收获三到四次。盛产期干花亩产量可达200公斤，按照最低60元1公斤计算，亩产值万元以上，而且不用搭架，种植方法简单，直立生长成树木形状，便于采摘。

另外，随着中药材市场全面升温，金银花作为一种常用中药，需求量也越来越大，据统计，以金银花配伍的中成药逾200多种。金银花用途非常广泛，在民间也作为养生保健佳品，常被制作成佳肴美食或养生饮品。开花时金、银色彩相间，如同清诗人蔡亭写的“花发金银满架香”。正因为金银花香气久远，有净化空气之作用，所以它又是美化环境的好树种。

现在村里的干部也都比较支持邓万寿的想法，认为把金银花作为村里的一个特色产业发展，前景还是非常诱人的。如果今年产量好的话，准备将现在全村150亩的规模扩大到300亩。而且今年村里计划建成四个金银花加工点，目前已顺利完工一个。加工店的技术工作，主要由贵阳厂家提供，另外，工厂经常会派人来村子指导农户种植方法，也都发放了《如何避免金银花病虫害》、《如何更有效的培育金银花》等知识手册，对农户帮助很大。

随着“新农村”建设的步伐越来越快，寻找新的的致富之路是农民的重中之重。“瑶王”说，因为塘坊村的人均耕地比较少，以前传统封闭的思想，吃饱肚子就满足的想法已经远远跟不上时代了。如果一亩田种水稻，收入除了化肥、农药、种子和人工几乎所剩无几。所以政府近几年实行耕地改革，将部分原先的传统农作物改种经济作物，引入各种各样的新品种、好品种，这确实是带动村里经济发展、增加村民收入的行之有效的方法。以前塘坊村的妇女劳动力很多都外出打工，比如去茶业比较发达的钟家村采茶。现在，塘坊村也慢慢发展了自已的特色产业，就业机会增多，而且种植金银花不需要强劳动力，且种植一次，收获几十年，因此邓万寿相信金银花很快就会成为农户致富的重要项目。

十六、文艺爱好者

（一）莽山休闲娱乐的发起者盘金花

由于调研所在的塘坊村地处莽山乡的大山深处，很多基础设施都不完善，倘若选择住在塘坊村，将会更利于调研活动的展开，也更便于大家深入地了解居民的生活，深刻感受瑶家人民的文化，但咱们调研组一行人通过讨论还是一致决定，不麻烦乡亲们，选择居住在莽山乡镇上。

小镇的夜晚宁静而热闹，随着人民生活水平的提高，大家在茶余饭后有了更多的休闲娱乐活动。在其镇政府所在地的前面，有一个小小的广场，每天夜里七点半左右开始，广场上总会有一群妇女老人，欢快地跳着广场舞。调研组一行人每日晚饭后均会沿着镇上的小道散步，每每经过这个广场，大家都会停留注目，欣赏这些舞者优美的舞姿，更有爱好跳舞的调研组成员，跟着广场的乡亲们一块跳一块舞。

通过一段时间的观察，我们对这群舞者产生了浓厚的兴趣，最引人注目的莫过于领舞的那位大姐，每日都站在最前面，舞姿当然是最优美的，更令我们惊讶的是，这位大姐竟然也是塘坊村人，调研组成员遂决定对这位领舞的大姐进行采访。

领舞的大姐名叫盘金花，今年已经59岁了，是乡里民族学校的一名退休教师，之前教授音乐、舞蹈以及语文等科目，目前已经退休了。正是她，组织了乡里的这些妇女老人，积极开展健身运动，并自费购买了音响等设备，在广场上带领大家跳广场舞的。

盘金花大姐早年高中毕业之后就回了乡里，一直在乡里的民族中学教书，这一教就是一辈子。由于她从小就喜爱唱歌跳舞，本身也是少数民族，从小就受到瑶族文化的熏陶，可谓是天生就会唱会跳。因而回到民族中学之后，她就主动要求教授学生唱歌跳舞。她很骄傲地说，“我当年教的挺好的，带了很多孩子，在县里举办的各种比赛中，都获奖了，还曾被评为县里的优秀带队老师。”到了退休年龄，盘大姐就闲下来了，开始享受退休生活。

当被问及是如何带领大家开始跳广场舞时，盘大姐给我讲述了这个过程。其实最开始广场舞也是从县里学来的，盘大姐有一段时间在县城生活过，每每饭后便会经常在县里散步，当她路过县里有名的中厦广场的时候，看到黑压压的一大群人，正整齐划一地跳着广场舞，由于她本人就是教舞蹈的，对舞蹈有着与生俱来的感情，看到这样壮观的场景，自然也就萌生了回莽山也开展这项活动的想法。现代人生活节奏加快，随着生活水平的提高，大家吃的越来越丰盛，随之而来的便是人们的体重也在逐渐增加。这对于处于盘大姐她们这种年龄阶层的人而言，是非常不利的，肥胖会增加病症发病的概率。因此，很多人都在寻求更多的运动。然而，生活在城市，街道灰尘很多，像样的运动场离家比较远，因而找不到很好的运动方式，而广场舞的出现，让人们眼前一亮。不管是县里还是每个乡镇，基本上都有属于自己的小广场，而且都处于城市的中心地带，另外，针对跳舞这项运动方式而言，不仅能够活动全身的每个关节，而且还能听到动听的音乐，实在是非常适宜妇女以及中老年人的运动方式。

有了这样的想法，盘大姐回到莽山乡之后，便立即开始着手准备起来。首先就得购置一台大功率的音响设备，为这事，盘大姐还和爱人吵了一架。因为购置这样一台设备需要花费几千元钱，对一个家庭而言，这样的支出也属于大支出。而盘大姐的这个想法，在爱人看来非常突然。他那会儿还说道，“你这是瞎操什么心啊，我知道现在很流行跳广场舞，但也不一定要你亲自去组织啊，还得自己花钱买设备。”可盘大姐不这么想，她认为每件事情都需要有一个人组织者，没有人愿意出来担当的话，很多事情做不成。因此，盘大姐还是毅然决然自费购买了音响设备。设备买回来之后，盘大姐就推着音响，开始在乡政府前的广场上跳起舞来。“刚开始的时候就我一个人在跳，但很快，大家就站我后面跟着我跳了，教了一辈子小孩跳舞，这会是站在大家伙前面领舞，感觉还是不太一样。”盘大姐笑着说。从这之后，盘大姐就开始了自己每天夜里的广场舞生活，整个小镇夜晚最热闹的地方，也就是她们这个广场了，每天晚饭后，不管大人小孩，都来到这个广场，就算是看着大家跳舞，旁观者也觉得身心愉悦。

“其实这个事困难还是有的，但是慢慢都在克服，最开始我们跳的舞是我在县城跳广场舞的时候学的，跳了一段时间后发现特别没有意思，每天都跳同样的舞，于是我们大家伙就商量得去学点新的舞蹈来跳，开始有人去县里专程学舞，后来发现这个办法太麻烦了，之后我们就通过网络视频学舞蹈了，非常方便。舞蹈的问题解决了，还有歌曲的问题，我们会定期到音像店购买光碟或者自行刻碟等，反正，其中繁琐的事情很多，但我还是乐在其中。”没想到，看起来似乎挺简单的一件事，在背后也是有那么多的不为人知的小故事啊。

“难道您就没有考虑过收取一定的费用吗?”咱们调研组成员问道。“目前还没有这个考虑，毕竟开展的时间还不长，但今后会考虑，毕竟日常还是有些许开销的，县城的广场舞是每人每月收费十元，一年八十元，我们肯定不会收那么多，毕竟电费乡政府已经免了我们的，因此我们的开销也不大，况且整个乡里的人都认识，也不太方便。”现在整个广场舞活动开展得相当顺利，据盘大姐向我们透露，她们广场舞是这样安排的，周一和周三跳的是快四（一种舞蹈节奏），周二周四周五跳伦巴，周末跳交谊舞，舞种可谓相当丰富。

“县里面近段时间在开展广场舞的比赛，由文化局主导的，每个乡镇都可以派代表参加，我们莽山乡当然不能落后，现在我正组织大家积极排练舞蹈呢，大家伙准备了几个舞，再过一个月左右，就要去县城里参加比赛了。”盘大姐笑着说道。

看到盘大姐由衷的笑容以及良好的精神状态，调研组的成员们都很欣慰，当谈及盘大姐的家庭情况时，盘大姐也很爽快地跟我们聊着。盘大姐有两个儿子，一个儿子在县城工作，是县单位的公务员，另一个儿子目前在莽山乡工作，是个体户。两个儿子都很支持她开展广场舞这项活动，用盘大姐儿子的话说，“看到妈妈在广场上领舞，我仿佛看到了母亲年轻时候的样子，青春靓丽，生动活泼，她这种精神状态哪里像将近六旬的人啊。”

看到在我们的少数民族聚居区，美丽的莽山，有着这么一群爱好文艺事业的积极分子，带领着广大人民群众积极地开展文化活动，丰富大家的休闲文化生活，咱们调研组感到十分欣慰，也衷心地祝愿她们身体健康，阖家幸福。

（二）广场舞者邓运红

每天傍晚时分，在乡政府广场人头攒动，乐曲声声，舞蹈翩翩，文化气息盎然。这些早已成为莽山乡政府广场文化的一道亮丽“风景线”。而带动这一风景线的，却是一名医生，舞蹈爱好者邓运红。

医生出身的邓运红，对舞蹈情有独钟。在中学时期，她是学校舞蹈队的，所以具有一定的舞蹈基础，在大学里也经常参加一些文艺活动。大学毕业后，来到了自己家乡，莽山乡里的医院上班，并掀起了莽山人民对广场舞的热爱，丰富了居民的广场文化生活。

如今，在乡里，她也算是小有名气。每天晚上跟着她一起跳广场舞的居民不少于50人。邓运红很会编排舞蹈，每隔一段时间，她就会更换新音乐、编排新动作来丰富广场舞文化。每年，在她的带领下，都会去参加县城里和市里的广场舞文化节大赛，并取得过优异的成绩。

只要天公作美，邓运红都会坚持到广场教居民跳舞。她笑着说："每天到广场跳跳舞，活动活动筋骨，既锻炼了身体，又放松了心情，何乐而不为。"

"一、二、三，跟我来，手臂要有弧度，臀部还要翘起来……"每天晚上，莽山乡广场总能看到这样一番场景：在火爆的音乐声中，男女老少跟在邓运红和几名老手身后，认真地学习健身舞蹈，吸引了不少群众观看。

邓运红告诉我们她非常喜欢舞蹈，每天坚持在家里锻炼，2009 年 5 月的一个晚上，她在广场散步，无意之中看到不少群众在自娱自乐地瞎跳，她突发其想，在乡广场上开展免费培训广场舞活动，由自己来领舞，让居民参与进来。于是，最开始自己买了一只小音响，在广场前拉开架势。很快吸引了一批舞蹈爱好者，广场健身队就这样成立了。后来队伍发展的越来越庞大，显然在设备上无法再满足这个迅速增长的队伍，要求有更高的设备，在资金上，邓运红对大伙说，每个人都自愿出资，在集钱时，很多居民都出手很阔气，整百整百的出，但是邓运红回绝了大伙，规定每人最多交 50 元就好了，在大家的配合下，很快设备就完善了，添置了大功率音响，有两名"辣妈"成了她的助理教练，来广场跳舞的群众是越来越多了。他们跳舞的曲风不定，有热辣摇滚的劲歌热舞，也有充满异域风情的印度舞曲，就连最近火热的日韩歌曲也收录其中。虽然歌曲变化多端，舞蹈动作却总是那么几个。"毕竟不是专业的，我想破脑袋也想不出什么新招了，要是能有专业的舞蹈老师，我相信我们的跳舞水平一定能再上一个台阶。"虽然舞蹈动作不专业，但对舞蹈的热爱组成了每晚他们的小广场舞会之约。每次跳舞时，邓运红都会将自己精心打扮一番，我们每次见到的她都是广场中穿得最出彩的一个，有时是淡雅的轻罗裙裳，有时也是火辣的紧身吊带，甚至有时为了配合歌曲还会来一套异域风情的印度装束。虽然地方小，设备也简陋不齐，但朴实的人们对生活热爱的心使得他们聚集在这里，分享着舞蹈带给她们的喜悦。

谈起邓运红的生活，和她一起跳舞的刘阿姨说："她现在可忙了，白天在医院上班，晚上吃完晚饭还要去广场领舞，一天到晚忙个不停，但她一点也不觉得累，因为这些都是她喜欢的事情。"

听邓运红说，广场舞刚开始的那会儿，大多数妇女不大好意思跟着跳，"你想，她们都不跳，就我一人在哪儿蹦跶，多少会有些尴尬，但事后一想吧，万事开头难，我这个组织者都退缩了，那还有谁跟着跳啊。"于是邓运红开始召集大家，让大家放开胆子跳，刚开始的时候，还有村里的男人专门跑到广场去看自家的媳妇跳舞的，久而久之，也就习惯成自然了，跳舞也就成了大家一项钟爱的运动。逢年过节，村里一旦办什么晚会节目的，都会请邓运红一帮人去表演舞蹈。

十七、其他人员

（一）从深山走出来的女大学生盘春花

2012 年 7 月 8 日上午，我们调查组成员在塘坊村村支书的带领下从塘坊村 11 组徒步盘山而上，踩着软绵绵的青草，赏着满山遍野的丛林，在历时了两个多小时，翻越了一座又一座山头后，终于来到了盘春花家——塘坊村 12 组。

刚进村口，展现在眼前的情景十分的令人惊讶。整个 12 组的村庄外貌格外让人印象深刻：群山环抱，泉水环流，水田成片平铺屋前。在这里一共住着十一户人家。房屋几乎都是盖着黑瓦片、刷着白墙的两层土坯小屋。值得一提的是，这十一户人家中的九户都有亲戚关系。盘春花告诉我们，这九户叔表在最开始是从老爷爷的四个儿子繁衍分支出来的，只是随着时间的变迁，大家如今都已经是各自成家立业，自立了门户。

盘春花，女，瑶族，生于 1991 年，今年 21 岁，大一在读学生。在塘坊村，盘春花也是一位小有名气的人物，他是塘坊村历来三位大学生中唯一的一位女大学生，塘坊村的全村上下几乎无人不知道她。因此，我们调研小组对她进行了专访。其学习经历如下：1999 年至 2003 年由塘坊村 12 组自请教师赵小金到村里进行了四年的小班授课；2004 年至 2005 年就读于塘坊小学上四年级；2003 年至 2005 年就读于莽山中心小学上五、六年级；2005 年至 2008 年就读于湖南一六联合实验中学上初中；2008 年至 2011 年就读于湖南宜章一中上高中；2011 年至今就读于岳阳湖南民族职业学院。

初见盘春花，她正站在自家门前的庭院里晾刚洗完的被单，看到我们来了，匆忙地放下了手里的活，带着纯朴而又内敛的笑容对我们说："大家走累了吧，先进屋里歇歇！"然后又迅速地给大伙泡上一杯热腾腾的绿茶。刚一坐下我们立马就和盘春花交流起来，带着好奇的心问起了春花的家庭情况。由于初次见，春花略显得有些拘谨，但是却很有礼貌，除了给我们每人沏上了绿茶，同时还端上了一些小零食。

盘春花家里共有七口人，父亲盘天宝，母亲赵二妹，哥哥盘春新，嫂嫂代文玲和妹妹盘春芳。春花的嫂子生于 1991 年，今年 21 岁，是这个家庭里除春花以外受到教育程度最高的人，曾经也在市里边上过高中，后来由于家里经济条件休学，回家后不久便嫁给了春花的哥哥盘春新。2011 年 7 月 8 日我们采访的这天，恰是她生下小儿子的第三天。有趣的是，这一天的小宝宝还没取名字，春花嫂子当机立断："今天有这么多北京来的研究生来看望宝宝，很有缘分的，我希望我的宝宝将来也可以和你们一样，成绩优秀，乘风破浪，勇往直前，走出大山，叫盘东成。""走出大山"是我在这个朴实大家庭里听到频率很高的一句话。为什么都要走出大山？春花告诉我们："走出大山，并不是说我们不爱大山，只是大山阻隔了我们了解外边世界发展的步伐。如今通往村里的碎石马路也是这两年刚修的，之前根本就没有马路，如果要想出村办事或是赶趟集的话是要走上两个多小时的。在我上小学一至三年级的时候，家里考虑到年纪太小，都不让我们徒步外出，都是把老师请到村里来给我们上课。家里边吃的蔬菜和粮食也都基本是自己耕种，自给自足。"

随着家庭成员的逐步成长，生活开支也逐渐大了起来。2011 年 9 月盘春花考取了岳阳湖南民族职业技术学院，现在正上大学一年级。春花妈妈告诉大家，现在一家老小最大的开支主要是春花的教育支出和一年下来的红白喜事。春花一年的学费 12000 元，一个月的生活费 700 元。再就是家里红白喜事，春花爸爸亲戚多，在这方面的开支也就多了，例如娶媳妇的、建房子的和老人过大寿等。就 2011 年至今，家里就开支了三大笔：一是春花的升学宴；二是迎娶春花嫂嫂；三是马上要搞的给春花小侄子举办的满月酒宴。如今，家里的经济来源主要是靠春花爸爸和哥哥。春花爸爸常年在外边打工，只有在农忙收水稻和过春节时候才会回家，而哥哥则主要负责在家务农。农闲的时候，春花、春花妈妈和春花嫂嫂都会上山去砍些小野山竹，增加一些额外的家庭收入。这些小山竹长在家周围的山里很茂盛，它们笔直而细长，粗细正如加长版的筷子，通常砍一捆要耗时一小时左右，一天下来可以砍十几捆。外边来收购的标准是一捆 100 根，还有一些野山竹子比较短，这种短些的小野竹一捆就得扎 200 根，等有一定的数量了，外边就会有人来统一收购，长捆的收购价 6.5 元一捆，而短些的 7 元。春花告诉我们，砍野山竹的的收入不是很固定，说不准。天气好了，家里又不怎么忙的时候才会上山去砍。关于学费的问题，春花深刻地体会到它对家里经济是一个挑战，家里要吃饭的人口多，花销自然也大，一年下来几乎都是收支相抵，家里根本没有多余的积蓄。春花上大一时候的学费是向亲戚朋友借了一部分才勉强凑足。为了减轻家里的负担，春花在学习空余的时间也会出去勤工俭学，做些发传单或是推销之类的兼职，一天下来也可以挣到40元。尽管条件艰辛，春花和家人坚持继续读书的信念却一点也没改变。

当我们问春花未来有什么理想时，她腼腆地笑了："我大学学的是学前教育，平常学习的课程分别有跳舞、唱歌和练习钢琴等。当时选择这个专业是想毕业后回家乡的塘坊小学教书。我想用自己的实际行动报答辛勤养育我长大的父母和亲人。村里很多小孩子要上学，从我上学那会儿开始直到现在都很缺老师，因此，我想等我毕业了后就回来当老师，为自己的家乡贡献一份力量。与此同时，我也想学医，在我们塘坊村，没有固定的医疗点，每当有家人生病不舒服的时候都要在颠簸的环山泥路上坐上半多个小时的摩托车去莽山镇子里，这很不方便。我想要是自己懂得医术的话，那么我就可以在村里开个医救站，方便村里的青年老少看病了。"

（二）大学生之家赵进军

2012年7月3日下午，我们一行九人乘坐着陈师傅的面包车来到了调研村——塘坊村。在村支书赵观有的带领下，很顺利的便来到了此次的第一户访谈对象赵观保（赵进军之父）的家里。赵观保57岁，男，瑶族，祖辈定居于此的瑶族，小学文化。

在我们登访赵观保家的时候，家里只有赵观保与老母亲两人在家。初见赵观保让我印象格外深刻，可以用内向兼纯朴来形容。当我们向赵观保说明了来意之后，作为一家之长的他很热情地邀请我们坐下，给大伙倒上了自家种植的茶（值得一提的是，赵观保告诉大家，在塘坊村每家每户基本都会种植茶叶。种出来的茶叶主要是供自家饮品。莽山绿茶在全国已经以其甘甜闻名，但塘坊村种出来的茶叶却能更胜莽山绿茶，味道不仅甘滑，且爽甜）。赵观保告诉大家，他家包括老母亲在内一共有五口人，妻子赵凤英、儿子赵进军和一个已经外嫁的女儿。

赵观保家所处的位置跟村里其他家户不一样，他家的房屋处在深山中，周围一公里以内都没有一户邻居，从同属一组、距离他家最近的村支书家里走到他家，徒步有近半小时，而房屋也是老旧的传统土坯房，建筑面积为135平方米。赵观保是一个纯正以务农耕地养家糊口的传统农民代表，妻子是高中文化水平，现在在村里的小学教书，由于不是塘坊小学的正式老师，所以每个月的工资也就是几百元，一家老小的生活全靠夫妻两人这点有限的收入维持。赵支书告诉我们，近两年，由于县里出资给村里修上了一条30公里的水泥路过村子，村里人家庭收入都逐渐宽裕了起来，生活质量得到了普遍的提高，村民也都在新修的水泥马路边新建起了新水泥房或是砖瓦房。而赵观保家却受家庭经济收入所困却始终无力从深山搬迁外移。早些年在塘坊村，由于赵观保夫妇勤劳务农持家，一年下来从事农业的收入金额也有1500元，除去花销支出，十几年下来也还是积蓄了一些钱。

赵观保虽只受了小学的教育，但是为人却积极上进。十八岁那年毅然决然地选择了为国家贡献自己的力量，开拓自己的眼界，于1978年开始服兵役六年，这也成就了他今后生活中的非常支持自己儿子上大学，走出农村的毅力。在1982年回到村子后，很快便被村里人推荐当上了塘坊村村长，这一任便是五年。

1985年，赵进军的出生给这个家庭带来了新的希望。虽然赵进军处在这样一个清苦的农民之家，但从小的他便勤奋好学，乖巧而孝顺，成绩也一直在班里名列前茅。于是赵观保全家上下对他更是疼爱有加，家中粗活也是一一代劳，舍不得让赵进军做一点农活或吃一丁点儿的苦。这样的日子直到2004年赵进军考上了西南民族大学那年却戛然而止了。作为全村上下1071口人中难得出来的三个大学生之一，全家高兴坏了，他们都以赵进军为傲。然而一年两万元的学费，对于一个只靠农耕收入来维持生计的农村家庭来说，这无非是一笔繁重的开销负担。但赵观保夫妇却毫不犹豫地支持儿子上大学，从旧社会走过来的他们明白要想走出农村就得有文化，想有更加广阔的视野就得上大学、去外边的社会。这样坚定的信念在伴随赵进军家人的同时也同样伴随着赵进军本人，大学四年的生活对于他而言虽然艰难，除了得在学习上要勤奋刻苦，还担负起繁重的学费。赵观保告诉我们，儿子的本科四年下来，一共花费了家里12万多元，为了攒够这些上学的钱，家里不仅花掉了所有的积蓄，还向亲戚朋友外借了一部分，另外儿子也在学校贷了部分款才总算凑足这大学四年的花销。2008年儿子终于大学毕业了，虽然不用再为学费的事情发愁，但外债和学校的贷款却还是全家上下的一个愁事。至今为止，赵进军几乎还没有往家里寄过钱，对于这点，父亲赵观保一点也不责怪儿子，反倒很体谅他。他觉得儿子现在大学刚毕业，事业处于刚起步阶段，工资本来就不高，不仅得还学校的贷款，另外还要自己租房子住、生活费、搞应酬，着实很不容易。

在赵观保家里，家电配置很简单，耐用消费电器只有电视一个、电饭煲一个、电磁炉一个，以及赵观保和儿子人手一部为了保持联络方便的两部手机加上一台儿子上学时候由于专业所需买的一台老式照相机。这些家电在许多现在的家庭里可能不算什么，但在赵观保家里，这些成了他们家所有的财产储备。赵观保告诉我们，为了增加一些家庭的额外收入，在平常的农闲时候，除了看看电视外，他通常还会上山里头去转悠一圈，运气好的时候，打只野猪、抓条蛇或打几只野鸡回来还是有的。在采访结束、我们打算离开赵家的时候，赵观保倒是来了兴致，他满脸神秘地把我们领到了家门前的一个简易搭建起来的茅草屋前，放低音量告诉我们，他在我们到来之前刚抓到了一条两米多长的蛇，这条蛇可以买到80元/斤，两斤多下来就可以卖近200元，这可把赵观保给乐坏了。

赵观保的母亲今年78岁，身体十分硬朗，只是双耳已经有些不太能听清楚他人说话，在我们同她交流的过程中也只能提高说话的分贝，如此老人勉强才能听得见。尽管交流有些费力，但是老人对我们的来访却是格外的配合，只要是老人能够听明白的地方，她都会很认真地回答，在我们不明白之处也会给予耐心的讲解，这样朴实的性格使我们为之动容。采访结束，我们调研组在和赵观保交流后，同这位伟大而和蔼的老人留下了珍贵的一张合影。在此我谨代表调研组的成员们以最真诚的心祝愿老人家身体健康！

（三）退伍军人赵福宝

当我们正发愁今天时间有限可能碰不到赵福宝的时候，一个头发微卷、皮肤黝黑、微微发福的中年男人经过我们身边。正打算离开赵友兰家，前往其他农户家进行访谈的我们被赵友兰叫住了，她告诉这就是赵福宝，早些时候支书打了电话，他特地从工地赶过来接受我们的访谈。

赵福宝，男，瑶族，生于1964年，出生在莽山塘坊村，属于塘坊村第三组的一户贫农家庭。于1983年年满19周岁后，志愿服兵役三年，于1986年退役回家。赵福宝今年48岁，妻子赵木香今年45岁，两人正值壮年却早已儿孙满堂。一家老小共有八口，祖孙三代住在一起，并没有分家。大儿子赵飞军，初中文化程度，今年25岁，已婚（下有三个孩子：6岁的大女儿赵雯敏、2岁的二儿子赵开原及1岁的小儿子赵开寅）；二儿子赵正春，高中文化程度，今年23岁，未婚。

赵福宝告诉我们，他的两个儿子都在外面打工挣钱，大儿子赵飞军在江西，之前是在莽山林场装卸隔热砖，儿媳妇也随大儿子在江西玩具厂打工；二儿子赵正春在广东中山，外出已经有两年。一年下来可以往家里寄回两万块钱补贴家用。而赵福宝现在则是常年待在家中，在平日的生活中他除了干一些力所能及的农活，例如耕种点田地或者是外出给人修建房子等，其余时间基本上都是和孙子孙女们待一起。早些年的赵福宝，在其大孙女出生以前，也干过许多外出打工的活儿。小学毕业后的赵福宝在自家山后的林场种沙树；1983年，19岁的赵福宝参加了国家的志愿征兵；1986年从部队退役回来后，于年末和妻子赵木香结婚，养了几头猪，同时也在莽山附近接一些零工做，随后也有到广东那边当过保安。赵老告诉我们："因为我有当过兵的经历，有退伍证，所以我找保安工作很简单，很多单位都愿意聘用。"

改革开放后，家里的温饱问题解决了。在1996年至1998年期间，赵福宝在广州的一家公司种山葵。当时单位的老总看到老赵当过兵，不但上进，而且工作又很有责任心，于是很快就提拔了他，承项目给老赵（在当时称作责任承包）。由于各因素受限，在赵福宝承包了一年后，由于风险太大，老板没有在老赵的项目上继续投资了。再者，尽管老赵自己带班干活，然而得到的工钱平均下来一天20元的收入根本就不够一家子的花销，穷途无路的老赵一伙人只好打道回府，重新回到了村子。

当我们问及赵福宝对于现今生活情况的时候，他乐呵呵地指着离我们不远正在建设、已成型的房子，说："那是我自己去年9月份以来开始修建的水泥房，已经花了六七万元，主要是用来买了些石料、水泥和砖瓦之类的建筑用料，另外还向亲戚朋友们借了三四万元。现在基本上快建好了，今后我们全家老小就可以宽宽敞敞住到这了。"通过随后的交流，我们发现老赵之所以要自己去修建自家房子，主要为了减少额外的花销。在当地，要是外请建筑工人干活，普遍付费标准都是一天100元，外加工人一天两顿的伙食。

赵福宝家里分有2亩田地，主要是种植水稻，年产值大约2000斤，除了自家口粮供给外，一年下来可以收入4000元。地里种植的菜和山里种植的茶叶也都不外卖，都是留给自己吃的。

对于曾经参加过的越南边界战役，赵福宝告诉我们："1983年，那年我刚满19岁，全国征兵，由于身体各方面的综合素质条件比较好，我很幸运的被乡镇选拔入伍了，总共服兵役三年。期间参加过中越边界战役。当时我们到部队总共训了两年多，辗转后又调到了中越边境一个月，打过一天的仗。"关于在这仅有一天作战经历，赵福宝的情绪变得有些兴奋，他说："这是我人生中第一次也是唯一的一次上真正的战场，上战场的心情无以言表，很紧张也很振奋。能为祖国贡献上自己微薄的一分力量是我的光荣。那天，越方上了一个连，我们去了一个团。战场上，我们主要负责打暗炮。当时牺牲了十多个人……"说起曾一起参战的部分战友和那些在战争中牺牲或是伤残的战士们，赵福宝的神色明显变得有些黯然，他说："当兵服役是我们每个中华儿女都应尽的义务，而打仗是军人的本分，战争中的牺牲或是伤残都是正常的，保家卫国同样是军人的天职。在部队的那时候我当了班长，每个月都有12元的补助。一般情况下用来买些日用品就花光了，总体来讲部队在吃住方面的条件都还不错。只是在我们退役后，对于国家部分的安置待遇觉得并不是很合理。在我们退伍回来后并没有任何安置工作，就给了些路费和粮票。我们乡里去了4个，都没安排工作。刚开始那会儿也有去武装部上访过一次，但是上边说安排不下去，也就都不了了之了。"

赵福宝坦言，现在的生活自己已经很满足了。回想起自己曾经历的军旅生涯和战争生活，那些经历过血与火的洗礼和生死考验的日子，现今的他早已豁达了许多。看到如今稳定而又安康的家庭，有贤惠的妻子，孝顺的儿子，成群聪明、知礼的儿孙们，更重要的是他如今有一个健康的身体。比起当年那些在战场牺牲或是伤残的战友，赵福宝说："我没有理由不满足，没有理由不快乐！"

最后，赵福宝很认真地对我们说："我是文化程度不高了。如果在我当时服兵役的时候文化程度高点，加上我又是少数民族，是有可能在县里当个领导的。我的两个儿子在他们上学的时候学习成绩都是很优异的，拿了不少的三好学生奖状和优秀学生干部，只是当时两兄弟每学期的学费都要800多元，另外又还要交生活费……实在是迫于家里经济条件有限，才不得已没有继续供儿子们读下去了。现在家里条件慢慢的好起来，我希望我的这几个孙子孙女将来可以去北京上学，只要他们有能力，愿意上学，我就会尽我这身老骨头的所有力气供他们读出去，就算是借钱也要送他们出去。”

（四）老支书邓礼才

踩着清晨的阳光，我们踏上了新一天的调研采访之路。沿着两旁滴着露水的蜿蜒山道，我们走进了大山深处一户朴实的瑶村农家。一入屋内，墙上挂着的一列马克思、恩格斯、列宁、斯大林、毛主席伟人像便映入眼帘。结婚时贴的大红对联仍在墙上，见证着岁月在这间小屋的过往。就是在这么一间屋子里，我们见到了老支书邓礼才。

老支书是一个平易近人的人，坐下不久，我们便聊开了，他热情地端上茶水，犹如待自家人一般，山泉水泡出的瑶家山茶有一种独特的清鲜。老支书对我们这些外来客分外淳朴真诚，言谈间多次开怀。我们就当地的风俗习惯、经济生产与他攀谈起来。

邓礼才，男，瑶族，生于 1954 年，现已年满 68 岁，小学文化程度，从出生到现在一直生长在塘坊村，是瑶王的第五代传人，也是现任瑶王邓万寿的父亲，在 1975—1980 年、1986—2006 年间任塘坊村村支书，共计 25 年。邓礼才的妻子已经 69 岁了，育有三个子女，大儿子邓万寿，即现在的瑶王；二儿子邓万彬，原本在外打工，今年因生病归家调养；小女儿邓秀英就嫁在本组，目前开一间杂货铺，女婿在外打工。邓礼才的房子是自己在老房的房址上盖的，他告诉我们，20 世纪 70 年代他的房屋还是用杉树皮盖顶，现在已改为瓦片。大儿子也在去年新建了一栋房子，住进了新房。

当我们问及他是如何当选村支书又如何在任如此之久时，邓礼才回忆道，那时候他们是通过村中党员相互投票选举，同时也只有党员有选举资格。说话间，他还翻出一本被虫蛀得厉害的当年的党校学习材料，上面有“解放思想，大干快上”等字样，时间落款是 1978 年 11 月。邓礼才说，这本笔记是他当年一面听党校领导讲话，一面在台下做笔记，一笔一画记下来的。邓礼才人老实，做事也踏实，为人民做了不少事，后来因为想要回归自由生活就辞去了职务。1986 年时，在乡里的一再坚持下，才又上任干了起来，并且不让换届，这一当就是20年，直至退休。

塘坊村在80年代一共有900多人，40多个自然村，1978年实行计划生育后，村子现在的人口数量控制得很好，只有1100多人。在这里，许多瑶族风俗存在老支书的记忆里，比如，在以前，只有四十岁以上的瑶族人才有瑶族服装，这打破了我们原以为所有瑶人都有本族服装的概念。现在的瑶王是跟其爷爷学做的法事，能够“上刀山、过火海”，为本族一绝。至于婚嫁，在过去，瑶家女儿是不能嫁出去的，现在已经可以通婚。村里的不少家庭，都是由瑶族人和汉族人共同组建的并相处融洽。

新中国成立之前，因为贫困，塘坊村人普遍吃素，烧菜用的也是植物油，直到生活水平提高后才开始吃猪肉。村子里至今没什么钱，过去因为公社统管，条条框框限制了村子的发展，很多发展机会都错过了。而且由于地处山区，耕地很少，过去是人均四分田，现在有四分田的人家不多，粮食产量也就受到了限制。20世纪70年代，村里实行集体经济，以生产队为单位划分人口，共有十三个队，粮食蔬菜都是配给，劳动力也受到了严格的限制，生产队的田地优先耕种，根据工分来算工钱，女性一般是7工分，0.14元的工钱。男性一般是10工分，工钱两毛左右。因为工钱较少，大部分年轻人选择了在外务工，每天有3~4元的收入，但需向队里缴纳一定的资金分得粮食，老人和妇女则因行动不便在队里上工。也有少部分人投向种树，日均收入有1元左右。当时每年只有280多斤的谷子，要养活全村40多口人，红薯却因种植容易，人均有八九百斤的年产量，因而有“三个红薯两粒米”的说法。当时村里很多人常常是在锅中放很多红薯，然后倒上一点点米，再多做些菜，以填饱肚子。村子里养鸡的人家不多，但每家每户都会养1~2头猪，也有3头的。猪仔则主要是上墟，即在镇上赶集时购买，喂养一整年，猪肉约有一百多斤，两百斤的很少见，主要是自给。当时的猪肉为每斤7.5元。这就是塘坊村早期经济发展的基本情况。

除了粮食种植和牲畜养殖，1977年村民开始拓展林业空间，在高山上种茶树，采摘茶叶加工出售，同时还有茶籽可榨油。针对当地竹木资源丰富，也上山伐竹，劈成细竹条卖给会编织手艺的人制作成凉席。改革开放后，可利用竹子的种类趋于多样化，有楠竹、金竹、苦竹三种竹子。竹子的生长周期短，一年即可长成，劈成竹片卖，每片售价0.2元；也有整根卖的，长约八寸的整竹（圆竹）在20世纪60年代每根约1元，现在是每根5元左右。

二三十根一捆的小竹子每捆售价 3 ~ 4 元。竹子是当地重要的经济来源，无怪乎许多人家屋后就是一大片竹林。盛夏时节绿意正浓，衬得瑶家日常生活也多了几分清绿。

邓礼才回忆了自己的一段历程：1981—1985 年，赶上天晴，他便上山砍伐竹子，等到堆积到一定数量，就用卡车运回，每隔十天左右回一趟家，一天能有 50 ~ 60 元收入，而当时的猪肉价格是每斤 4 元。在这样的条件下，除去基本开支后仍有不少盈余，邓礼才和村里其他人一样与亲友打打牌，每逢尾数为 1、3、5 的日期上墟购置物品等，剩下的存款都用来修建房子了。后来当上了村支书，因事务繁忙，竹子砍伐只好作罢，换为每月领取 30 元的工资。邓礼才说，当时赚钱的方法很多，赚钱也很容易，如果不是实在没有更多人选，他会选择自己劳动致富。

因塘坊村地处偏远，资金短缺，村子里一直没有乡镇企业。1977—1978 年，县里的药材公司看这里环境优良，曾在这里定点种植茯苓，从各个生产队抽调劳动力，每个劳动力的工钱是每天 0.5 ~ 0.8 元，不归生产队管理。老支书回忆，当时负责的是一六人刘文英，种了三年后，就因改革作罢了。

20 世纪 80 年代，村子的建制改为村民小组，劳动力得到解放。1985 年以后，村子里出现了更多的副业。村民们白天务工务农，晚上有的去山间捕捉石蛙，第二天一早去镇子上出售，或者制成肉干，是一道有名的特产。那时候环境好，石蛙多，抓捕的人也少，捕蛙者收获颇丰，30 多元一斤的石蛙，有的捕蛙能手一晚上下来能有 100 多元的收入。后来由于生存环境恶化，抓捕的人日益增多，现在石蛙已经很少了。另一项副业是制作木瓢，说到这里，邓礼才拿出自家的木瓢，详细地向我们讲解了木瓢的构造及制作方法，我们不禁赞叹瑶家人的智慧，能够将自然的馈赠充分地利用到生活的各个角落。

老支书在塘坊村那些年的主要工作就是每年春秋去地里检查生产情况，并对村子的发展做出评估。村子里有不少困难家庭，20 世纪 70 年代乡里统一拨款在村里建了一个小学，有三排平房，一开始是土墙，80 年代改为了水泥墙，学费每学期 450 元，许多家庭都负担不起上学的费用，也有的选择去乡里的小学，这就导致了村里人文化程度普遍不高，大部分人很早就外出打工补贴家用了。早些年村子里的马路既狭窄又泥泞，后来拓宽了道路，并铺上了石子。前几年，村民每人捐款 200 元，将泥巴路改为了水泥公路，路况才有所改善。由于地理位置偏远，很长一段时间内，村民都一直自备发电机采电，1998 年准备架设电线，直到二○○几年才牵进来，好在现在村民们基本上用电无忧。“家电下乡”政策出台后，塘坊村村民也成了受惠者，不少家庭都购进了崭新的家电，邓礼才家中就可见到崭新的知名品牌的电视机和洗衣机。

改革开放后，村民们得到了更多的自由，不少村民外出打工并常年在外，这使得塘坊村出现了很多与中国其他农村一样的问题，诸如留守老人儿童、空心村等现象。不过，可喜的是，这几年，村民都有了 100 元左右的医保，视医疗情况决定具体金额；老人每月有 60 元左右的退休金，对于部分贫困的家庭还有每月 50 元的补助。此外，村民们脚下的路更广阔了，邓礼才提到，其堂兄就在县国土局上班，这几年，村里也出了好几个大学生。我们欣慰地看到，这个曾经与世隔绝的贫困瑶族村，正一步一步走得更好。

临走前，邓礼才语重心长地对我们说：“做什么事都要条件。”一方面，他深深慨叹于当年因为各种原因没能发展起来的经济，另一方面，也深深感激这些年党和国家的优惠政策对于塘坊村的发展扶助。不论如何，老支书觉得，只要村民们过得幸福就好。老人已过花甲之年，对于村子，只有深深的眷恋和祝愿。

我们告别了老支书，回头望一眼这间朴实的小屋，这个瑶族先人当年筚路蓝缕建立起来的村落，真诚的祝福老支书，祝福塘坊！

（五）单身中年赵礼仁

2012 年 7 月 8 日，在采访完大学生盘春花后，我们又在她的带领下顺利来到了单身中年赵礼仁家中。赵礼仁家是改良后的砖石瓦房，有两层。房子大约 100 平方米，屋子后面还有一间土坯结构的厨房，堆满了砖头、瓦等，是赵礼仁用来修整厨房用的。山泉水从房子旁边流过，哗哗的响，给人一种很恬静、美好的感觉。实际上，赵礼仁的生活却充满了辛酸。

赵礼仁今年 50 岁，瑶族人，小学文化，小时候因为家里穷，读到小学二年级就辍学了。赵礼仁有五个兄弟姐妹，大哥赵礼凤，今年 52 岁，弟弟赵礼秀，今年 46 岁，还有三个妹妹，赵仁梅和赵水娇嫁到外村，赵水英嫁到本村。大哥已成家，自立门户，弟弟外出打工，目前赵礼仁和他 80 岁的老父亲赵子旺住在一起，我们进门时老人家正在吃饭，除了耳朵不大好外老人家看上去精神很好，生活都能自理。

赵礼仁家里有两亩地，主要种植水稻，由于他没有什么农业机械，种植的东西主要靠天收，种植的水稻也主要是自给，基本不卖。还种了一些茶叶，主要也是自家用。除此之外，家里既没有再种其他的农作物，也没有养任何牲畜家禽。家里的主要经济来源就是赵老每月的政府补贴以及赵礼仁有时会外出打工挣的一些零碎钱，两人年收入5000~6000元，但是非常不固定。而一年购买种子、化肥、农药等就需要2000元，还有平时的一日三餐，这是一笔非常大的开销，还有一些免不了的人情客往要应付，生病了要打针买药等，这样下来，一家人一年到头也基本剩不了多少钱，能够收支相互抵消就已经不错了。虽然家里人都参加了新型农村合作医疗，但是平时如果不住院，买药的钱是不能报销的。所以，父子俩生病了也是能抗就抗，同时因为家中有年长的父亲，还要种地，还有一些家中日常事务要打理，所以赵礼仁无法外出固定工作，这也导致了家里经济条件不好，收入不固定。

在谈到婚姻这个问题时，赵礼仁情绪比较低落。据他回忆，年轻时，亲戚、邻居还是有介绍过对象给他，但是因为那时害羞，不好意思接触，所以错失了，到后来，也是各种各样的原因，就一直单身到现在。他也坦承，现在自己还是非常想结婚的。

总体来说，我们认为赵礼仁一直单身和他本身的生活态度还是有很大关系的。在整个访谈过程中，当问及他为什么不种植点作物、养点牲畜或者是学门技术，从而改善家里经济条件时，他总说自己很忙，没有时间，但据我们调查所得，他应该是有精力和时间多学点，好好经营生活的。

赵礼仁给我们的感觉就是虽然很想过上好的生活，但是也只是想想，并不想通过学习或劳动去改变它，抱怨很多，却缺少实际行动。其实他完全可以通过种植养殖使自己的生活更丰富又可以使家里的经济状况转好。

现在有很多年轻人整日生活得过且过，每日睡到自然醒，沉迷网络、游戏、小说等，对未来没有计划、目标，不知道自己想要什么，长此以往，就安于现状，不思进取。作为年轻的新一代，我们应该树立远大的理想，对学习、工作要有明确的计划，这样既是对自己的未来负责，更是对国家的未来负责！

（六）孤寡老人陈旺日

调研的最后一日，虽然大家都感到非常的疲惫但都坚持着，我们怀着激动的心情早早的就去了塘坊，支书带我们去陈旺日家，在半路上便看到了一个孤单的身影，支书告诉我们，那位便是我们要采访的陈旺日，我们便下车与他会合。支书说就不去陈旺日家了，将我们带到了村主任家中，对其进行采访。

在初来塘坊村时就听闻该村有许多单身汉，其原因主要是：该村地理位置处在大山深处，经济单一靠耕种为生，交通等都十分的不便，因而山外的姑娘都不愿嫁入，有许多小伙在外面打工，带回了媳妇，媳妇没过两年也跑了。其他人通婚大多也是相邻村子间或本村间的人通婚，但容易导致近亲结婚。

今天我们采访的则是因为阶级成分高在那年代没有人敢嫁的高龄单身汉。陈旺日，今年71岁，在对其采访中，他一直说是因为吃了父亲的亏，父亲被划为了富人阶层，家庭成分高，被社会给压制着。当我们问是否想过要找没，他回答到，找过，但是因为家庭背景，成分高，连傻子都不愿，因此导致了自己单身一人，总之一句话还是父亲害了自己。老人的话语中，有着对父亲的深深埋怨。但事已至此，当初的埋怨到如今也淡了，当下过好自己的日子才最实在。

陈旺日告诉我们其家族在塘坊住了四代人了，百多年历史，从清朝时期便过来了。想到其成分我们便问了句，其父亲在当时应该很有钱的吧？老汉告诉我们，父亲只是个农夫，家里并非有钱，但对如何被划分为富人阶级时，老汉说当时小也不太清楚。在对话中我们了解到村里当时跟他家庭情况一样的不多，吃饭这些在当时没问题，但是生活条件也不是很好。在我们看来，其家庭条件在当时当地应该还算是宽裕，但老汉教育程度却不高，只上了小学，我问及是因为家里不送呢？还是因为自己不愿去读？老汉答到高小毕业后，没能考上初中，家里呢，也认为读不出，便也不送了，因此便回到了家中。老汉感慨如果读了初中的话，肯定不是现在这样子了。如今就是吃了没文化的亏。

读完高小后，就跟着父亲在家里待了几年，随着社会形势的发展，17岁外出来到林场做事，被分配到石白岭烧石灰，烧了三年厂子效益不错，那时处于解体中，也拿不到一分钱。烧石灰，属于林场管制，但是人口还是属于农业人口，莽山林场停产石灰后，本来是要到林场当职工，但家乡的人不愿意放，要其回家，没办法还是回来了。当我们问及为何家里人不愿留你们在林场时，老汉说还是因为其为农业人口，受村委会管制要其回村当劳动人口而限制了他们。老人满脸的无奈。帮林场做了三年，大队干部不放他们到林场去做事。回来之后，因为成分问题子女做什么事都碰壁，后碰上"文化大革命"，受尽各种折磨 。

"文化大革命"结束后不再存在成分问题，后来老汉在村里也当了三年的会计和三年的组长，都是竞选出来的。说到这里，老人一脸的激动和崇敬，说着多亏了共产党，自己居然还能当上村干部什么的。

上一辈的成分问题跟了自己一辈子，一直是一个人照料自己，家里还有三兄弟，只有自己一个人在塘坊，那个时候，人人上山，要家里搬到外面去住，大跃进，还有些下放干部，跟他们一起到那边去住。

老汉有一门手艺，能自己弄点东西出去卖，主要是那竹片编织的箩筐和簸箕等。做一个要半天，一个能卖七八十元，生活也还过得去。老人将自己编的箩筐簸箕等挂在了外面的棚里，竹筐编的细致精巧，和市场上卖的无异，我们都惊叹于老人的手艺，老人却笑着说，在这大山里生活的生计就指着它卖几个钱了，编的不好怎么卖的出去。有时候邻里邻居的，也会将编好的竹筐送给他们，算是感谢他们平日里对自己的照顾，山里的人淳朴、厚道，平常的东西也代表着一份心意。

老汉时常一个人到处走走，喜欢串门。家里没电视，也不喜欢看电视，我们问那该如何了解信息，了解国家政策、经济发展呢，老汉说没有电视，信息确实是不了解，了解那些也没啥用了，想要发展那些东西，我也发展不了，了解那么多的事，但自己也做不到，费脑子，还是自己想干嘛就干嘛好些。

老汉电费不用自己付担，由村委会给付，但老汉还是依旧不用电煮饭，他说柴火煮的饭吃起来香。早上煮一顿饭就把一天的饭都给煮上了，中午晚上都吃冷饭。

老汉从来也没外出过去旅游，他说自己家乡的风景都如此的美，再说了一把年纪了，也不想到处走动了。只有个把月的时候才会下山去赶个闹子买点肉吃 ，平常都吃自己种的小菜。自己也不养猪养鸡，嫌麻烦，原来也养过鸡，但每次都要拿食物喂它，不太划算，所以想吃就自己去买。自己还栽种了茶树，喝茶能促消化，平常没事就喜欢喝自己种的茶，从不喝白开水。

老汉还有两兄妹，跟自己的弟妹联系的少，弟弟娶了老婆，生活条件比较好，每年过年过节时会走动，人家过年都有小孩，但是自己没有，面子上挺不好受的，但是这么多年都已经过来了。乡里的孤寡老人很多，但大家平时没什么来往，山里位置太偏，特别是老人这一家住得尤其远，平日里行动有个不方便什么的，邻里间也会过来帮忙，但毕竟不是家里人，不好总是麻烦人家。再谈到老汉有没有再找一个的想法时，老汉笑了笑，那笑里有着苦涩，但也带几分看透后的淡然，“自己大半辈子都过来了，虽然过得不好，但日子不也这样过过来了，像我这样的条件，年轻的时候都找不着伴，更何况现在都到了要入土的年纪，那种念想也就断了。以前也想过自己死了都没个送终的，但后来也想开了，人死后就都成了一捧黄土，没什么可在意的。”老汉虽然说的云淡风轻，但从他酸涩的眼中，我们还是读出了那份对家庭温暖的渴望。老汉干活时，佝偻精瘦的身影在我们面前晃动，我们突然就生出一种感慨，也许在我们眼里老汉的孤苦无依在老汉经历了风霜雨雪后已沉淀融入老汉平淡的生活中。

老汉说自己身体好，也没有生过什么病。住在山区不需要刻意搞什么锻炼，经常爬山，去山里转转就运动了，自己的大半辈子都过了，接下来的日子怎么开心快乐就怎么过。也许真是一方水土养一方人，老汉的闲适豁达也与这广袤的大山有关吧。

（七）长寿老人赵吉旺

塘坊村处于山区，到了莽山乡后，还有半个小时的车程才能到村里。这里虽然偏远，交通不便，但正因为如此，村里没有受过任何污染，村民吃的都是自己种的菜，喝的也是山上直接流下来的泉水，这样的生活是非常绿色健康的。因此，村里也有不少长寿老人，在村支书的介绍下，我们来到村民赵吉旺家，来拜访这位长寿硬朗老人。一进屋我们就看到了一位满头白发的老人在打扫卫生，动作十分熟练麻利，我们马上猜到这位就应该是我们的采访对象，81 岁的赵吉旺老人。

一看到我们，老人马上就停下手中的活招待我们，倒茶给我们喝，他面带笑容，看上去精神焕发，完全看不出已经是81岁高龄。老人的眼力和听力还是很好，我们能正常交流。问到老人是怎么养生的，他告诉我们，他每天都要喝酒，一般就喝自家酿的米酒。我们好奇，都说酒伤身，要少喝酒，但老人每天都喝，身体还是这么硬朗。老人特地带我们去看他酿的一大缸米酒，一打开盖子，香味扑鼻而来，这是老人用大米酿的，村里基本家家户户都会有这样的酒，平常没事或者有客人来了，就用这个招待客人，每一次客人都会夸酒好喝。他告诉我们，每天他就从缸里舀一勺酒出来，慢慢喝，也不用什么配菜，一天下来差不多能喝完。采访回来后我们查了资料才知道，很多长寿老人每天也会少许喝点酒，这个现象专家也无法解释。关于日常饮食，老人说他吃得比较清淡，有时一天就吃点玉米糊，前几年还自己上山采野菜。

采访到一半，老人的二儿子赵礼迎回来了，他告诉我们，老人以前有个外号叫赵全能，什么活都会干，比如木工、砍伐等。小时候家里贫穷，老人每天都要去山上采竹子拿去卖，卖完竹子后还要下地干活，做家务，给家里人做饭。家里这个老房子就是当年老人自己砌起来的。二儿子赵礼迎告诉我们，他们平常不让老父亲干家务老人还不高兴，他不想让人说老，也不想整天好吃懒做，于是就经常自己没事就干点轻松的活。每天用扫帚清扫地面，把屋里收拾得干净整洁。吃饭的时候，两手一手提起一个凳子，拿起来再放到桌边，非常稳当。老人自己表示，他还能搬动一大捆木柴。

二儿子告诉我们，他以前经常外出打工，在广东采伐，每次出去都要好几个月。老父亲就在家自己照顾自己，一点都没让他操心。这几年父亲的年纪越来越大，赵礼迎也就不太放心出去打工太长时间，通常是外出一个月，赚点小钱就回来陪老人。问到他父亲长寿的原因，儿子总结说："喝自家的井水，吃自家的菜，呼吸的空气好。"此外，老人一直坚持早睡早起，晚9点上床，早5点起床，午饭后还要小睡一会儿。

问到老人家有什么心愿，他只说，希望儿子能够多赚点钱把家里的房子好好修补修补，还希望自己长命百岁。我们也祝愿老人的愿望能够实现。

（八）高寿老人邓秀荣

在村支书的带领下，我们沿着村里的水泥路蜿蜒前行，我们一路走一路感叹，真的是山清水秀、满目苍翠，山上、路边、家家户户的房前屋后，近看、远眺全是树，除了绿色还是绿色；路边沟渠里从山上流淌下来的涧水潺潺地流着，清澈湍急，水流并不大却真切地让我们感受到了大自然的活力。沿着弯弯曲曲的乡间小路往里走，两旁是齐膝高的各种青草，清澈的泉水环绕着四周，这里空气清新，民风纯朴，组成了一幅清新和谐的画面，我们调查组跟随村支书走进画卷，来到了高寿老人邓秀荣家。一路上，村支书给我们介绍了村里老人的现状：目前80岁以上的老人占塘坊村总人口的2%左右，这个比例还是比较高的。村民的寿命之所以能够逐渐提高一方面是因为农村的生活水平提高了，村民都过上了比较好的生活，食物比以前充足且更有营养，大家也渐渐开始注意养生；闲暇活动更多，村民更多的进行运动锻炼，人们的心态更好。另一方面是这里的环境几乎没有受到什么污染，水质好，空气也好，山清水秀，令人心情愉悦。

刚走到门口，我们就发现一位老人背着小孩来来回回的走，还哄着小朋友，与她有说有笑的。经村支书介绍，原来这就是邓老。老人戴着传统的瑶家头巾，显得特别精神。见到我们非常高兴，热情的招呼我们进门，摆凳子、倒水忙个不停。

邓老出生于1928年，到今年已经84岁高龄了，回忆起年轻的日子，老人潸然泪下。邓老家里共六兄妹，除了她以外还有两个哥哥，两个姐姐和一个妹妹，老人的父亲去世得早，老人基本对自己的父亲没有什么印象，父亲去世后不久，母亲也去世了，于是四姊妹跟着哥哥过日子，但是好景不长，两位哥哥也走的早，就只剩下四姐妹相依为命，直到新中国成立后，日子才渐渐好转。邓老是从外村嫁到塘坊的，目前就剩下老人自己和妹妹，但是妹妹因为年纪大已经看不见了。

婚后，老人因为没有生育能力，所以抱养了两个女儿，两个女儿长大后一个出嫁，另一个招郎，分别生了四个儿子和四个女儿，现在老人已经有了曾孙和曾外孙，四代同堂，目前老人和大女儿一起生活，其他的女儿、女婿、外孙等也都住在附近，平时常来探望老人，外出打工的过年过节也都回来看望老人，给老人带些衣物、食品，帮老人干活等，都非常的孝顺老人，谈到孩子们，老人特别欣慰，不断夸他们关心自己，自己非常高兴能生活在这样一个大家庭中，经历了年轻时的苦难，到年老时总算是过上了好日子，家庭和睦，儿孙满堂。

现在虽然日子好了，但老人平时生活俭朴，从不讲究吃穿，对饭菜也不挑剔，菜也荤素不忌，尤其偏爱吃饺子，现在老人的饭量还很大。老人身体硬朗，精神矍铄，从没得过大病，经常一人串门、散步，现在耳朵能听见、眼睛也不花，前年还能去山上砍柴。我们充满兴趣地问老人，我们这些年轻人要怎样做将来才能像她一样健康长寿。老人想了想，也说不出个所以然来，不过她说她从来做事都很随意，不会逼自己今天一定要完成多少，累了就休息。老人的女儿告诉我们，老人平时还是很注重保养的，虽然她平时不服用什么营养品，但老人生活作息安排的很有规律，对自己的身体还是很小心的，偶尔有点伤风感冒，老人都会特别注重吃药。

老人善良、俭朴，几乎一生都在家相夫教子。虽然已经84岁高龄依然不放弃劳动，衣服都是自己缝，有时还自己洗衣服，经常兴趣十足的到院子里和邻居聊天、晒太阳。邓老每天的生活作息非常规律，晚上九点左右睡觉，早上六点起床，起床后便给猪准备食物，常年如此。

谈到老人高寿的原因，老人的外孙女提到，邓老有两点特别值得借鉴：

一是心态好，老人心胸开阔、性格随和，和邻居、朋友、儿媳相处的都十分融洽。她天生慢性子，做什么事都不慌不忙，心态非常平和，以前还曾念念佛，一生从未跟人翻过脸，也从未训斥过小辈，孙子和重孙辈的孩子都是她一手带大的。二是胃口好，现在每餐大半碗米饭，比女儿还能吃。

与老人相比，现在的年轻人沉迷网络、游戏、小说、泡吧等，不到凌晨基本不睡觉，早上基本不起床，早餐就睡过去了，起床了直接吃午饭。不吃早餐的危害相当大，会营养不良，导致身体抵抗力下降，从而患消化道疾病，加速衰老，影响学习和工作等；饭后立马直奔电脑，极度缺乏运动，这也是当今肥胖病高发的主要原因之一；年纪轻轻就抽烟、喝酒，更是害人害己。种种不良生活习惯，导致当下的年轻人处于亚健康状态。我们青年一代是祖国的栋梁，是祖国未来的希望，希望大家能好好珍惜自己的身体，养成良好的生活习惯，积极进行有针对性的锻炼。不要以为凭着现在一腔热血而过度的透支着自己的健康，为自己将来的工作和生活保留一份厚实的“本钱”，肩负起中华民族伟大复兴的历史使命。

在访谈中，老人还谈到她出身穷苦，从小就没了父母，什么苦活、累活都干过，针线活、织布、下地的活她都干过，十几岁的时候进了婆家的门，开始伺候年轻的婆婆，上面还有太婆婆，就连两个小姑子都是她从月子里亲手抱大的。在她们那个年代，女人最主要的就是要服侍好老人，照顾好孩子，把家操持好。现在的年轻人都有工作，不用成天在家做家务，但还是得孝敬老人、照顾孩子。还有，现在有条件了，哪个孩子都能上学，她都要他们都好好学习文化，有文化的人才有出息。

探访结束了，从老人家里出来，我们真是一步三回头，恨不得将村里的好山好水复制带回去，虽然没有找到老人高寿的确切原因，但可以肯定的是塘坊村里有这么多的高寿老人一定与村里良好的生态环境分不开，当然老人们良好的心态和生活习惯也是很重要的。总之，在这样美好的季节，走进这样风景秀丽的村庄，探访这样和善健康的老人真是一件让人对生命充满感恩的事。

（九）塘坊小学校长赵德秀

从水泥公路旁沿着弯弯曲曲的乡间小路往下走，我们调查组两位成员在村支书的带领下来到了塘坊小学。塘坊小学位于塘坊村六组，两栋白色建筑相对而立，中间的空地是篮球场。满山绿意的掩映，更凸显出它的与众不同。学校静静的立在原野之中，显得清纯和可爱，又是那么的优雅娴静。她在原始和质朴中带领着乡村的孩子们不断地走向田野之外，走向文明。

走进塘坊小学，只见校园内绿树成荫，整洁卫生。因为是暑假期间，孩子们都已经放假回家，本不大的校园因少了孩子们的欢声笑语而显得有些冷清空旷，只剩下一些工人在对学校前的空地进行平整，为孩子们创造出更好的学习环境而努力。在学校门口我们遇到了前来接待我们的校长赵德秀，校长一身蓝色的篮球服，显得精神年轻。已经55岁的赵老师看上去善良质朴、平易近人，他也非常善于言谈，从他的字字句句、一举一动中，我们看到了一位真实的乡村小学校长。

我们随校长走进教学楼，教学楼的楼梯转角处的墙上挂着计划生育的宣传板。我们来到校长的办公室，办公室很简陋，外间放置着木质的书架，上面摆满了各类图书。有鲁迅、冰心等大家的著作集，侦探小说，还有一些经营管理类的书籍。内间放置着由两个木桌拼接而成的“办公桌”，占去了大约三分之二的空间。桌上放置着简易的笔筒，旁边整齐地摆放着老师的备课本和学生的作业、各项工作记录。

在与校长的交谈中，我们了解到，这座学校最早建于1954年，位置在后山。后来老校区被拆改建成供村委会开会议室的场所，1975 年才在这里又建了新校区。新校区以前只由三排土砖瓦房构成。1996 年后才改为钢筋混凝土的建筑结构，但仍有几处还是土坯房结构的危房。现在的学校占地面积大约 500 平方米。由于缺少资金，修建新校区的部分款项是向村民集资的。有孩子在学校接受教育的农户每户捐款 50 元，共集资 9 万元。2000 年，香港的汽车会成员前来考察，在了解了塘坊村的校区状况后，捐赠了 20 多万元修建了现在的“康耀楼”，作为师生住宿和吃饭的场所。后又捐赠了 5 万元修建篮球场。

塘坊小学目前只有学前班、小学一年级、小学二年级。一个年级有一个班，以前还有三、四、五年级，但由于缺老师，不得已取消。由于计划生育政策的实施，村里的小孩出生率降低，学生也由以前的 100 多个减到现在的 74 个，成为除莽山中心小学外学生最多的学校。目前学前班有 30 人，一学期的费用为 360 元；一年级有学生 24 人，二年级有 20 人，一学期费用为 50 ~ 60 元。总共有学生 74 人。孩子们在上完二年级后，会转到莽山中心小学或莽山民族中学继续读书。

赵校长自 1981 年从师范毕业后分配到塘坊小学工作，在这里一干就是三十多年，从当年学校里最年轻的小伙子成为现在学校里最年长的老师。三十多年来，学校的老师换了一任又一任，学生送走了一届又一届，而他依然坚守在这所偏僻的乡村小学，一直奋斗在教育教学第一线，用自己勤恳的犁头默默无闻地在乡村小学这块希望的园地里耕耘着，把自己的青春年华奉献给了乡村教育事业。一路辛劳，一路汗水，赵老师收获的是对小学教育更为执着的爱。

无数个早晨，他总是顶着风霜雨雪、迎着朝霞曙光最早一个走进尚未完全苏醒的校园，开始一天繁忙的工作；无数个傍晚，他总是伴着灯火，带着欣慰和倦意最后一个离开学校。学校成了他心目中的绿洲和梦中的圣地。

多年来，他爱学校如家庭，时刻把学校的发展放在心上，带领全体师生共同描绘学校的发展蓝图，同心协力建好学校，管好学校，让学校真正成为乡村孩子成长的乐源。

随着生源的不断减少，不少学校陆续被撤并，然而在赵校长的坚持下，塘坊小学不但保留了下来，而且是目前莽山乡除了莽山中心小学外第二大小学。

三十多年来坚守在一所乡村小学，这在常人觉得是难以做到甚至有点不可思议的事情，而赵德秀校长实实在在做到了。这坚守，源于他对乡村孩子的爱，他以博大的胸怀接纳、热爱每一位学生，把爱心洒在每一位学生身上。学校目前分为学前教育、一年级和二年级三个年级，共有70多名学生，赵校长能叫出每个人的名字，了解他们的爱好特长，对那些学困生、贫困生尤其牵挂。

近年来，随着国民生活水平和综合素质的不断提高，人们越来越认识到教育的重要性，加上九年义务教育制度在全国普遍推广，课本费、学杂费的减免为广大农村孩子上学减轻了极大的负担。目前，塘坊小学的学生们一学期只需要50~60元的学费，尽管如此，仍然有同学负担不起。到目前为止还有少数同学因家境着实困难，上学期的学费还没有缴纳，校长目前已经为同学们垫付了500元左右的各种费用，只是为了能使孩子们有继续接受教育的希望。

在校长眼中，学校无小事。人人都知道他是个闲不住的人，无论学校有什么工作，他都抢在前。他做工作从来不计时间、节假日，他多年来始终如一日般天天早来晚走，他的工作既紧张又有条理。

德高方为人师，情挚始能服人。

与赵校长交谈，他总是最难忘奋斗在教育教学前线的日日夜夜。是的，那是他倾注了满腔心血的历程。多年来的教学实践，赵校长得出这样的结论：教书育人要以德为先。具有高尚的人格，才能做合格的教师。其实，崇高的师德是融于一点一滴的平凡的小事中的。

多少次，他对孩子们的那份浓浓的爱使孩子们扭曲的心灵重新充满了阳光与欢笑；多少次重新获得自信的学生高兴地发出内心的呼喊："长大了，我也要当老师"；多少次已经对孩子产生失望的母亲感激地拉着她的手说："谢谢赵老师！谢谢赵老师！"

赵德秀同志热爱教育事业。他心系乡村教育，情牵三尺讲台，在教书育人的平凡岗位上默默奉献着一名普通人民教师的火热情怀与赤诚爱心。教好书是他从教以来的愿望。无论是教语文还是数学，都尽心尽力。学生反映，上赵老师的课，总觉得一堂课很快就过去了。学生难以掌握的知识，在他的教授下，变得好学、易懂、好掌握。

不求一枝独秀，但得春光满园。县教育局会在一个学期内进行两次考察学生的受教育情况，对老师进行定期培训。培训内容有普通话、电脑技术和新教材。每个老师都会有一个听课本和备课本，校长赵德秀还专备了一个本子记录读书心得。作为一名乡村小学老师，工资待遇并不高，但是为了充实自己，给孩子们提供更好地教育教学，每逢寒暑假，赵老师都会自费去参与县教委的教师培训。培训期间的饮食和住宿费用都得自己承担，一次要花费好几千，但是一想到孩子们那求知的眼神、一想到自己所接受的普通话、电脑技术、新教材等的培训能够提升自我，从而能够更好地教书育人，让孩子们学到更多，了解外面的世界，花费再多都是值得的，赵校长如是说。

作为一校之长，他也深深的知道，自己的努力和能力毕竟是有限的，只有全部老师水平都提高了，才能真正提高教育教学质量。青年教师队伍的发展、壮大、提高是办好学校的希望所在。就这样，他又挑起了培养老师的重担。

学高为师，身正为范。要求老师做到的，他自己首先做到。他深深的懂得，干好教育这一行，要有奉献精神。多年来，赵校长以实际行动，确实做到清正廉洁、一身正气，真正起到一个共产党员的模范带头作用。

在访谈中我们了解到一个非常严峻的问题，也是赵校长目前最担心的问题。校长表示，现在学校最缺的就是老师和资金。塘坊小学目前只有他一位正式的老师，其他两位都是代课老师，而他过几年就要退休了，学校找不到另外的青年教师。由于条件艰苦报酬又少，很少有老师自愿到此地教书，老师们的工资大约每月1000元，校长的工资较高，大约2000元一个月。老师们都是靠着仅有的高中或是初中的知识和一些常识来教育学生们。虽说学前教育难度不大，但教育要从娃娃抓起也让我们意识到学前教育的重要性。教育要与国际接轨，英语已成了我们的必修课，互联网技术是连接我们与世界的重要渠道，但这些教育资源大山里的孩子都享受不到。赵校长呼吁我们大学生能够在学有所成后，到基层、到最需要我们的地方去，为培育祖国的下一代贡献自己的力量，真正做到回报国家、回报社会，实现自我的价值。

随后，赵校长带我们参观了两间教室，简单却不简陋，麻雀虽小五脏俱全。一间教室有30个座位，整齐的按5×6的方式排列。墙上的黑板也有了白色的细小裂纹，用来充当讲台的课桌的右上角满放着一盒粉笔，还有一把戒尺。靠窗边的桌上满放着各种学习用具，还有学习数学的算盘。站在教室的一角，我们仿佛看到了，在窗明几净的教室里，孩子们蓬勃朝气的充满求知欲的脸庞。

爱，一个平常的字眼，有的人常挂在嘴上，有的人却把它埋在心底。三十多年来的坚守，赵德秀同志用自己的质朴对爱做出了最完美的诠释：爱教育、爱学校、爱老师、爱学生。虽然学校规模逐渐在缩小，鬓角已经有了白发，但那份对乡村教育执着的爱，仍然鼓舞他永远做一个乡村教育的守望者，鞭策着他为自己热爱的事业继续坚守、永不言弃。

后 记

本调查报告启动于2009年5月，最后定稿于2013年7月，它凝聚了课题组全体成员和当地地方政府部门的大力支持。

为完成本课题的调查与研究，课题组曾分别于2009年7月、2010年7月和2012年7月分三次深入宜章县莽山瑶族乡塘坊村进行田野调查。

2009年7月，由李书锋博士带队，由王澄老师，包括汪建钦、刘颖、魏莹、罗婷等同学深入莽山瑶族乡进行调查。本次调查得到了原宜章县宗教事务管理局长彭增国、副局长肖惠松；原莽山瑶族乡党委书记邓晖，乡长黄建胜，莽山天源大酒店总经理黄瑞荣先生等的大力支持。2010年7月，由罗婷、傅茜、杨莹黠和黄江虹等同学对本次调查进行了补调。

2012年7月，我们第三次深入宜章县莽山瑶族乡，主要以塘坊村为对象再次进行调查。在这次调研过程中，得到了中央民族大学杨思远老师，宜章县宗教事务管理局李浩伟局长，莽山瑶族乡副乡长李书业，莽山珠江源漂流公司钟山董事长，塘坊村党支部书记赵观友同志、村主任赵志明同志和瑶王邓万寿同志的大力支持。此外，在调查过程中，郴州武警大队长李书文同志、李书柏同志，原宜章县文化局长黄海云同志，宜章县房地产公司董事长谭书茂同志，宜章县黄沙乡晓夏街村支书李孟根、李孟标同志先后前往调查地慰问指导，在此，对他们的支持与帮助表示诚挚的谢意。